荆楚文庫

黄鵠山志

〔清〕胡鳳丹 編纂
彭忠德 點校

荆楚文庫編纂出版委員會
武漢出版社

荊楚文庫

黄鵠山志

HUANGHUSHAN ZHI

圖書在版編目（CIP）數據

黄鵠山志 / 〔清〕胡鳳丹 編纂；彭忠德 點校.
—武漢：武漢出版社，2016.11
ISBN 978-7-5582-0928-4
Ⅰ. ①黄…
Ⅱ. ①胡… ②彭…
Ⅲ. ①山—地方志—湖北—清代
Ⅳ. ① K928.3
中國版本圖書館 CIP 數據核字(2016) 第 272504 號

責任編輯：孫　敏　蔡文華　王遠彦
整體設計：范漢成　曾顯惠　思　蒙
技術編輯：沈力夫
責任印製：代　湧
出版發行：武漢出版社
地址：武漢市江漢區新華路 490 號
電話：027-85606403　　郵政編碼：430015
録排：武漢尚品書緣有限公司
印刷：湖北新華印務有限公司
開本：720mm×1000mm　1/16
印張：21.75　插頁：2
字數：303 千字
版次：2016 年 11 月第 1 版　2016 年 11 月第 1 次印刷
定價：88.00 元

ISBN 978-7-5582-0928-4

出版説明

湖北乃九省通衢，北學南學交會融通之地，文明昌盛，歷代文獻豐厚。守望傳統，編纂荆楚文獻，湖北淵源有自。清同治年間設立官書局，以整理鄉邦文獻爲旨趣。光緒年間張之洞督鄂後，以崇文書局推進典籍集成，湖北鄉賢身體力行之，編纂《湖北文徵》，集元明清三代湖北先哲遺作，收兩千七百餘作者文八千餘篇，洋洋六百萬言。盧氏兄弟輯録湖北先賢之作而成《湖北先正遺書》。至當代，武漢多所大學、圖書館在鄉邦典籍整理方面亦多所用力。爲傳承和弘揚優秀傳統文化，湖北省委、省政府決定編纂大型歷史文獻叢書《荆楚文庫》。

《荆楚文庫》以“搶救、保護、整理、出版”湖北文獻爲宗旨，分三編集藏。

甲、文獻編。收録歷代鄂籍人士著述，長期寓居湖北人士著述，省外人士探究湖北著述。包括傳世文獻、出土文獻和民間文獻。

乙、方志編。收録歷代省志、府縣志等。

丙、研究編。收録今人研究評述荆楚人物、史地、風物的學術著作和工具書及圖册。

文獻編、方志編録籍以 1949 年爲下限。

研究編簡體横排，文獻編繁體横排，方志編影印或點校出版。

《荆楚文庫》編纂出版委員會

2015 年 11 月

前　言

《黄鵠山志》是胡鳳丹所撰湖北地方山水小志之一種。

胡鳳丹（1823—1890），字齊飛，號月樵，是清末著名刻書家。他出生于浙江永康縣一個富裕的書香世家，自幼就受到良好的教育。由于家學的熏陶，加之自己的刻苦努力，胡鳳丹的學術基礎極爲扎實。學成之後，他曾經十次參加科舉考試，雖然屢敗屢戰，但總是落第而歸。之後奉母命入京捐得光禄寺一個小官的職務，以能力超群、盡心職事爲上司賞識，累遷兵部員外郎、知府、道員。同治二年（1863），母喪，胡鳳丹回鄉守制。守喪期滿之後，他于同治六年（1867）接受湖廣總督兼湖北巡撫李瀚章之聘，主持他所奏設的湖北崇文書局（一稱湖北官書局），親任書局編校兼管經營，以振興文教爲宗旨，專事刻印古籍經典。他潛心搜羅傳世善本、孤本，遴選審校、雕版高手，刊刻十三經、正史及諸子近三百種。彭崧毓曾贊嘆説：“月樵領湖北書局，刊訂經史，旁及諸子百家。凡有舊本散佚、人鮮家藏者，悉竭力購求，鋟之於木。每一書成，校勘精核，有諸本不一者，必加按語，衷於一是”，“讀書任事，未有若斯之勤者也”。正是由于胡鳳丹及其同仁高水平的校勘，加之“鎸工精雅，爲各省官書之冠”，所刻諸書都被學界視爲善本，頗爲世人珍重，得到了曾國藩、張之洞等權貴學者的嘉獎，各地慕名前來購書者絡繹不絶，崇文書局的刊刻出版事業走上了良性循環的軌道，影響日大，躋身晚清著名的四大官辦書局行列。光緒三十年（1904），以崇文書局所出版的圖書爲主的近兩百部中國圖書，參展美國聖路易斯萬國博覽會，向世人展示了中國傳統學術的成就，擴大了中國文化的海外影響。

光緒元年（1875），胡鳳丹薦升湖北督糧道。他一貫注重民生疾苦，上任伊始，即以革除害民積習爲務，亦獲得百姓之稱譽。光緒三年

(1877)，胡鳳丹辭官，歸隱金華故里，繼續搜輯校刻在湖北業已開始的金華地方文獻《金華叢書》。他逝世之後，其四子胡宗楙繼承父親遺志，于清光緒二十一年（1895）完成了《金華叢書》，輯刻了自唐迄明的六十餘種古籍，爲保存金華地方文獻作出了莫大的貢獻。

在主持崇文書局刊校經典古籍時，胡鳳丹十分留意湖北山水名勝，他發現許多名賢游覽了風景名勝之後，大都留下了抒情寫意的詩文。他認爲“數千百年，名區勝蹟所留遺，遷客騷人所題詠，未可湮滅不傳”，如果任其自生自滅，殊爲可惜，便在業餘縱情游覽山水時，也着意尋訪名賢留下的此類文字，“隨手札記，大都有關於湖北山川人物者，尤所留心”，日積月累，所積漸多，遂分類整理編輯而成《黄鵠山志》《大别山志》《鸚鵡洲小志》等書，爲湖北地方山水留下了十分珍貴的小志。

胡鳳丹世居浙江永康，家鄉名賢鍾情山水的傳統對他影響甚深。他在湖北的公事之餘，“輒命屐登眺”，“詢諸邦之士大夫與其故老遺民”，“参以志乘之所紀、圖記之所載”。將讀書所見與實地考察結合起來之後，發現許多本地人對城外諸山的了解似是而非，黄鵠山“今昔殊稱，真面遂晦”，所謂“高冠”“洪山”“蛇山”等幾個名稱，“總之皆黄鵠山”，于是“竭一月之力，蒐討羣籍，凡涉玆山堪資考證者，悉加采録，編成十二卷，並倩妙手繪圖簡端”。《黄鵠山志》書成，既有正名辨僞之功，又可助有心山水之人卧游。

他曾自叙其編纂此書原則是：“主於志黄鵠，故古蹟之隸玆山者，均以類而坿見焉。若鳳凰、若崇府、若臙脂，雖處會城，概弗之及云。”玆據其分類略介如下。

《黄鵠山志》首重名勝，第一、二卷所及，諸如山磯城樓、臺閣亭榭、宫堂洞廟、洲祠塔墓，凡春秋游人憑吊之處，其歷史掌故、建築沿革，無不曲盡其文，娓娓道來。如黄鶴樓前勝像寶塔，原來是威順王太子之墓，又如明末與朱元璋争天下而失敗的陳友諒的墓就在城内黄鵠山上，是否疑冢，尚待考證。三、四卷爲流寓、仙釋、祥异、金石：流寓記載了外籍名賢如皮日休在鸚鵡洲游宴之事、徐惺在高觀山築“東山小隱”之事；仙釋記載了仙人在黄鶴樓駕鶴升天之事；祥异記載了在黄鵠山地區流傳的神鬼异聞，及仙棗亭之食棗成仙的故事；金石下所録太宗御書、鵝字石、黄鶴樓記等，既可供書法愛好者觀摩，又爲武漢地方史研究者提供了有關資料。五至十二卷爲藝文。其中五、六兩卷爲賦、説、序、碑；七至十二卷則收古今體詩詞。有關黄鵠山名勝的吟咏，無逾之者，其中既不乏李白、崔顥等大家之名篇，也有不見經傳學人之美製，可使研究者、愛好者省却翻檢之勞。

《黄鵠山志》雖然成書過速，却爲有心人精心有備之作，問世之後，其書内容、結構、體例均獲好評。當時名流張蔭桓作序贊云："後之攬者，得以知世代沿革、山川阨塞、人物雅俗、風會隆窳。"張凱嵩之序亦贊云："搜採極富而不失之掛漏，義例極嚴而不失之龐雜。遇有傳寫之譌、附會之謬，必博稽羣書，確有依據，而悉衷於至當。"張氏更希望胡鳳丹賈其餘勇，將"一省之風物土宜，與夫吏治民事之有關法戒者，筆之於書，而不第爲一邱一壑紀勝而已"。

以今日社會價值觀之，此書也有出版意義。中華文化的發展創新離不開優秀傳統文化的發掘與利用，中華文化走向世界，更是必須借重優秀的傳統文化。《黄鵠山志》雖係舊文人之作，但其書所載精華遠遠多于糟粕，值得今人深入研究利用。其中所載地理資源和人文資源或存或亡，皆可爲今日蛇山、洪山恢復若干景點提供參考：對于存者，可以修繕、整合；對于亡者，可以根據有關資料恢復重建，從而爲武漢地區旅游業豐富内容，大大增强旅游歷史内涵。《黄鵠山志》的整理出版，一卷在手，也頗便旅居异地之客及海外華人了解武漢地區的名山勝迹、歷史掌故、家鄉舊聞，對于他們紓解鄉愁大有裨益。

目　録

黄鵠山志卷首

永康胡鳳丹月樵編纂

黄鵠山志總目①

---

① 此爲底本總目，卷一至卷十二各有分目録。

② 底本實收録四篇序，先後爲“張凱嵩序”“彭崧毓序”“張蔭桓序”“自序”。

③ 底本如此，照録。

④ 底本收《黄鵠山圖》共九幅，署名“皖江鄭珊謹繪”。後附金文書名、隸書“歌”一首，篆書“同治甲戌秋退補斎开雕”印。

序

李應奇《崆峒山志》、徐日炅《爛柯山志》，皆居里人作也，朱諫《雁山志》、楊循吉《金山襍志》，皆歸田人作也，酌游所及，時有品題，固其宜已。若夫宦於其地，訪求名勝，輯爲成書者，則有柯願之《蟂磯山志》也、韓作棟之《七星巖志》也、徐嘉泰之《天目山志》也。然或取材於舊本，或冠名於簡端，而不必果出其人之手。惟宋人之《溪蠻叢笑》《桂海虞衡》，獨以簿領餘閒，搜羅古今，繪畫造物，爲天壤閒不可少文字，此胡月樵觀察《黄鵠山志》所由昉乎？觀察浙人也，來仕吾楚，綜理崇文書局。局故在黄鵠山後，所居圖書羅列，督校之暇，操觚染翰，著作自娱。拄笏看山，則鶴樓西峙，高冠東立①，浮嵐積翠，隱隱飛落。几席閒嘗爲余言："自有宇宙，便有此山。數千百年，名區勝蹟所留遺，遷客騷人所題詠，未可湮滅不傳也。"今夏休沐之餘，編纂成志十二卷，脱藁授余。讀之，搜採極富而不失之掛漏，義例極嚴而不失之龐雜。遇有傳寫之譌、附會之謬，必博稽羣書，確有依據，而悉衷於至當。余黄鵠山人也，邊嶠歸來，滄桑嗟變，故山猿鶴，幾於數典而忘。追溯宦游，桂林山水甲天下，所歴獨秀、龍隱、棲霞、伏波諸巖洞，遘時多難，未遑以一字紀游。而觀察需次鄂垣，入則有省試句稽之責，出則極車馬冠蓋之煩，乃能著成是書，其精審爲生長是邦者所未逮。既服觀察之勤，亦以益余之愧也。然猶有望於觀察者。古之人輶軒問俗，事務周知。周茂叔提刑廣東，雖荒崖絶島，人跡所不至，必緩視徐按，以澤民爲己任。使觀察名位日隆，見聞所及，其將舉一省之風物土宜，與夫吏治民事之

---

① 鶴樓、高冠：指黄鶴樓、高冠山。

有關法戒者，筆之於書，而不第爲一邱一壑紀勝而已，則豈非山中人日夕以竢所願濡毫而書其後者乎？同治甲戌秋日，江夏張凱嵩序。

序

胡子月樵勇於任事，而讀書則尤其所好也。士大夫方未通籍時，往往輕議天下事。及一旦身親其境，輒逡巡畏縮而不能有所爲。此無他，平居不讀有用之書，於古今得失、事勢變遷，與夫人物瑰奇、山川形勝，曾不措意。故其胸中所有，非沈溺於富貴，即醉心於佞諛。偶有所考求，人以爲是則亦是之，人以爲非則亦非之。使或出於貴人鉅公之言，則尤不敢有異説，羣從而和之。於是貴人鉅公益堅其信，且不難布之爲令，筆之於書。此天下萬世承譌襲謬之所以日滋而月盛也。月樵領湖北書局，刊訂經史，旁及諸子百家。凡有舊本散佚、人鮮家藏者，悉竭力購求，鋟之於木。每一書成，校勘精核，有諸本不一者，必加按語，衷於一是。蓋讀書任事，未有若斯之勤者也。暇則於書中隨手劄記，大都有關於湖北山川人物者，尤所留心，輯而成編，《黄鵠山志》其一也。予生於是，長於是，黄鵠山日在目前，或叩以山中所有，十不能五對。讀是編，能無汗顔？異日湖北省志之修，非月樵不足以任之矣。同治十三年，歲次甲戌夏六月，江夏彭崧毓漁帆序。

序

黄鵠山者，鄂之神皋奥區也。生洲①遥控，大别對峙。楗石②虹宛，樓牕雲翕。毛人故堞，芳草接闉。仙客廢壘，鳴榔戰雨。白雲在天，舟壑荐移。夕烽仍世，金石爲燼。攷形勝之崖略，徵藝文之淵微，條貫縷辨，證今援昔，固非耳學所詳，抑亦目論罕究矣。況乎庭堅公琴③，邃古罔据，翠嬀九疑，在世斯昧。《尔疋》詮詁，但訓列嶽；《山經》泛騖，夌談荒外。若乃練軼《鶉次》，彌闕《檮杌》。茫茫荆墟，縹忽百代；湛湛江水，目極千里。月樵都轉④，澡雪靈府，棲静神宅，經笥韞曜，福地儲珍，露初星晚，廣搜博採，勒爲成書，齊軌邑乘。後之攬者，得以知世代沿革、山川阨塞、人物雅俗、風會隆窳⑤。石碣波齧，而陵谷可跡；頭陀奎湛⑥，而林麓在指。豈宗懔荆楚⑦，流連歲時，習氏襄陽⑧，慇拳耆舊，始足標雋文苑、擒華騷國哉？至於掞張神仙，騈羅幽怪，荒邈傳訛，義例滋累，無裨記載，轉紊宗旨，譬之瀛嶠金闕，縹緲在空，偃師丹黍，瞬睫已幻，徒爲觀省之娱，殊有雅鄭之判爾。同治十三年，歲在閼逢奄茂⑨，南海張蔭桓序。

---

① 生洲：傳説中的東海十洲之一，地無寒暑，安養萬物。

② 楗石：堵塞河堤决口用的木石一類材料。借指堤岸。

③ 庭堅公琴：庭堅，皋陶。公琴，皋陶的墳墓。

④ 都轉：清朝地方機構設“都轉鹽運使司”，主管各地鹽務事宜，該使司設置運鹽使、同知等官職。胡月樵曾任職該署，故以“都轉”作其尊稱。

⑤ 隆窳：隆起與凹陷。引申爲盛衰。

⑥ 奎湛：即陸沉。比喻埋没，不爲人知。

⑦ 此句指南朝梁朝宗懔撰《荆楚歲時記》。

⑧ 此句指東晋習鑿齒撰《襄陽耆舊記》。

⑨ 閼逢奄茂：閼逢，應爲“閼逢”，天干中“甲”的别稱。奄茂，即“閹茂”，地支中“戌”的别稱。同治十三年爲公元 1874 年，正是甲戌年。

自　序

鄂城襟江帶湖，爲東南一大都會。城以内足供游覽者，其山則有鳳凰、有崇府、有臙脂，非弗幽秀矣，而率乏偉觀。獨黄鵠蜿蜒磅礴，拔地倚天，聳翠如屏，浮青滿郭，實一城諸山之主。自黄鵠俛瞰，眾峯猶兒孫耳。余以同治丙寅游鄂，暇輒命屐登眺。初意鶴樓所踞，其首枕大江者，此黄鵠也。既而詢諸邦之士大夫與其故老遺民，間復參以志乘之所紀、圖記之所載，始知一黄鵠也，而或别之爲高冠，或易之爲長春，或目之爲石城。至里俗所稱，則又因其形勢而統號以蛇山，總之皆黄鵠山也。顧城以内之黄鵠，識者猶能辨之。而黄鵠初阜，則遠阻城外，有若高人逸士跧伏鄉墊，不求人知，而人之知者亦尠，蓋其名湮没久矣。嘗攷《江夏圖經》，有曰黄鵠山在縣東九里，其山斷絶無連接。又以知今之洪山，實則黄鵠之初阜，宋末始被今名，非其朔也。嗟乎！自有宇宙，便有兹山。今昔殊稱，真面遂晦。後有游者，疇作導師。余竊病焉。用是竭一月之力，蒐討羣籍，凡涉兹山堪資考證者，悉加采録，編成十二卷，並倩妙手繪圖簡端。春秋佳日，置諸座隅，一邱一壑，軒豁呈露。少文卧遊①，意在斯乎！豈余好事所不辭矣？是書也，主於志黄鵠，故古蹟之隸兹山者，均以類而坿見焉。若鳳凰、若崇府、若臙脂，雖處會城，概弗之及云。同治甲戌夏四月，胡鳳丹識於鄂垣之退補齋。

---

① 卧遊：欣賞山水畫以代游覽。後亦指看内容生動的游記、圖片或紀録影片等。

凡　例

一、志名勝二卷。自山而磯而城，以及樓、閣、亭、臺等處。凡不隸於黄鵠山者，概弗闌入。

一、志流寓、仙釋、祥異一卷。

一、志金石一卷。凡碑刻，第録其目，或撮要言之。其全文，則詳見"藝文"部，省複也。

一、志藝文八卷。文則先賦而以跋終焉，詩後並登詞二闋，以備一格。其編列依名勝次第，而作者姓氏仍按朝代以分先後。

一、名勝古蹟有邑志、郡志、通志可攷者，每則下必注某書。惟官胡二公祠、曾文正公祠、羅李三公祠，係同治初元後新建，《江夏志》所未載，兹並列入，以備後之修志者採焉。

一、古今名人題咏篇什甚夥，兹僅就家藏各集量加選録。至於朋輩嘉章，見聞所及，亦登一二，掛漏之譏，知所不免，覽者亮之。

一、援引各書，旁參互校，頗有異同，其語涉兩岐者，則畧附案語，"藝文"中於某字下"一作某"字，以資考證。

一、是志編纂，匝月成帙。抄録者沔陽程濟時、長沙陳炎昺，與甥樓錫蕃，子宗廉、宗彦，校對者溆浦舒立濬、江夏錢桂林二廣文也。急就之章，不無魚豕，尚冀博雅君子匡厥不逮。

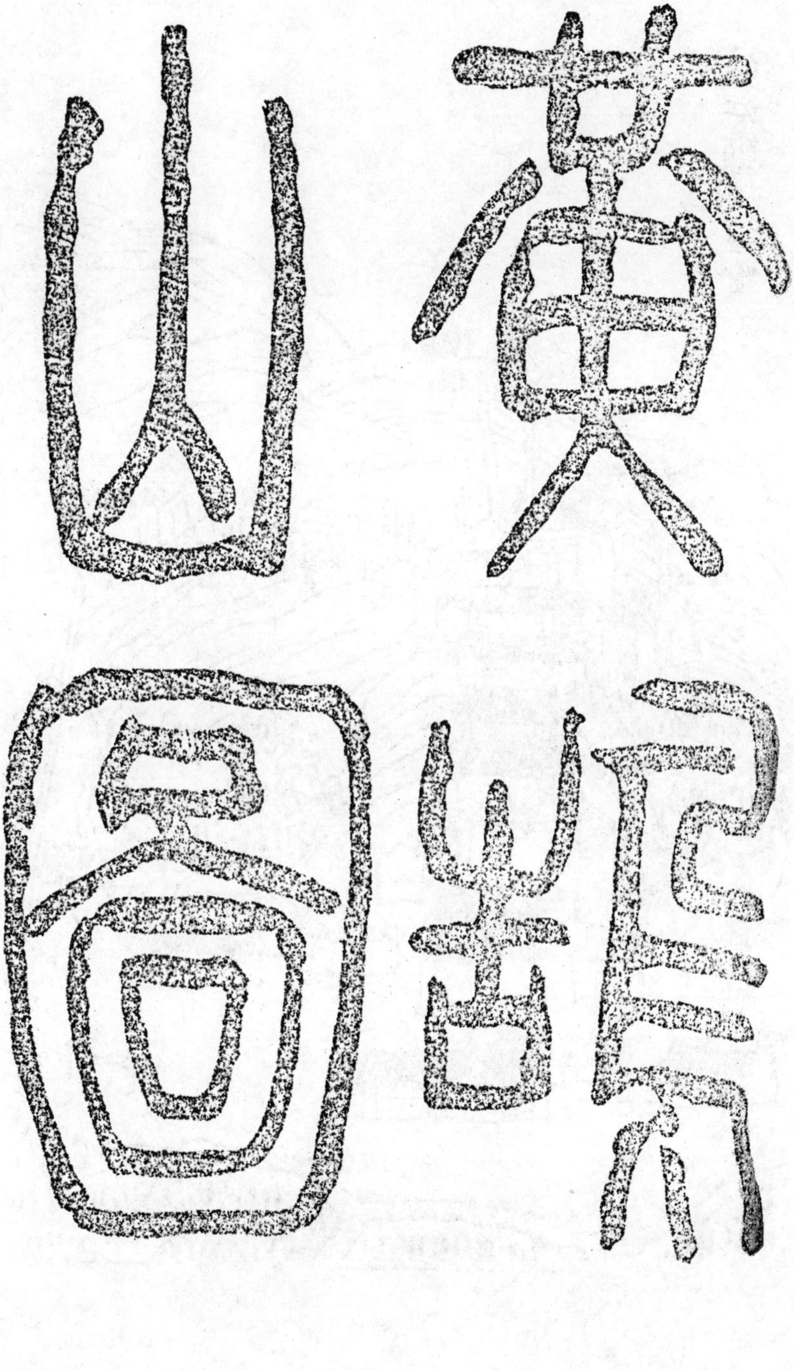

皖江鄭珊謹繪
長春觀

洪山寶通寺

湖南會館
曾文正公祠

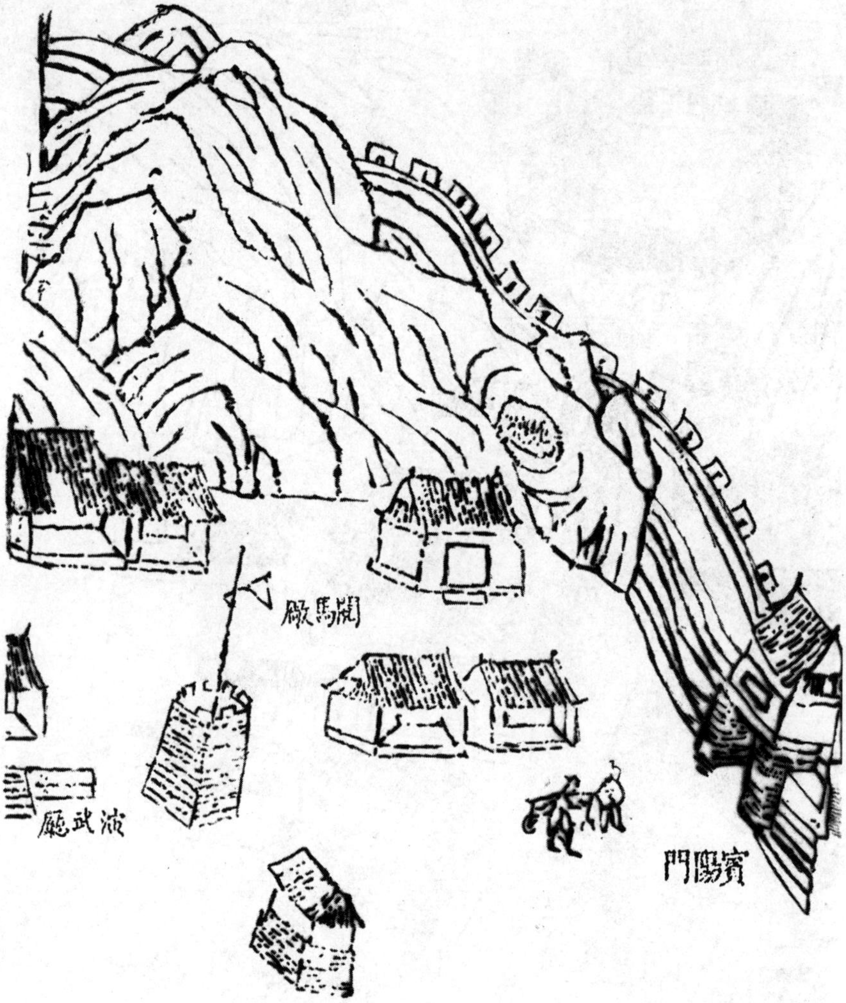

閱馬廠
演武廳
賓陽門

藩署照牆
南樓

羅李三公祠

武當宫
臬署

城隍廟
府學宫

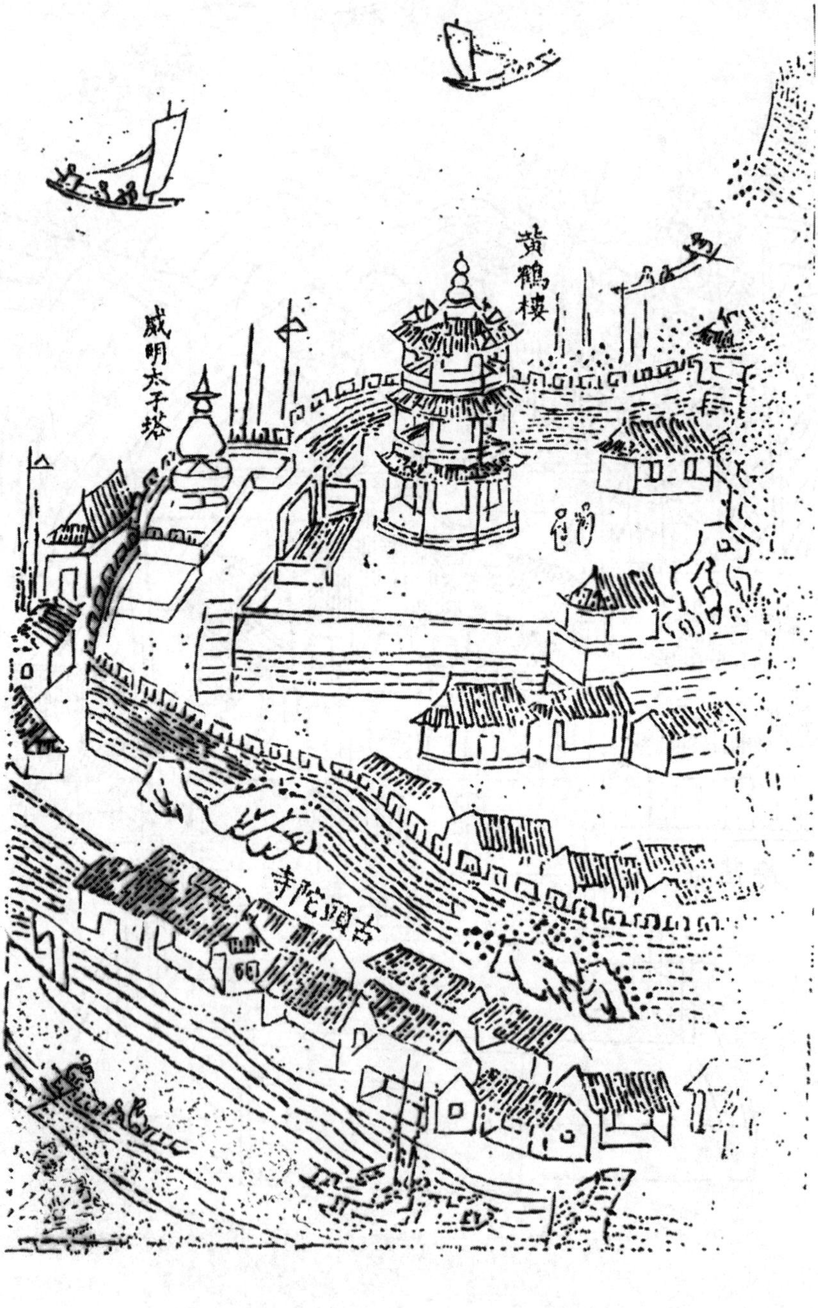

黄鹤楼
威明太子塔
古頭陀寺

宫胡二公祠

江城内外，鄂渚東偏。靈山十里，虹斷雲連。黄鵠一舉，赽舞樓前。遠控岳陽，俯瞰晴川。紅塵[1]不到，羽客[2]翩翩。曰王曰費，荀仙吕仙。梅花三弄，響遏雲邊。騷人韻士，翰墨結緣。頭陀片石，司勳短篇。酒酣歌罷，波定月圓。陵轢前古，點綴江天。滄桑屢易，岸谷變遷。此山此樓，終古巋然。

① 紅塵：車馬揚起的飛塵。借指繁華之地。
② 羽客：指神仙。

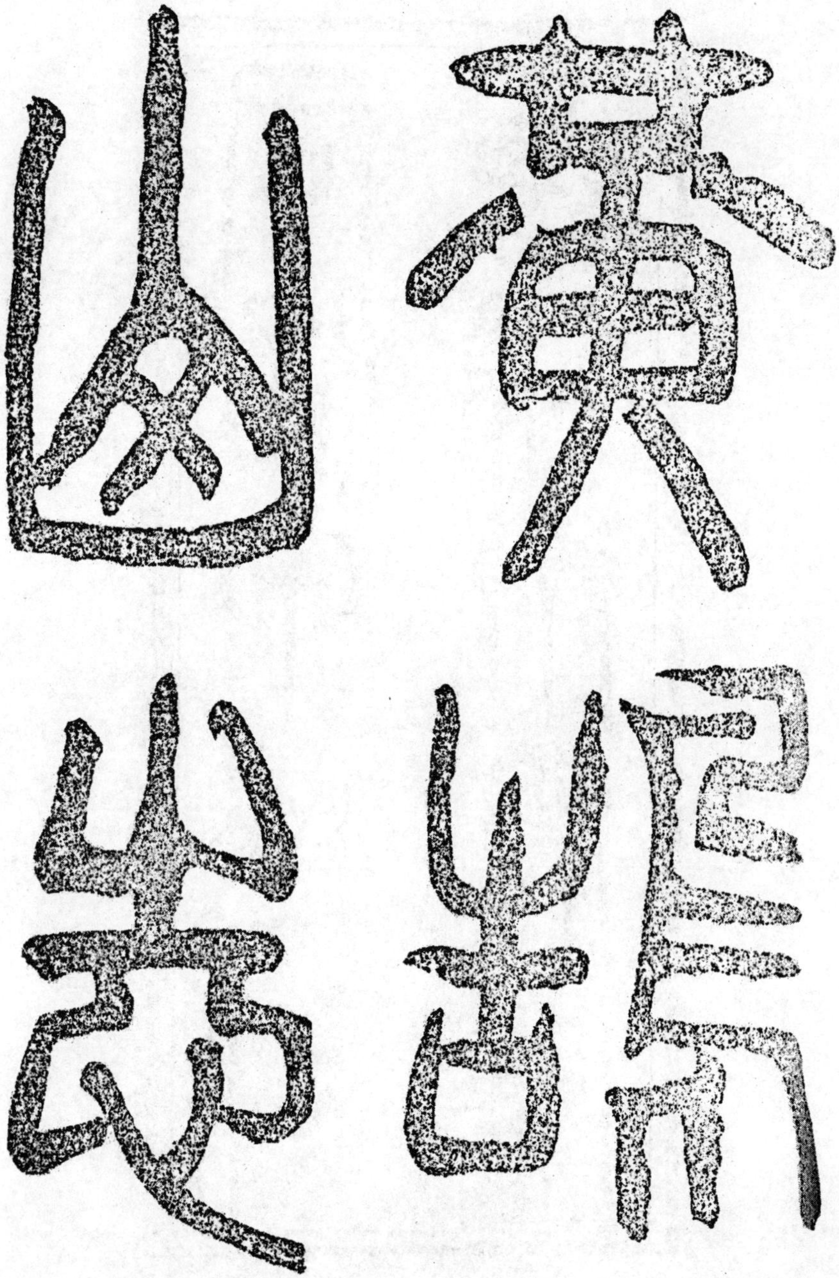

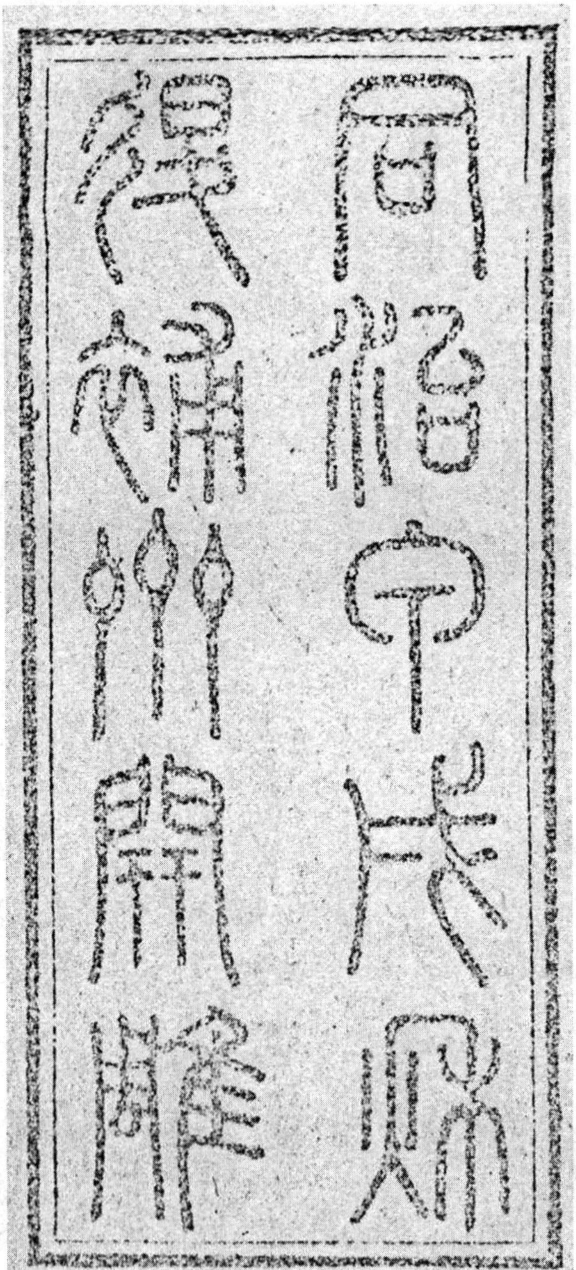

黄鵠山志引用書目

晉

吴志陳壽

神仙傳葛洪

劉宋

鮑参軍集鮑照

梁

南齊書蕭子顯

述異記任昉

昭明文選蕭統

後魏

水經注酈道元

唐

梁書姚思廉

南史李延壽

括地志魏王泰

荆州圖記闕名

集異記薛用弱

元和郡國志[1]李吉甫

録異記杜光庭

玉泉子闕名

姓氏英賢録賈耽

王右丞集王維

太白集李白

華陽集顧況

白氏長慶集白居易

長江集賈島

樊川集杜牧

舟中集錢珝

---

① 即《元和郡縣圖志》。

黎岳集李頻　　李遐叔集李華

宋

文苑英華李昉等　　太平御覽同上
太平廣記同上　　方輿勝覽祝穆
太平寰宇記樂史　　括異志張師正
輿地紀勝王象之　　一統肇基録王鞏
皇朝類苑江少虞　　皇宋書録董史
困學紀聞王應麟　　寶晉英光集米芾
宣和書譜闕名　　寶刻類編闕名
聞見近録邵博　　默記王銍
入蜀記陸游　　讀書志晁公武
吴船録范成大　　石湖集同上
晦菴集朱子　　朱子大全私鈔同上
麈史王得臣　　江夏辨疑同上
金石録趙明誠　　青箱雜記吴處厚
詩人玉屑魏慶之　　容齋四筆洪邁
南遷録張師顏　　輿地廣記歐陽忞
乖崖集張詠　　鈍齋文選楊濟
東坡集蘇軾　　欒城集蘇轍
梅溪集王十朋　　立雪稿劉清叟
雪坡小稿羅與之　　端平詩雋周弼
清雋集鄭震　　東堂集袁説友
南軒集張栻　　悦齋集李𡌴
渭南集陸游　　劍南集同上
白雲集張俞　　山谷集黄庭堅
石屏集戴復古　　雪山集王質

元

交州集陳孚

海粟集馮子振

青陽集余闕

海巢集丁鶴年

桂隱集劉詵

黄文獻集黄溍

郝文忠公集郝經

庶齋老學叢談盛如梓

夢觀集釋大圭

明

南宋書錢士升

元史宋濂等

明一統志李賢等

楚書陶晉英

圖書編章潢

潛確類書陳仁錫

古今游名山記何鏜

湧幢小品朱國禎

楚小志闕名

南中紀聞闕名

眉菴集楊基

東皋集陸淵之

蚓竅集管訥

桂洲集夏言

楚寶周聖楷

陽湖集王守仁

太函集汪道昆

升菴集楊慎

懷麓堂集李東陽

東里全集楊士奇

黄離草郭正域

遜志齋集方孝孺

念菴集羅洪先

少泉集王格

太嶽集張居正

弇州山人稿王世貞

玉堂遺藁蕭良有

春明稿徐學謨

西原集鄧原岳

鬱儀樓集鄒迪光

袁中郎集袁宏道

瀨園集嚴首昇

蔡忠烈公遺集蔡道憲

珂雪齋集袁中道

雲龍閣集任家相

石臼集邢昉

榮木堂詩集陶汝鼐

田閒集錢澄之

國朝

全唐文董誥等
全唐詩曹寅等
讀史亭詩集彭而述
屺思堂集劉子壯
萬山樓集許虬
冠松崖集陶之典
山雨樓集程封
林蕙堂集吴綺
熙朝雅頌集鐵保等
現果隨録釋戒顯
與梅堂集佟世恩
南堂詩鈔施世恩
讀書堂文集趙士麟
珠湖草堂詩鈔阮玉堂
遂初堂集潘耒
曝書亭集朱彝尊
白茅堂集顧景星
南游記孫嘉淦
明文海黄宗羲
帶江堂集簡能
國朝别裁集沈德潛
歸愚集同上
漁洋詩話王士禛
拙園詩草崔應階
南華詩鈔張鵬翀
惜抱軒集姚鼐
臨沅集王爲壤
憺園集徐乾學
韋園詩集舒峻極
蓉裳詩鈔張家榘
瓻餘集陳一揆
隣嶽堂集陳文炳
玉照亭詩鈔陳大章
倚晴閣集魏坤
恒山集桑調元
衡山集同上
守待録涂天相
愚山詩集施閏章
羈音集汪文孫
午亭文編陳廷敬
小倉山房詩鈔袁枚
隨園詩話同上
甌北詩鈔趙翼
竹素齋遺詩姚學塽
笙雅堂集張九鐔
師竹齋集李鼎元
臺山詩集何人鶴
立厓詩鈔蔣業晉
兼山堂詩鈔沈梅
雪林集馮廷櫆
露香書屋遺集張映辰
信手拈詩文集舒才博
居業齋集金德嘉
花餘亭詩鈔葉廷芳

淮海英靈集阮元
陶園詩集張九鉞
茸香詩草釋覺慧
竹根齋詩文集舒正載
白華前稿吴省欽
二雲書屋詩集張履信
古香園詩草吴炯
蘭言集謝堃
不易居齋集宋湘
毅山詩草王廷偉
讀白華草堂詩鈔黄釗
惕夫詩鈔謝炎
僅可齋詩鈔張克謀
吴文節公遺集吴文鎔
劉孟塗集劉開
春星閣詩鈔楊季鸞
怡志堂詩鈔朱琦
國朝正雅集符葆森
雲中集劉湣
懷古田舍詩鈔徐榮
松心集張維屏
松寥山人初集張際亮
藤薇室詩文稿徐瀛
望雲閣詩集徐儒楠
求是齋詩存彭崧毓
石莊詩集張開霽
四照堂詩鈔譚溥
棲雲山房詩鈔李樹瀛
續岡州遺稿言良鈺
存悔齋集劉鳳誥
戛柯堂詩集舒正增
述學汪中
杭郡詩續輯吴振棫
雨福山房賸草郭祖翼
鮒鮚軒集洪亮吉
蘭言二集同上
夢樓詩集王文治
沅湘耆舊集鄧顯鶴
陶文毅公全集陶澍
銘心書屋詩鈔蔡顯原
卧園詩話潘焕龍
敦教堂詩鈔官文
箹庵詩集吴清鵬
食古研齋詩鈔陳瑞琳
躬耻齋詩鈔宗稷辰
漆室吟王柏心
篤舊集劉存仁
五之草堂詩稿樊雨
二知軒詩鈔方濬頤
倚晴樓詩集黄燮清
石汸詩畧楊澤闓
敦夙好齋詩集葉名澧
賜龍堂詩集彭瑞毓
尊聞堂詩鈔胡兆春
思貽堂詩集黄文琛
同聲詩鈔同上

蔗餘軒詩鈔車元春

彤雲閣遺詩王家仕

維周詩鈔程之楨

退補齋詩存同上

小南海詩鈔徐同善

曇華遺集張杲

鄂渚同聲集胡鳳丹

黄鵠山志卷首終

黄鵠山志卷一目録

---

① 實八則。

② 實七則。

③ 實五則。

④ 實四則。

⑤ 實二十四則。

斗姥閣一則，案一則

留雲閣一則

黄鵠山志卷一

永康胡鳳丹月樵編纂

名勝一

酈道元云："船官浦[1]東即黄鵠山，林澗甚美，譙郡戴仲若野服居之。山下謂之黄鵠岸，岸下有灣，目之爲黄鶴灣。東北對夏口城，魏黄初三年孫權所築也。依山傍江，開勢明遠，憑墉藉阻，高觀枕流。上則游目流川，下則激浪崎嶇，實舟人之所艱也。對岸則入沔津，故城以夏口爲名，亦沙羡縣治也。"《水經注》

黄鵠山，東北對夏口城。其城孫權所築。終吴之世，以爲要害。《括地志》

黄鵠山，在江夏縣東九里至縣西，林澗甚美。《輿地紀勝》

黄鵠山，一名黄鶴山，在城西南，峭峙江口，與大别對。《方輿紀要》

《江夏圖經》曰："縣東九里，其山斷絶無連接。舊傳云：'昔有仙人控黄鶴於山，因以爲名。'故梁湘東王《晉安寺碑》云'黄鶴從天而夜響'是也。"《太平御覽》

---

① 船官浦：地名。酈道元《水經注·江水》："江之右岸有船官浦，歷黄鵠磯西而南矣。"

按：黄鵠山在縣東九里，蓋指東城外黄鵠山之初阜而言，故《圖經》曰“其山斷絶無連接”，而《輿地紀勝》亦云“林澗甚美”，可以見此山之形勢矣。

曩歲世祖皇帝六龍南巡，渡江次鄂，駐蹕于黄鵠山。元林元《大别山禹廟碑》

黄鵠山，在府城西南，一名黄鶴山。舊因山爲城，即今萬人敵及子城也。《明一統志》

黄鵠、大别對峙，受二瀆之衝：江自東南來，沙羡當之；漢自西來，鵠山以下當之。明郭正域《江岸記》

黄鵠山，在府城内西隅，一名黄鶴山。《大清一統志》

黄鵠山，城内西南，俗呼蛇山，一名黄鶴。昔仙人子安乘黄鶴憩此。《志》云：黄鵠山，蛇行而西吸於江。其首隆然，黄鶴樓枕焉，下有黄鵠磯。石照亭在樓之西，臨崖有石如鏡，西日照之，炯然發光。《湖廣通志》

黄鶴山曰高冠山，西至於江。其首隆然，黄鶴樓枕焉。《武昌府志》

湖廣武昌府，山曰黄鵠，在城西南。《圖書編》

黄鶴山，起城東而達於西南隅。山形蜿蜒，俗名蛇山。按：山自咸甯南來，入邑北行，復折而西，邐迤至城東，綿亙如長蛇，奮躍瞰江。其首隆然，黄鶴樓枕焉。楚會勝概，悉鍾於此。即黄鵠磯，地當頭陀寺後懸巖曲坳處，盛暑冷風沁骨，故絶蚊蚋，俗乃謂之仙塵拂去也。山舊名紫竹嶺，以有黄鶴騰紫竹閒得名，故頭陀寺亦稱竹林寺也。《江夏縣志》

黄鶴山，東西亙數里，起伏蜿蜒，俗稱蛇山。其中峯岩䆳，曰高觀，而磯西出於江。《白茅堂集》

黄鵠山，在府城西南，俗呼蛇山，一名黄鶴。《潛確類書》

高冠山，一名高觀山，一名蛇山，即黄鵠山支阜。東有鳳凰窩，西有烏龍池，清風、明月二井。《大清一統志》

高觀山，爲蛇山中峯，高可矚遠，故名爲高冠，以狀肖也。楚藩易名長春山，山之陽即其故宫，曰東山石城。方伯徐惺搆别墅僑居，曰東山小隱。詳顧景星記。今廢。《江夏縣志》

洪山，在江夏縣東十里，舊名東山。上有宋岳飛手植松。《大清一統志》

洪山，在江夏，舊名東山。《潛確類書》

大洪山，本鵠山，宋末更名，在江夏縣十五里。《湖北舊聞録》

江夏，春秋時謂之夏汭，後世謂之夏口，亦謂之魯口。歷代常爲重鎮，有黄鵠山、鸚鵡洲。《輿地廣記》①

鄂州城之東十里許，其最高聳而秀者，是爲黄鶴山。《江夏辨疑》②

① 此條應歸入“夏口城”。
② 此條應歸入“黄鵠山”。

鄂之城東有佛剎，曰“大洪山崇甯萬壽禪寺”，此黄鵠山也。《黄文獻集》，詳見“藝文”

洪山，縣東十里，一曰東山。山下有寶通寺，邑之巨觀。山名曰堆雲、曰翠屏、曰獅子峯，古有《洪山賦》鐫山石榛莽間，明楊士奇有記。《湖廣通志》

洪山，在縣東十里，舊名東山。古有《東山賦》鐫山石上，今剥落不可讀。宋趙涽即山勝處架爲閣，榜曰東巖，狀其石曰雲根、雲扃。凡十數峯，山巔爲黄鵠亭。又有怪石窪樽狀，詳《東山記》。宋末隨[1]數被兵，荆湖制置使孟珙遷大洪山衆奉釋慈忍斷足及洪山寺額並徙於此，遂沿呼洪山。按：《東山記》勒塔後石壁，已半漫漶。康熙癸酉，吴元俊揣摩得之，詩紀其事。明楊士奇亦有記。《江夏縣志》

按：黄鵠山在江夏縣東九里，洪山縣東十里，蓋指縣治言之也。江夏縣舊治在石子岡，隋開皇中，自塗口徙於焦度樓下。唐貞觀中，徙府城。南宋紹興中，仍還樓下。元因之。明洪武九年，封建楚藩，遷漢陽門内，即清軍察院舊署，改建於鳳凰山下。國朝因之。咸豐中，以兵燹改建文昌門内鐵佛寺廟基。自今日縣治視之，則黄鵠山、洪山又在縣東北矣。

大洪山，在隨州。宋末隨州被兵，土著流宂，荆湖制置使孟珙遷其衆於武昌，而洪山寺額并徙於此。《白茅堂集》　宂，人勇反。宂，散也。

在城東十里許者，至宋末改名大洪山，實則黄鵠山之初阜也，詳見黄文獻公《大洪山崇甯萬壽寺碑》。其伏而又起，李太白《望黄鶴山》所謂“中峯倚紅日”是也。今之長春觀倚之，至再伏再起，則東自賓陽門

① 隨：隨州。

而至漢陽門，以達於江，所謂黄鵠磯是也。其曰石城山、曰高觀山、曰蛇山，皆時俗易名耳。《湖北舊聞録》

黄鵠磯，在鸚鵡洲之下尾。《水經注》

江夏郡所治，其西南角因磯爲高墉枕流，上則迴眺山川，下則激浪崎嶇，是曰黄鵠磯。《荆州圖記》

《荆州圖經》曰："夏口城西南因磯爲墉，枕江流而峙，激浪噴震，舟人恒危。昔侯景沈鮑泉於此。前有弱水一規①，每風濤恬息時，試以木屑羽毛，無不沈者。"《湖廣通志》

夏口城據黄鵠磯，世傳仙人子安乘黄鶴過此上也。邊江峻險，樓櫓高危。瞰臨沔漢，應接司部。宋孝武置州於此，以分荆楚之勢。《南齊書》

元世祖南巡，駐蹕黄鵠山，問磯何名吕公，父老對曰："唐有吕道人吹笛其山，故名。"又問唐前何名，對曰："聞諸古語是禹功磯，後人訛稱。"上韙其言。元林元《大别山禹廟碑》

黄鵠山，在府城内西隅，一名黄鶴山，西北二里有黄鵠磯。《大清一統志》

黄鵠磯，即黄鶴山麓，一名汝南磯，古稱禹功磯，後訛爲吕公磯。《江夏縣志》

---

① 一規：周時田地分等，用以蓄水的土地，合九人所分到的爲一規。農耕的土地，合九人所配得耕種的稱爲一井。

梅花磯，水激如梅花，故名。在觀音閣下，又曰觀音磯。《江夏縣志》

夏口城，在縣西黄鵠山上，吴主孫權所築。《吴志》

按《水經注》："黄鵠山東北對夏口城，亦沙羨縣治。"蓋齊、梁之魯山城，今之漢陽軍，其地所謂夏口也。祝穆曰："夏口一名魯口，似指漢水之口。"然何尚之云："夏口在荆江之中，正對沔口。"而章懷太子亦謂夏口戍在鄂州，故唐史皆指鄂州爲夏口。蓋本在江北，自孫權取對岸夏口之名以名之，而江北之名始晦。

郢城，在黄鵠山，劉宋郢州治此。《明一統志》

萬人敵城，在黄鵠山頂，舊有城，宋建炎間草寇犯城，郡守命其上以强弩射之，寇退，得名。同上

武昌府城，舊在黄鵠山，孫吴赤烏中築，謂之夏口城。墉山塹江，周二三里，對岸爲沔津，故以夏口名。宋、齊、梁、陳皆因之。劉宋郢州治此，更名郢城。唐牛僧孺始陶甓甃之。宋皇祐中，知州李堯俞修。又有古萬人敵城在黄鵠山頂，據勝設險。元因之。明洪武四年，江夏侯周德興增拓修築，周十七里有奇，計三千九十八丈。《湖廣通志》

鄂州舊治，在黄鵠山陰，即今府後。《江夏舊志》

府學，舊在黄鵠山前，宋康定間建，後廢爲營壘，紹興間仍更爲學。同上

江夏縣學，在鳳凰山之陽。按大觀學制，宋初以縣附郭，就州學，别置一齋，曰務本。紹興以後，悉附於州學。元因之。明洪武初，教諭沈浩然拓創於黄鵠山北。九年，改楚府廣阜倉。同上

名勝二

黄鶴樓，在黄鵠磯上，仙人子安乘黄鶴過此。《南齊書》

吴黄武二年，城江夏，以安屯戍。其城西臨大江，西角因磯爲樓，名黄鶴樓。《元和郡縣志》

黄鶴樓，在縣西二百八十步。昔費禕登仙，每乘黄鶴於此憩駕，故號爲黄鶴樓。《太平寰宇記》

黄鶴樓，在子城西南隅黄鵠山上。自南朝已著，因山得名。“鵠”“鶴”，古通用字。《輿地紀勝》

黄鶴樓，號爲天下絶景。今樓已廢，故址亦不復存。問老吏，云在石鏡亭、南樓之閒，正對鸚鵡洲。猶可想見其地也。《入蜀記》

《入蜀記》言“石鏡在山麓，而黄鶴樓在石鏡、南樓之閒”，則今之樓址，視唐宋又移而西矣。《湖北通志》

黄鶴樓，以山得名。唐《圖經》謂“費文偉仙去，駕鶴來憩於此”，閻伯瑾《記》中乃實其事。或者又引梁任昉《記》，謂“駕鶴之賓乃荀叔偉，非文偉也”。皆因黄鶴之名，妄爲記之。《南軒集》

黄鶴樓，多以爲費禕昇仙之地，故永泰初閻伯瑾爲之記。予按《蜀志》費禕爲魏降人郭循所害，則禕固不得其終，安有駕鶴而憩此者也？梁任昉《述異記》雖有是説，亦未嘗言禕也，不知伯瑾何以爲據？今自樓以西可六七步有磯焉，即庾子山《賦》所謂“落帆黄鶴之浦”也。故

魏彦淵注引《荆州記》曰："江夏郡西大江有黄鶴磯，後人建樓，既俯磯上，故不更别名耳。"《江夏辨疑》

漢江北爲蛇山，黄鶴樓在其巔。考碑記，黄鶴樓，辛氏故址。辛氏係酒家，一道士時來店中沽酒，隨到隨應，經年不索其值，終始無倦色。一日，道士畫黄鶴於壁，輒解飛鳴，道士跨之而去。辛氏捨宅築樓以供，蓋純陽吕師。今規制崇宏，係是後來宰官改闢，蓋非其舊矣。《南中記聞》

黄鶴樓，枕武昌西門，一名黄鵠。傳是費禕登仙事，或稱王子安，今俗稱吕公。《楚小志》

劉原父就省試時，父立之爲湖北轉運使，按部至鄂州，與郡守王山民宴於黄鶴樓，數日不發，謂守曰："吾且止此，以候殿榜，兒子決須魁天下。"守心不平，且曰："豈可預料?"立之曰："縱使程試不得意，亦須作第二人。"來日殿榜到州，原父果第二名。《默記》

明甲辰春三月，陳理銜璧出降。上入武昌城，取陳氏所藏金花子、銀花子賞士卒於黄鶴樓下，至今人呼其處爲花子街。《一統肇基録》

黄鶴樓，唐宋《圖經》以爲費文偉仙蹟，初未嘗以爲吕巖也。至詩人咏歌，則唐宋諸家亦但想像仙靈，寄諸髣髴，未有實指其人者。自明以來，乃易費而吕，至於肖像奉之。而著作家并以入詩，過而存之，亦足以覘風尚焉。《湖北通志》

黄鶴樓，凡三層，外圓内方，中祀吕仙像，角巾、卉服、横笛，製甚古。《鈍齋文選》

崇禎十六年，張獻忠踞武昌，嘗題詩黄鶴樓，令其下屬和。《綏

寇紀畧》

又云：左營諸將進攻各門，張其在焚黄鶴樓及宗人府第俱盡，率諸將開保安門西走。同上

黄鶴樓，在武昌府城西南隅黄鵠磯上，世傳費文偉乘黄鶴過此。《淵鑑類函》

明唐樞游赤壁，郭桐岡問黄鶴、岳陽二樓孰勝，樞曰：“岳陽勝景，黄鶴勝製。”洞庭湖至岳州府乃收口，樓在西門城上，距府不百武，正挹湖勝。其製三層，四面突軒，狀如十字，面各二溜水①。省城黄鶴山樓，制方而補四隅爲圓，二頂三層，高約五六丈。每隅合九角，每方四溜爲柱，中外三起，外二起，四面各二十柱，中一起四樓。後接楹屋數閒，後石鏡亭、湧月臺、仙棗亭，觀音閣當其前，閣畔黄鵠磯、吕公洞。《古今游名山記》

楚有四樓：仲宣樓在當陽城上，倚曲沮，夾清漳，今荆州城上樓，乃五代高季興建望沙樓故址也，宋陳堯咨更今名；晴川樓南對黄鶴，從武昌望之佳；黄鶴以製勝，如蓮瓣垂垂，洲渚掩映；岳陽以境勝，八百里洞庭一髪君山，眼界奇絶。總之，岳陽爲上，黄鶴次之，晴川、仲宣又次之。《楚書》

墉山爲城，塹江爲池，武昌城内包三山，漢陽城内有兩湖，黄鶴樓與晴川閣距兩城之上相望也。《南游記》

時值深秋，白雲、紅葉、翠柏、黄花，點綴巖岫，天然圖畫。岳陽、

① 溜水：屋檐滴水處。

黄鶴，極江湖之浩渺；靈隱、少林，盡山岳之奇麗。睡常入夢，醒猶在目，非筆舌所能傳也。同上

聖楷按：黄鵠山一名黄鶴山，自南朝已著，樓故因山得名矣。《記》語嘉叔偉之芳塵，引用梁任昉《記》所謂駕鶴之賓，乃荀叔偉，非文偉也。《楚寶》

黄鶴樓，順治十三年重建。《楚會存書》

按：胡夢發《黄鶴樓賦·序》："康熙甲辰災，重建。"甲辰係康熙三年，《楚會存書》云順治十三年，相去八年，未知孰是。

黄鶴樓，在黄鵠山南，因磯爲樓。又謂"黄鶴樓以山得名"，而李邕《岳麓碑》題"江夏黄仙鶴"，崔顥詩自注："黄鶴，人名。"今《全唐詩》崔注無之。明嘉靖末燬於火，隆慶五年都御史劉慤重建，汪道昆爲之記，崇禎癸未爲流賊張獻忠所燬。國朝順治中，御史上官鉉重建。康熙三年燬於火，總督張長庚、巡撫劉兆麟重建，布政使劉顯貴監造。甲申，總督喻成龍、巡撫劉殿衡修。壬寅，總督滿丕、巡撫張連登、布政使張金弼督修。乾隆四十四年，御書"江漢仙蹤"題額。嘉慶十五年，總督馬慧裕倡捐重修，立有碑文。咸豐六年火，前總督官文倡修，今署總督郭柏蔭護、巡撫何璟成之，邑人彭崧毓有記。《江夏縣志》

按：咸豐間，武昌省城三次淪陷。六年，黄鶴樓燬於賊。前總督官文恭公倡捐，未修。同治七年，署總督郭公護、巡撫何公委武昌府黄守昌輔督工興修。經始於戊辰九月，告成於己巳三月，計費白金三萬數千兩有奇。糧道丁守存作《碑記》，首序總督李公、巡撫郭公者，適斯樓已成，而碑石後勒也。

南樓，在郡治正南黄鵠山頂中間，嘗改爲白雲閣。元祐間，知州方澤重建，復舊名。《記》文以爲庾亮所登故基，非也。亮所登乃武昌縣安

樂之端門也。李巽巖燾作《鄂州南樓記》云："吴孫氏更名漢鄂曰武昌，今州東百八十里武昌縣是也。"今鄂州，乃漢沙羨。當晉咸康時，沙羨未始有鄂及武昌之名，庾亮安得從至此？《輿地紀勝》

樓在郡儀門之南石城上，一曰黄鶴山。制度閎偉，登望尤勝。鄂州樓觀爲多，而此獨得江山之要會。山谷所謂"江東湖北行畫圖，鄂州南樓天下無"是也。下瞰南湖，荷葉彌望。中爲橋曰廣平，其上皆列肆，兩旁有水閣，極佳。《入蜀記》

南樓，在州治前黄鶴山上，輪奂高寒，甲於湖北。下臨南市，邑屋鱗差。南市在城外，沿江數萬家，廛閈甚盛，列肆如櫛，酒壚樓欄尤壯麗，外郡未見其比。蓋川、廣、荆、襄、淮、浙貿遷之會，貨物之至者無不售，且不問多少，一旦可盡。《吴船録》

按：南樓今不知所在。陳本立《黄鶴樓名勝記》以爲斗姥閣即南樓也，《吴船録》言"在黄鶴山上"，《入蜀記》言"下瞰南湖"，云云。如今之南樓，即古之譙樓、明之楚觀樓也。

白雲樓，在縣城西黄鶴山頂，一名南樓。《湖北通志》

南樓，在黄鵠山頂。宋元祐中，知州方澤重建，自爲《記》。建中靖國初再修，乾道初重建，嘉定中又修。元中統又修，貞元中又修。明崇禎九年，巡撫宋賢即其址建白雲閣。後巡撫宋一鶴移補閲兵樓，閣再廢。國朝康熙甲申，總督喻成龍、巡撫劉殿衡重建，更名白雲樓。《江夏縣志》

按：陸放翁《記》、黄山谷詩似皆指黄鶴樓非今之南樓。今南樓俗稱鼓樓，即古譙樓，改名曰楚觀樓。乾隆間以南樓名，乃畢尚書沅所改題也。

楚觀樓，在布政司署前，即今南樓也。爲唐牛僧孺奇章堂故址，詳

陸放翁《記》。《江夏縣志》

楚觀樓，舊爲譙樓。明弘治己未重建，布政使韓鎬改名曰楚觀，李東陽撰《記》。國朝乾隆壬子，總督畢沅改題“南樓”。同上

焦度樓，在州治東南子城上。《南史》：“度，字文績。沈攸之起兵至夏口，度於城樓上罵辱攸之。攸之怒，攻城。度力戰，投以穢器，賊不能冒，後呼此樓爲焦度樓。”又城隍神亦以爲焦度之父諱明意者，郡人爲其父子立廟耳。《輿地紀勝》

八極樓，在江夏黄鵠山，今廢。《白茅堂集》

辛氏樓，詳見“祥異”。

静春臺，在黄鶴山北。摩崖方丈，上刻“静春臺”三字，旁刻“湻熙壬寅劉清之題”。《江夏舊志》

龍牀臺，一名鳳凰窩，在高冠山第一峯下。同上

奇章臺，蓋牛僧孺嘗登讌於此。《輿地紀勝》

湧月臺，在黄鶴樓旁。有石刻“湧月”二字，相傳漢曹孟德遺筆。《湖廣通志》

湧月臺，在黄鶴樓側。宋黄清老書“湧月”二字，後人摹刻於此而續以“臺”字。《大清一統志》

“湧月臺”三大字，舊傳曹孟德書，誤也。《白茅堂集》

按：黄鵠磯東女牆旁有石碑，高僅三尺，寬二尺許。上鐫“雲路”

二字，相傳爲曹孟德書，疑亦如湧月臺之誤傳也。

奇章閣，知州汪叔彦夢前身爲奇章公，因名。《江夏縣志》

白雲閣，在郡治正南黄鵠山頂。《輿地紀勝》

斗姥閣。

按：舊志均未載閣何時建，亦不存其名。《江夏新志》載“胡公祠在黄鶴樓後，即斗姥閣舊址”云。

留雲閣，在黄鵠山南，從石鏡亭數折而下，最爲幽勝。《江夏舊志》

黄鵠山志卷一終　溆浦舒立濬校字

黄鵠山志卷二目録

名勝三

名勝四

---

① 據正文應爲“東山書院”。
② 此處漏録“案一則”。

① 實五則。
② 正文無“案”。
③ 此處漏録“案一則”。

黄鵠山志卷二

永康胡鳳丹月樵編纂

名勝三

奇章亭，在州治東南一里子城上。《輿地紀勝》

黄鵠山有奇章亭。奇章公，牛僧孺也。又名奇章閣，一名奇章堂，舊名楚觀樓，是古址。宋知州陳邦光建，初名戲綵堂。後知州汪叔詹夢前身爲奇章公，改今名。《明一統志》

奇章亭，在黄鵠山。累瓦爲臺。賀鑄《度湖集》云："唐牛僧孺登宴處。"

仙棗亭，故址在南樓西，明景泰四年重建。《輿地紀勝》，詳見"祥異"

仙棗亭，後有古祠，祀吕仙像。《鈍齋文選》

仙棗亭，在黄鶴山頂。亭前有棗樹四株，世傳未嘗結實云。《江夏舊志》，詳見"祥異"

吕仙亭，在黄鵠山，即仙棗亭遺址。舊傳太守與倅弈，有仙人忽至，云太守弈敗。果然。仙於樓前吹笛，隨笛聲至樓上，跡之，惟見石鏡題詩，末書"吕"字，故今名吕仙亭。《湖廣通志》

吕仙亭，在黄鶴樓東。江山形勢，非神仙不足居此。風清月白之夜，時聞鐵笛之聲。《眉庵集》

石照亭，在黄鶴樓。臨崖有石如鏡，石色蒼湓，無異凡石，每爲西日所照，則炯然發光。《輿地紀勝》

石照亭，在縣西黄鶴樓下。有石光澈，名曰石照。《聞見近録》

石鏡亭，一名石照亭，在黄鶴樓西。崇禎癸未，石忽失，亭亦尋廢。國朝康熙甲申，總督喻成龍、巡撫劉殿衡重建。《江夏縣志》

振衣亭，在按察司堂後黄鵠山上，明萬厤二年按察使王世貞建。同上

按：同治九年，漢黄德道署按察使鄭蘭復於廢址誅鋤荆棘，建亭三間。窗櫺四啓，江山如畫，賓僚宴集，蓋極一時之盛云。

一覽亭，在縣西黄鶴山上，王十朋有詩。《湖北通志》

一覽亭，在太白堂左。《江夏縣志》

一覽亭，在仙棗亭後。《江夏舊志》

西爽亭，在湧月樓北，下臨巖壁，有唐時及慶厤間摩崖題字。《輿地紀勝》

跨鵠亭，在東漕衙黄鵠山之背。同上

壓雲亭，在黄鵠山椒，隷統制司，又有雅歌堂。同上

憲宗己未八月己酉，帝抵鄂，屯兵教場。壬子，登城東北壓雲亭，立望樓，高可五丈，望見城中出兵，輒兵迎擊。《元史》

元成宗嗣位，以黄鵠山乃黄屋臨御之地，詔就壓雲亭故址創建大元興寺。中書右丞相哈剌哈斯答剌罕時以平章政事開省湖廣，承制鼎建，不擾而辦。① 元林元《大別山禹廟碑》

壓雲亭，在江夏縣西黄鵠山上，舊爲頭陀頂院。元世祖至鄂，嘗駐此觀覽形勝。至正間建亭。《明一統志》

按：袁説友《同鄂州都統制司登壓雲亭》賦詩，王十朋有《贈趙都護》之作，則此亭宋已有之。《明一統志》謂至正間建亭，非也。

鄂州營，昔皆茅舍，今始易以瓦。登壓雲亭，則前後盡見，周絡井井，甚有條理。將司中又有“雅歌”“整暇”二堂，皆面江山，登覽超勝。《吴船録》

廣永，在西漕衙黄鵠山之絶頂，西近楚觀，下視江漢，故取其義云。《輿地紀勝》

按：《輿地紀勝》未載廣永之爲亭爲臺，後讀陳本立《黄鶴樓名勝記》，始知其爲廣永亭也。

萬壽亭，在黄鵠山白雲樓後，亭制六方。内石碑二，恭勒蠲免錢糧諭旨暨優卹老人。《江夏縣志》

十間亭，在仙棗西，後爲萬壽亭。《江夏舊志》

---

① 自上頁“振衣亭”至此，底本所無，據《武英殿聚珍版叢書》補録。

御碑亭，在黄鵠山専祠之前，同治八年建。有豐碑矗立其間。官相國《記》詳見“藝文”。《退補齋雜録》

十盤亭，在黄鶴樓下。刻石云：東有亭，西有菴，路十盤而上，故以十盤名。今廢，爲望江亭。《江夏舊志》

翼然亭，在冠霞亭西，中丞張連登建。同上

冠霞亭，在高觀山第一峯，中丞劉殿衡建。同上

夏亭，在頭陀寺。唐鄂州守何所建，符載爲之《序》。同上

北榭，在設廳後。因山爲之，與南樓對。《輿地紀勝》

北榭，子城之巔。《湖北通志》

北榭，嘉定十七年李臯重修。有《北榭記》石刻，今在黄鶴樓後斗姥閣西壁。《湖北金石存佚考》

鄂州諸樓、榭，皆在黄鶴山，而以方向別之。其在頭陀寺者，或曰東樓，見唐李華《詩》序；在南者曰南樓，范石湖所云“下臨南市”、陸放翁所云“下瞰南湖”是也；在西者曰黄鶴樓，李太白詩“黄鶴西樓月”是也；在北者曰北榭，與南樓並稱，而李公《記》外賦咏無傳焉。今以黄鶴山爲綱，而依次第列其源委興廢，覽者當自得之。《湖北舊聞録》

楚王故宫，在高觀山下。前臨大街，左閲馬廠，右長街宫。廣二里，袤倍之。明末兵燹，殿寢池館俱爲灰燼。《江夏舊志》

武當宮，在黄鵠山麓。置道紀司於内。《湖廣通志》

湧月堂，在南樓、黄鶴樓之間。《輿地紀勝》

奇章堂，在布政司前，即古楚觀舊址，初名戲綵堂。《明一統志》

皮日休讀書堂，在頭陀寺。皮日休讀書於此。《輿地紀勝》

皮日休讀書堂，在縣東。皮日休少時，曾讀書武昌頭陀寺。今寺有讀書堂，其遺址也。晁公武《讀書志》

東山書院，在黄鵠山。相傳東方朔讀書處，今廢。《縣志》

李白讀書堂，在頭陀寺。見《一統志》。同上

按：《一統志》惟載皮日休讀書堂在頭陀寺，無李白讀書堂。據《輿地紀勝》云，李白讀書堂在江夏縣東三十里，地名讀書林，有祠堂在其側。不審今《縣志》何以云在頭陀寺也。

具美堂，在黄鵠山頂，官胡二公祠之東，即斗姥閣東偏舊址，同治八年建。《退補齋雜録》

太白堂，在黄鶴樓後。邑令徐日久建，今更爲亭。《江夏舊志》

按：同治八年重修黄鶴樓，并建斯堂，仍改爲太白堂。

狀元居，在黄鶴樓南。以黎淳讀書其中，故名。今額猶存。《江夏縣志》

黄鶴洲有二：一在黄鶴樓江中，一在縣北三十里，俗名黄花洲。同上

摩崖方丈，在黄鵠山北。崖壁幽邃，静境可人。同上

鄂渚，在江夏縣西黄鵠磯上三百步。《輿地記》云："雲夢之南，是爲鄂渚。"其名於《離騷》見之。又《晏公類要》云："隋平陳立鄂州，以鄂渚爲名。"《輿地紀勝》

鄂渚，在縣西黄鵠磯上。《楚辭》云："乘鄂渚而返顧。"《説苑》云："昔鄂君乘青翰之舟，下鄂渚，浮洞庭。榜人擁楫而歌。鄂君翕繡袂，行而擁之，舉繡被而覆之。"《湖北通志》

費禕洞，在黄鵠山後。舊經：費文偉昇仙處，李宗孟有詩。《明一統志》

費禕洞，在江夏縣東十里黄鵠山後。舊經云：費禕昇仙之後洞也。《皇朝郡縣志》

吕公洞，在石鏡亭下、黄鵠磯上。初無洞穴，但石跡隱然。如門，叩之有聲。世傳吕洞賓嘗題詩其上。《明一統志》

陸游與章冠之游仙洞，石壁數尺，皆直裂，無洞穴之狀。舊傳有仙人隱其中，今鄂人謂之吕公洞。《入蜀記》

仙人洞，舊傳鄂州黄鶴樓下有石光澈，名曰石照，其右巨石，世傳以爲仙人洞也。《聞見近録》

宋時因山爲城，故石鏡亭雖在城中，而石鏡及吕公洞實在山麓，必出城而後至其地也。至明，始包入城内。而楊眉庵《吕仙祠詩序》亦與

今制爲合，則樓址之移，其元明之間歟？《湖北通志》①

石照洞，在黄鶴樓下。《江夏縣志》

東陽洞，在高觀山龍華寺後。大石崚嶒，當腹一洞，鎸“東陽”二字。同上

天鵞池，在武當宫西。《江夏縣志》

白龍池，在黄鶴樓左子城上。明隆慶二年，沿江居民苦火，從形家言，鑄鐵爲池於上，城下晏然。見《楚會存書》。後設茶肆，晝夜不絶火，時城外復多災，白官罷之，乃不復災。同上

磨劍池，在頭陀寺山頂，相傳秦皇磨劍於此。王得臣以爲秦宗權之弟宗衡破岳鄂，所至皆稱爲小秦王，是池蓋指宗衡也。《輿地紀勝》

磨劍池二：一在仙棗亭側，一在頭陀寺。《江夏縣志》

按：仙棗亭、頭陀寺均在黄鵠山，一地而有二池，恐《縣志》所載不若《輿地紀勝》之得實也。

江城别墅，在黄鵠山麓。同治初年，邑人袁泰華建。王子壽、彭于蕃有詩。《退補齋雜録》

名勝四

武安王廟，在頭陀寺，以祀關公。《輿地紀勝》

---

① 此條應排在“仙人洞”條前。

府城隍廟，舊在縣東，洪武中徙黄鵠山南，祀晉車騎將軍焦明。景泰三年重建，韓陽有《記》。康熙三十二年，知府尤汶重修。廟右有齋戒所。《江夏舊志》

楊公祠，在高觀山下，祀總督贈太子少保楊宗仁。同上

江漢神祠，在漢陽門樓上。宋淯熙間，通判劉靖以江漢在境内，宜爲望祀，即靈竹寺西爲坎①以祭之，今廢。同上

胡公祠，在黄鶴樓後，斗姥閣舊址，祀巡撫胡文忠公。《江夏縣志》

案：胡公諱林翼，字詠芝，益陽人，官湖北巡撫，贈太子太保，謚文忠。咸豐間，埽蕩沿江粵匪，平定楚境，終於任所。奉旨勅建專祠。

官胡二公祠，同治十年奉旨敕建。

案：官公諱文，字秀峯，謚文恭，滿洲正白旂人。由湖廣總督入贊樞廷，九年終於位。士民德其有功於楚，籲請建祠。時總督李公瀚章、巡撫郭公柏蔭奏請與胡公合祀，爲官胡二公祠，仍在黄鵠山上。

曾公祠，在黄鵠山中峯下，同治十二年奉旨敕建。

案：曾公諱國藩，字滌生，湘鄉人。官兩江總督、武英殿大學士，卒謚文正。

羅李三公祠，在黄鵠山中峯下，同治十三年奉旨敕建。

案：羅公諱澤南，字仲嶽，號羅山，湘鄉人。由訓導官浙江甯紹台道，加布政使銜，未赴任。轉戰湖南、湖北、江西等省，咸豐六年三月

① 坎：古時祭月的地方。

攻剿武昌，受傷殞命。奉詔加恩，照巡撫陣亡例賜邺，並著湖南本籍及湖北、江西地方建立專祠，謚忠節。

案：李公諱續賓，號迪菴，湘鄉人。官浙江布政使，加巡撫銜。轉戰湖南、湖北、江西等省，咸豐八年十二月攻剿皖北廬郡，賊眾兵寡，從容赴義。奉詔加恩，追贈總督，照總督陣亡例賜邺，入祀昭忠祠，並准湖北、江西、安徽各省建立專祠，謚忠武。

案：李公諱續宜，號希庵，湘鄉人。由諸生官至湖北、安徽巡撫。轉戰湘、鄂、江、皖數省，克復多城。同治二年十一月，專辦皖北軍務，旋因積勞溘逝。奉詔加恩，照總督軍營病故例賜邺，並准湖南、湖北、江西、安徽各省建立專祠，謚勇毅。

頭陀寺，在清遠門外黃鶴山上，黃太史有詩。《輿地紀勝》

頭陀寺，在江夏縣西北，宋大明五年建，在黃鶴山上。自南齊王屮作《寺碑》，遂爲古今名刹。《方輿勝覽》

頭陀寺，在州城之東隅[1]石城山，寺燬於兵火，汴僧舜廣住持三十年，興葺略備。自方丈西北躡支徑至絶頂，舊有奇章亭，今已廢。四顧江山，靡有遺者。殿後有南齊王簡栖碑。《入蜀記》

頭陀寺，在黃鵠磯，即今觀音閣，一名竹林寺。南齊王屮有《記》，明末燬。國朝順治初，邑人陳應魁重修。《湖廣通志》

白傅自江州赴忠州，過江夏，有《與盧侍御於黃鶴樓宴罷同望》詩曰："白花浪濺頭陀寺，紅葉林籠鸚鵡洲。"句則美矣，然頭陀寺在郡城之東絶頂處，西去大江甚遠，風濤雖惡，何由及之？或曰甚之之

---

① 東隅：本書卷六陸游《入蜀記》作"西隅"。

辭。《塵史》

寶通寺，本崇甯萬壽寺，宋末建，元元統二年重建。黄文獻溍有《記》云："鄂之東城有佛刹，曰大洪山崇甯萬壽禪寺，此黄鵠山也。"《黄文獻集》，詳見第五卷"藝文"

崇甯萬壽寺，成化間改名寶通寺。《湖北舊聞録》

寶通寺，康熙十五年重修，後毀，乾隆五十五年重建。《湖北通志》

寶通寺，大司馬三韓張公朝珍、方伯石城徐公惺修於康熙丁巳戊午歲，金碧洪麗，爲武昌諸刹第一。《白茅堂集》

寶通寺，在洪山下，内有寶通塔。唐萬厤中萬信禪師開山，宋制置使孟珙、都統張順重修，明楚昭王益擴舊制。國朝康熙十五年，巡撫張朝珍、左布政使司徐惺同捐資倡修。《湖廣通志》

黄龍寺，在江夏縣東六十步，誨機禪師居之。《輿地紀勝》

觀音寺，在黄鵠磯。《湖廣通志》

東巖寺，在洪山。唐大觀中建，又額曰"正心書院"，鄂國公尉遲讀書處。後石刻有"幾處稻粱喧鳥雀，數聲鐘磬起魚樵"句。同上

小塔寺，在洪山，即晉安寺。有無影塔，塔下有井，名浪花井，其脈通江。同上

古無影塔，在黄鵠磯石上。同上

古無影塔，在黄鵠磯石上。高不三尺，每日返照，略不見影。藏骨者，不知誰何也。《江夏縣志》

寶像塔，在黄鶴樓前，元威順王太子墓，王名寬澈普化。墓用塔，元制也。塔高三丈，石色潤白，相傳下有千歲燈。天啓元年，塔下牆裂寸許，有烟騰出。同上

寶通塔，在洪山，相傳爲唐貞觀中尉遲鄂公監造。《江夏縣志》，詳見“金石”

靈濟塔，在大洪山，元建。《湖北舊聞録》

按：靈濟塔，即寶通塔。《湖北金石存佚考》云：“洪山寺塔，相傳唐鄂公建。”或謂寺建於宋末，不應唐初先有是塔也，得塔《記》，足以證明矣。元黄文獻公《寶通寺碑記》云：“大洪，隨之名山，自隨而鄂，始作於元統二年，訖工於至正某年。”《湖北舊聞録》以爲元建，或即本此歟？國朝咸豐間，羅忠節、李忠武駐軍山上，撤去其頂，漸就傾圮。同治癸酉，邑紳募捐重修，甲戌夏告成。遊覽之勝，遂復舊觀。

威順王太子墓，一名勝像寶塔，在黄鶴樓前。天啓元年，塔下石牆裂寸許，有烟騰出，或云墓燈也。《湖廣通志》

陳友諒墓，在城内臬司後黄鵠山，或曰疑塚也。《江夏縣志》，詳見“誌異”①

黄鵠山志卷二終　溆浦舒立濬校字

---

① 誌異：應爲“祥異”，底本誤。

黄鵠山志卷三目録

① 此目下録十三人，含于正文九條之中。

② 底本正文有“案一則”。

祥異二十八則[1]

① 此處漏録“案二則”。

黄鵠山志卷三

永康胡鳳丹月樵編纂

流　寓

戴仲若，譙郡人。酈道元云："黄鶴山，林澗甚美，仲若野服居之。"《水經注》

張山翁，字君壽，普州人。德祐元年爲荆湖宣撫司幹官①。鄂守張晏然議納欵，山翁以書讓之。晏然既降，山翁被執軍前。諭曰："若降，不失作顯官。"山翁酬對不屈，行省官賈思貞義之，貸不殺。後居黄鵠山，聚徒教授而終。《南宋書》

皮日休，嘗游江漢間。時劉允章鎮江夏，允章戚穆判官譖，日休薄之。允章數使酒，一日方宴，忽怒曰："君何薄穆？鸚鵡洲在此，即黄祖沈禰衡所也。"日休雨涕而已。《玉泉子》

西州韋相公皋，昔游江夏，止於姜使君之館。姜氏孺子曰："荆寶已習二經，雖兄呼於韋公，而恭事之禮如父叔也。"荆寶有小青衣曰玉簫，年纔十歲，嘗令衹侍於韋兄，玉簫亦勤於應奉。後二載，姜使君入關求官，而家累不行，乃易居頭陀寺。《湖北舊聞録》

---

① 幹官：掌均輸的官員。

徐惺，字子星，號即山，江南江甯人。由進士起家，歷分守武昌道，晉湖北布政使，内艱不起，僑居江夏。闢高觀山爲東山小隱，亭臺樓榭，曲折匠心。蘄州顧景星爲之《記》。戊辰裁兵譁變，夏逢龍以公負重望，百計物色，不可得。及大師復會城，公在高觀無恙也。公居江夏，前後十五年，山川洞壑，靡不經歷，所至輒有題詠。康熙丙子卒。《江夏舊志》

潘永祚，字太邱，號恕庵，先世浙之上虞人。父允隆以孝廉宰南安之崇義，卒於官。會國變，永祚奉母李及幼弟四人避亂黔中。貧，無以爲生，賣字給朝夕。後以永清拔貢除雲南瀰沙井提舉。知滇事將變，以給養歸，僑居江夏，築室高觀山麓。與弟國祚詩文擅一時之勝，所著《恕庵集》若干卷，藏於家。同上

仙　釋

仙人子安，乘黄鶴過此。又世傳費文偉登仙，駕鶴憩此。《南齊書》

黄鶴仙，或云費褘。王得臣《黄鶴樓》詩以爲荀瓌，字叔偉。未知孰是。《輿地紀勝》

謝山人，陳陶《送謝山人歸江夏》有“黄鵠春風二千里，山人佳期碧江水”之句。《輿地紀勝》

羅公遠，鄂州人。同上，見“祥異”

誨機禪師，黄鵠山南黄龍寺住持，有道行。其行實載《傳燈録》。同上

僧惠宗，頭陀寺王簡栖《碑》文云：“頭陀寺，僧惠宗所立。”同上

吕洞賓，世傳吕公洞在黄鵠磯上，洞賓嘗題詩其上云。《明一統志》

俗傳有道士號於市，曰“肚裏飢”。後與孝子李機乘鶴而去，以爲仙人吕巖也。《白茅堂集》

按：吕仙人名巖，字洞賓，自稱回巖客，又云回道人，河中府人。會昌中兩舉進士不第，去游廬山，遇異人授劍術，得長生不死之訣，多游湘潭鄂岳間。詳見《岳陽風土記》。

翟乾祐，雲安人也。龐眉廣顙，巨目方頤，身長六尺。手大尺餘，每揖人，手過胸前。常於黄鶴山師事來天師，盡得其道，能行氣、丹篆[①]，陸制虎豹，水伏蛟龍，卧常虚枕。往往言將來之事，言無不驗。因入夔州市謂人曰：“今夜有八人過此，宜善待之。”是夕，火燒百餘家。曉之者云：“八人，乃火字也。”每入山，羣虎隨之。曾於江上與十許人翫月，或問曰：“月中竟何所有？”乾祐笑曰：“可隨我手看之。”乃見月規半天，瓊樓金闕滿焉，良久乃隱。雲安井自大江泝别派，凡三十里。近井十五里，澄清如鏡，舟楫無虞；近江十五里，皆灘石險惡，難於沿泝。乾祐念商旅之勞，於漢城山上結壇考召[②]，追命羣龍，凡二十四處，皆化爲老人，應召而至。乾祐諭以灘波之險害物勞人，使皆平之。一夕之間，風雷震擊，一十四里，盡爲平潭矣。唯一灘仍舊，龍亦不至。乾祐復嚴敕神使追之。又三日，有一女子至焉。因責其不伏應召之意，女子曰：“某所以不來者，欲助天師廣濟物之功耳。且富商大賈力皆有餘，而傭力負運者力皆不足。雲安之貧民，自江口負財貨至近井潭以給衣食者衆矣。今若輕舟利涉，平江無虞，即邑之貧民，無傭負之所，絶衣食之路，所困者多矣。余甯險灘波以贍傭負，不可利舟楫以安富商。吾不

① 丹篆：仙道之書或符籙。

② 考召：道家的一種法術，指行法“拘捕”爲害的鬼神。

至者，理在此也。”乾祐善其言，因使諸龍各復其故。風雷頃刻而長灘如舊。唐天寶中，詔赴上京，恩遇隆厚。歲餘還故山，尋得道而去。先是，蜀有道士佯狂，俗號爲“灰袋”，即乾祐晚年弟子也。乾祐每戒其徒曰：“勿欺，此人吾所不及。”常大雪中衣布裙入青城山，暮投蘭若，求僧寄宿。僧曰：“貧僧一衲而已，大寒，此恐不能相活。”道者但云：“容一牀足矣。”至夜半，雪深風起，僧慮道者已死，就視之。去牀數尺，氣蒸如爐，流汗袒寢。僧始知其異人。未明，不辭而去。多住村落，每住，人愈信之。曾病口瘡，不食數月，狀若將死。村人素神之，因爲設道齋。齋散，忽起就枕，謂眾人曰：“試窺吾口中有何物也。”乃張口如箕，五臟悉露。同類驚異，作禮問之，唯曰：“此足惡！此足惡！”後不知所終。出《酉陽雜俎》

祥　異

荀瓌，字叔偉，潛栖卻粒①。嘗東游，憩江夏黄鶴樓上。望西南有物，飄然降自霄漢，俄頃已至，乃駕鶴之賓也。鶴止户側，仙者就席，羽衣虹裳，賓主歡對。已而辭去，跨鶴騰空而滅。《述異記》

夏口常爲兵衝，露骸積骨於黄鶴樓下，安成王秀祭而埋之。一夜，夢數百人拜謝而去。《梁書·太祖五王傳》

治平中，武昌縣令鄭前觀覺腠理不甯，晝寢曲室，一老父古衣冠，揖鄭曰：“君小疾，煮地骨皮湯飲之即愈。”鄭曰：“素不奉展②，何故至此？”云：“我西漢時嘗與君聯局事③，君已爲二世人，我尚留滯幽壤。”

---

① 卻粒：即辟穀。謂不食五穀以求長生。

② 奉展：又作“展奉”。敬辭，看望侍奉。

③ 聯局事：謂共事。局，指官署，機構。

即詢其名氏，云："前將軍何復。或欲尋我，可來費家園也。"臨别口占詩一絶云："與子相逢西漢年，半成枯骨半成煙。欲知土室長眠處，門有青松澗有泉。"鄭官滿，之鄂州，遊頭陀寺，山下城小路見，叢薄蔚然。問寺僧，乃費家園也。道次有斷碑，字已漫滅，惟有何復字可辨。塚前有澗水洎老松數株。《括異志》

梁武帝自襄陽起兵攻郢城，夜見數百毛人踰堞且泣，因投黄鵠磯，蓋城之精也。及旦，城降。《南史》

鄂州黄鶴樓前江中，云有羅真人碑。言是羅真人曾於鄂州化，見頭爲雙髻，年可四十餘，於民家傭力，未嘗言語。忽一日，郡中大設，於衆中叱責一人，令其速去。此人驚懼拜謝，奔入樓下江中，衆皆異之。太守問其所以，答云："所叱者，江中白龍也。潛欲害此城池，吾故叱之遣去。"太守疑其詐，試請一見白龍，驗其虚實。此人與太守登樓，以符投之，俄而江上晦冥，白龍即見，長數丈，衆皆見之，尋復遣去。此人是羅真人也。今羅公遠真人於蜀頗見，多主水旱之事。鄂州所見，亦恐是公遠耳。《録異記》

羅公遠，本鄂州人也。刺史春設，觀者傾郡。有一白衣人，長丈餘，貌甚異，隨羣衆而至門，衛者皆怪之。俄有小童傍過，叱曰："汝何故離本處驚怖官司耶？不速去!"其人遂攝衣而走。吏乃擒小童至讌所，具白於刺史。問其姓名，云："姓羅，名公遠，自幼好學道術，適見守江龍上岸看，某趣令囘。"刺史不信，曰："須令我見本形。"曰："請俟後日。"至期，於水濱作一小坑，深鑿一尺，去岸丈餘，引水入。刺史與郡人並看。逡巡，有魚白色，長五六寸，隨流而至，騰躍漸大，青烟如線，起自坎中。少頃，黑氣滿空，咫尺不辨。公遠曰："可以上津亭矣。"未至，電光注雨如瀉。須臾，見一大白龍於江心，頭與雲連，食頃方滅。時元宗酷好仙術，刺史具表其事以進。《神仙傳》

仙棗亭，在南樓西。舊傳亭前棗木未嘗實，一歲忽有實如瓜，太守命小吏採而進，小吏輒啖之，遂仙去。《輿地紀勝》

辛氏市酒山頭，有道士數詣飲，辛不索貲。道士臨别取橘皮畫鶴於壁曰："客至，拍手引之，鶴當飛舞侑觴。"遂致富。踰十年，道士復至，取所佩鐵笛數弄。須臾，白雲自空飛來，鶴亦下舞，道士乘鶴去。辛氏即其地建樓，曰辛氏樓。《報恩録》

張舜民云："近歲，有軍循於此，夜逢二人，衣冠甚偉，遺之黄金數餅。軍循攜以歸，光發於屋上，既而官收之，皆化爲石。其石在軍資庫。"《南遷録》

鄂州黄鶴樓下一守關老卒，每晨興即拜洞下。一夕，月如晝，見三道士自洞中出，吟嘯久之。將復入洞，卒即從之，乞富貴。道士與一石，促之出，遂合。明日視石，黄金也。鑿而貨之。爲隊長所察，執之以爲盗，卒以實告。就其家取石，至郡則金化矣，非金非玉，非石非鉛，至今藏於軍資庫中。《聞見近録》

王欽若祖父郁仕鄂。母李氏有娠，就蓐之夕，江水暴漲，將壞廨舍。亟遷黄鶴樓，始免身生男，即欽若也。時隔岸漢陽居人遥望樓際，若有火光。《皇朝類苑》

仙桃跡在黄鵠磯上。相傳吕仙於此賣桃度人，買皆遺子而無養親者。吕感忿，擲桃去。其跡猶存，後人依跡作吕仙亭。亭前數百武無蚊蚋，俗謂仙塵拂去。《江夏志》

萬麻十七年己丑，黄鶴樓災，延燒千餘家。時磯邊民淘智井，先後人二人，不出。更入一人，前二人已死井底。旁有穴，穴有火光，一絳袍方山冠人持刃逐之。急撼繩鈴，起，備言監司。欲瘞之，井一夕自滿。同上

黄鶴樓雄踞武昌，萬厤二十五年丁酉，一日無故自火，延燒千家。《湧幢小品》

按：黄鶴樓火，據《縣志》，係萬厤十七年。《湧幢小品》作萬厤二十五年，未知孰是。

陳友諒墓在城内臬司後黄鵠山，或曰疑塜也。明太祖履祭，手書“人修天定”四字於壙所。萬厤末年，陳璫税楚，掘古墓至此，風沙晝晦，雷聲殷殷。工散，天始霽。《江夏縣志》

元稹登黄鶴樓，望江邊有光芒若星，使人就視，得一鯉魚。剖之，腹有二鏡，鏡大如錢，背有雙龍。既磨瑩，其光照澈人膽。爲元攜去，不知所終。《江夏舊志》

黄鶴樓太白堂北碑亭牆壁，一日有客來此，擘窠[1]大書，字曰：“樓峯江帶，舟蟻人潮”。字廣長，徑數尺許，勢甚蒼古，而語亦奇絶。晏大中丞聞之，疾馳至，忻賞之甚，命跡其人，偵得所寓，已去，不知所之。中丞大驚懊，怏怏去。邑令誤謂公惡之，旋命刮去。無存。同上

萬厤末，天獄星見武昌，囚曾星曜盗殺理刑孫有禄於黄鶴樓。同上

崇禎八年，寶通塔霞光如火樹。是年，賀逢聖入相。同上

---

① 擘窠：原寫字、篆刻時，爲求字體大小匀整，以横直界綫分格，叫“擘窠”。擘，劃分；窠，框格。指大字。

崇禎十五年秋七月夕，洪山栖鳥驚噪，飛而復匝者三，及曉，巢盡折。同上

康熙三年甲辰三月十七日，黄鶴樓及譙樓災，城幾赭，死傷甚眾。同上

康熙二十年春，天欃星見。是年，雷震黄鶴樓朱方旦碑。同上

李東白，京山人，工詩。隱於衣工。李本甯兄弟皆與之游，登黄鶴樓作詩。後舟過雲夢，哦詩船頭，一笑赴水死。《漁洋詩話》，詩見“藝文”

橘齋史右丞夙病眉瘤，初至館樓上，夢仙拭面而瘤脱。既覺，往謁吕仙亭，物色如所見。平章忽剌觧夫人秃滿倫氏患頭風，日夜望仙禱祈。已而聞笛聲，皆曰仙笛也。公曰：“仙有靈，當再聞。”及夜，笛聲起牆外。自是，夫人起居如初。元鄭壁《吕仙亭記》，見《湖廣通志》

元相國鎮江夏，嘗秋登黄鶴樓，望沅江之湄有光，若殘星焉，使人往覘之。掉小舟直至光所，詢漁者，云：“適獲一鯉，攜歸剖之，腹中得古鏡二，如古錢大，一面相合，背則隱起雙龍。既磨瑩，遂常有光輝。”公寶之，納巾箱中。及相國薨，鏡亦亡去。《江行雜録》

黄可久嘗避暑黄鶴樓。夜卧初醒，江月照樓中，見兩道人弈，一道人旁觀。碁子大如磉，樓空子落，其聲砰砰然。私念夜來登樓時，守者已鎖門去，道人何自入？且狀貌殊異。急起披衣就之，將近，遽不見。《湖廣通志》

貞元中，湘潭尉鄭德璘家居長沙，有親表居江夏，每歲一往省焉。中間涉洞庭，歷湘潭，多遇老叟棹舟而鬻菱芡，雖白髪而有少容。德璘

與語，多及玄解。詰曰："舟無糗糧，何以爲食?"叟曰："菱芡耳。"德璘好酒，長挈松醪，春過江夏遇叟，無不飲之，叟飲亦不甚媿荷[①]。德璘抵江夏，將返長沙，駐舟於黄鶴樓下。傍有鹾賈韋生者，乘巨舟亦抵於湘潭。其夜，與鄰舟告别飲酒。韋生有女，居於舟之柁樓[②]。鄰女亦來訪别，二女同處笑語。夜將半，聞江中有秀才吟詩曰："物觸輕舟心自知，風恬浪静月光微。夜深江上解愁思，拾得紅蕖香惹衣。"鄰舟女善筆札，因覩韋氏妝奩中有紅箋一幅，取而題所聞之句，亦吟哦良久，然莫曉誰人所製也。及旦，東西而去。《太平廣記》

湖北省城東門外長春觀大殿階前青石内有貓，宛然如生。水澆石面，則鬚毛畢現。相傳貓聽經入神而化，殆所謂精誠貫金石歟?

按《江夏志》，貓石在東門内龍華寺大雄殿月臺石級上，非長春觀也。詢之土人，亦云在龍華寺。

黄鵠山志卷三終　江夏錢桂林校字

① 媿荷：即愧荷。受惠承情而感愧不安。
② 柁樓：船上操舵之室。亦指後艙室。

黄鵠山志卷四目録

金石

---

① 第二則正文名爲《鄂州雜咏》。

② 正文爲“《重建武當宫記》碑”。後漏録“一則”。

③ 正文爲“《張烈女祠堂記》碑”。

① 實三則。
② 正文爲“鷟字石刻”。
③ 正文爲“《胡文忠公祠記》碑”。
④ 實十二則。

黄鵠山志卷四

永康胡鳳丹月樵編纂

金　石

太宗御書崔顥《黄鶴樓》詩石刻，在州治。《輿地紀勝》

按：崔顥係中宗、睿宗、元宗時人，太宗無由書其《黄鶴樓》詩。“太”字恐誤，俟考。

《黄鶴樓記》在黄鶴樓。唐永泰中閻伯瑾撰，魏萬成書，李陽冰①篆額②。同上

《黄鶴樓記》，閻伯瑾撰，魏萬理行書。《金石録》

按：閻伯瑾，唐永泰時人。《輿地紀勝》《湖北通志》“瑾”作“珵”，《楚寶》作“理”，《淵鑒類函》作“里”。據《全唐文》應作“伯瑾”。《輿地紀勝》“魏萬成書”，《金石録》《湖廣通志》均作“魏萬理”。

閻伯瑾《黄鶴樓記》碑石無存。《湖廣通志》

《黄鶴樓銘》，湖廣總督畢沅撰。碑石無存，文載江都汪中《述學集》

---

① 李陽冰：字少温，唐文字學家，曾刊訂《説文解字》，又是著名書法家，尤工篆書，後世學篆者多宗之。

② 篆額：用篆字書寫碑額。

中，蓋中客楚時，爲畢代作耳。同上

《黄鶴樓銘》，江都汪中代畢尚書撰，歙程孝廉方正瑶田書石，嘉定錢州判坫篆額，時人以爲三絶。《述學》

吕炎《近録》云："伯莊此詩膾炙人口，游默齋九言嘗書置南樓。游受齋灃湖北日，復爲之刻石。"《詩人玉屑》

按：游儀字伯莊，作《黄鶴樓詩》，詳見"藝文"。

顧東橋撫楚，三司①請游黄鶴樓，先磨一石，飲後乞公留題。東橋在輿中已得"雲荒赤壁周瑜壘，江繞青山夏禹祠"一聯，遂援筆書石。三司歎服，洗盞更酌。《湖北舊聞録》，詩見"藝文"

"樓未起時先有鶴，筆從擱後更無詩"，曾大令衍東題黄鶴樓太白堂楹帖也。超妙之作，足冠斯樓。阮太傅總制楚中，命去之，然早已膾炙人口矣。《蔗餘偶筆》

香光謂吕仙《東老》詩類張長史，《題黄鶴樓》似李北海，仙書尚以名家爲師云。同上

《鄂州南樓摩崖記》洪邁云："慶元元年，鄂州修南樓，剥土，有大石露於外，奇崛可觀。郡守吴琚見而愛之，命洗剔出圭角，即而諦觀，乃摩崖二碑。其一刻兩字，上曰'柳'，徑二尺四寸，筆勢清勁；下若翻

---

① 三司：明代指都指揮使司、承宣布政使司、提刑按察使司三大衙門，分主軍事、民政、司法，合稱三司。清代基本沿襲。

書，其人字唯存天脚①，不可復辨，或以爲符，或以爲花押②。邦人至標飾至神堂，香火供事。或云道州學側虞帝廟内亦有之。云柳君應辰，是唐末五代時湖北人也。其一高一丈一尺，濶如其高而加五寸，刻大字八十五，凡爲九行。其文曰：‘乾正元年，荆襄寇亂，大將出陳武昌，詔太守楊公出鎮。’後云：‘荆江京漢推忠輔國侍衛將軍居中記。’”《容齋四筆》

按：《五代史·十國世家年譜》云：“唐明宗天成二年丁亥，楊溥僭帝號，改元乾貞，一作乾正。”

《鄂州雜詩》碑在黄鶴樓後斗姥閣。熙甯二年六月碑，界作五層，共録詩三十九首。謝朓、宋之問、崔顥、賈至各一首，王維二首，顧況一首，李白十一首，孟浩然四首（前二首，碑作李白詩）。武元衡、韓愈各一首，杜牧四首，白居易二首，賈島、李羣玉各一首。賈詩今不在集中。又一首，名氏不可辨。劉禹錫、王貞白、羅隱、皮日休各二首。羅、皮二首，檢本集未得。沈如筠、盧郢各一首。如筠，句容人，横陽主簿。《武昌府志》采如筠詩，以爲元人，非也。《湖北金石存佚考》

《鄂州雜咏》，行書，在黄鶴樓，嚴觀有詩。《湖北金石詩》，詩見“藝文”

馬紹基案：右碑題“江夏黄鶴樓雜詩”，是行之下題“熙甯二年六月□日立”，額篆“鄂州雜詩”四字。碑高五尺九寸，寬三尺二寸，界五，横刻“齊唐人諸體詩”，行書。謝朓《和伏武昌登孫權故城》一首，宋之問《漢口宴别》一首，崔顥《黄鶴樓》一首，賈至《送夏□子之江夏》一首，王維《送康太守》、又《送人歸江夏》二首，顧況《黄鶴樓歌送獨

---

① 下若翻書，其人字唯存天脚：《四庫全書》中《容齋四筆》卷十原文作“下若翻書人字，唯存人脚”；又宋王象之撰《輿地碑記目》載此文作“下若蕃書人字，惟存夫脚”；又《六藝之一録》載此文作“下若番書人字，唯夫脚”。據此，“翻”即“番”之假借字，“天”當爲“夫”之訛字。

② 花押：舊時文書契約末尾的草書簽名或代替簽名的特種符號。

孤助》一首，李白《與史郎中欽聽黄鶴樓吹笛》、又《鸚鵡洲》、又《江夏使君叔席上贈史郎中》、又《□漢陽輔録事》、又《江夏贈韋南陵冰》、又《望漢陽柳色寄王宰》、又《江夏寄漢陽輔録事》、又《送儲邕之武昌》、又《江上送友人》、又《送孟浩然之廣陵》、又《題江夏修静寺》、又《送王九遊江左》、又《送元公歸鄂渚》十三首，孟浩然《江夏送客》、又《□□□□》二首，武元衡《送田端□還鄂渚使府》一首，韓愈《除官赴闕至江州寄鄂岳李大夫》一首，王模《送侍御赴夏口》一首，杜牧《寄牛相公》一首，白居易《赴黄鶴樓崔侍御宴》、又《上江夏主人》二首，賈島《黄鶴樓》一首，李羣玉《黄鶴樓》一首，劉禹錫《武昌老人説笛》一首，王貞白《□泊漢陽渡》一首，沈如筠《□黄鶴山張君》一首，盧□《黄鶴樓》一首。其姓氏莫辨者《夏□》及《送張判官謁鄂州大夫》二首。又在沈如筠之前一首姓字與詩皆失。共十九人，共詩三十七首。字跡蘚蝕者半，并不著書人姓名，爲可惜。今在江夏縣黄鶴樓。《湖北金石詩》案語①

《鄂州重修北榭記》碑在黄鶴樓後斗姥閣。嘉定十七年三月李㚖撰。《湖北通志》，記見“藝文”

《鄂州重修北榭記》，李㚖撰，正書，嘉定十七年三月立石。江夏嚴觀有詩。《湖北金石詩》

馬紹基案：右碑今在黄鶴樓後斗姥閣下。高五尺六寸五分，寬三尺二寸。額篆“鄂州重修北榭之記”，嘉定甲申三月丙午眉山李㚖記，共二十五行，行四十二字。按陳述知《楚會存書》云：“郡署之右巍然峻起者，北榭也。建自宋元祐時，爲漢陳友諒鼓鑄之所。北堂居民鱗集，郡守莅政之暇，偶一登臨，見拮据之斯民，惕然省刑減賦。黄魯直有詩，

① 本條中空圍均照底本録。

張安國有扁，李燾復建有碑。今北榭雖焚，前人可念碑云：‘鄂渚之勝，以南樓北榭並稱。南樓由元祐改作，元符末，修水黄魯直嘗見於題咏。惟北榭冠子成①之巔，在郡公堂之後，不知自何時建立，乾道中，于湖張安國爲大書扁牓。厥後，達官名人稍有爲賦詩者。’”碑立於嘉定閒，當時已不知何時建立。所謂“元祐改作”及黄魯直詩，俱指南樓。述知所云，當是因碑文而誤也。李燾碑今亦不見，疑是李𡉏之訛。又案《攷工記》：“摶埴之工二。”《説文》：“埴，從土、直，黏土也。”“𡉏”即“埴”字之俗。錢辛楣先生云：“李𡉏，燾之子。”《湖北金石詩》案語

静春臺，在黄鶴山北。摩崖方丈，上刻“静春臺”三字，旁刻“涫熙壬寅劉清之題”。《江夏志》②

《重建觀音閣記》碑，康熙三年國子監祭酒熊伯龍記，在江夏縣。《江夏志》

《重建武當宫記》碑，康熙十二年，無撰人名氏。《湖北通志》

《費公祠記》碑，乾隆三十二年湖北按察使大興朱珪撰，在黄鶴樓仙棗亭。同上，記見“藝文”

湧月臺，在太白堂左，相傳爲曹孟德書。按《一統志》：“漢陽鳳栖山有湧月臺，宋黄清老建，石上有‘湧月’二字。”陸游《入蜀記》盡述鄂城古跡，獨不及操書，其爲倣清老亭舊刻無疑。明末譚友夏、劉敷仁得之山背草蕪中，白邑令徐子卿，植太白堂左，譚係以詩。康熙時移置堂後西爽側。今復故處，累石爲臺，僅“湧月”二字存。今二字移砌斗

① 子成：本書卷六“藝文”所録爲“子城”。此處當誤。
② 《江夏志》：本書卷一“名勝”有録，文字同。出處爲“《江夏舊志》”。

姥閣牆下。同上

爛柯石刻，在高觀山之陽。上刻“爛柯”二字，下雕棊枰。俗傳樵叟覩弈忘歸，如王質事，蓋附會之也。同上

洞賓仙跡：一在縣西南黄鶴磯石壁上，有遺像；一在縣東北二里紫荆山西石壁上，有卧跡。今山北石刻“洞賓仙跡”四字尚存。同上

仙桃跡，在黄鵠磯上。同上，詳見“祥異”

西爽石刻，在黄鶴樓後石壁。明直指宋公得之巉崖中，石巨不能移，乃摩二字於碑。碑今廢，北巖故事猶存。《江夏縣志》

《張烈女祠堂記》碑，湻熙十一年二月甲戌，朝奉郎權發遣軍州事新安羅願端良撰文。其文曰：“張氏，鄂州江夏縣人，嫁爲民妻。里中少年有謝師乞者，過其家，欲通之，脅以白刃。張氏大駡曰：‘庸奴，我甯死，豈從汝耶！’師乞割其咽，未即死，猶捽師乞以告。事聞有是命。後百餘年，願來爲州訪問故所表烈女處，中更兵火，吏民無知者。距城東十里有黄鶴山，州人之葬多在焉，歲時拜埽必至，所謂勝緣僧舍者。乃與通判劉君謀立祠其中，以稱明詔之遺意。”《江夏志》

按：《鄂州小集·張烈女祠堂記》碑，撰文者，羅端良；書石者，奉議郎、權通判軍州事臨江劉清之子澄書。

吴琚工扁牓，鄂渚有“壓雲”二大字，極工。甞見“壓雲”二字搨本，初疑爲張于湖得意書，大略下與寶晉“琴臺”字比。《皇宋書録》

“勝像寶塔”四大字，在黄鶴樓。至正中，威順王太子建。《湖北通志》

勝像寶塔石坊題云“威順王太子至正年建”。考王有四子，不知塔屬何人。在黄鶴樓下。《湖北金石詩》

馬紹基案：“勝像寶塔”四大字匾額，字徑六寸，首行題“威順王太子建”六字，末行題“大元至正”四字，在黄鶴樓前石牌坊上。按《元史》列傳：“寬徹普化，世祖之孫，鎮南脱歡子也。泰定三年封威順王，鎮武昌。有子四：報恩奴、接待奴、佛家奴、和尚。”報恩奴三人俱死徐壽輝之難，和尚封義王，今匾題“太子”而不著名，未知孰爲威順王嫡子，史傳及宗室世係表俱無明文。《湖北金石詩》案語

頭陀寺碑，在鄂州。題曰“齊國録事参軍瑯琊王巾製”。《姓氏英賢録》，文見“藝文”

頭陀寺碑文。按：巾字簡栖，琅琊臨沂人也。有學業，爲頭陀寺碑文，詞巧麗，爲世所重。起家郢州從事、征南記室。天監四年卒。《湖北通志》

王巾作頭陀寺碑。《説文通釋》以爲王屮。《困學紀聞》

頭陀寺碑，齊王簡栖所撰，録於《文選》，唐殷令名書。《寶晉英光集》

陸柬之書頭陀寺碑，最聞於時。《宣和書譜》

頭陀寺碑，王簡栖撰，黄門侍郎、宋州刺史張庭珪八分書，開元六年南唐重刻，在鄂州。《寶刻類編》

頭陀寺藏殿後有齊王簡栖碑，唐開元六年建，蘇州刺史張庭珪温玉書，韓熙載撰碑陰，徐鍇題額，最後云：“唐歲在己巳，武昌軍節度觀察

留後知軍州事揚守忠重立，前鄂州唐年縣主簿、祕書省正字韓夔書。”碑陰云：“乃命猶子夔正其舊本而刻寫之。”以是知夔爲熙載兄弟之子也。碑字前後一手，又作“温”字不全，蓋南唐尊徐温爲義祖而避其名，則此碑蓋夔重書也。碑陰又云：“皇上鼎新文物，教被華夷，如來妙旨，悉已徧窮，百代文章，罔不備舉，是故寺之碑不言而興。”《入蜀記》

頭陀寺碑舊碑乃琅琊王簡栖文，唐開元六年張庭珪書，今亡。新碑乃江南徐鍇篆額，韓熙載撰碑陰。今新碑在寺。《輿地紀勝》

頭陀寺故址，近人以爲即今漢陽門外濱江觀音寺。考唐符載《鄂州何大夫創製夏序》[①] 云：“郡中寺曰頭陀。登臨鍾萃，大雲氣色，下配礫石……乃緣後殿，穿窈窕，出乎蒼莽之巔。”又《送崔副使歸洪州幕府序》云：“江夏郡東有黄鶴山，山中頭陀寺、大雲精舍、顥師竹院、惟一師茶圃。又有東城石壁，壁前有桃李樹千株。”又李頻《鄂州頭陀寺上方》詩：“高寺上方無不見，天涯行客思迢迢。”李涉《發頭陀寺寄院中》詩：“紅樓金刹倚晴岡，雨雪初收望漢陽。”参以《入蜀記》所云“在石城山”，可以想其遺跡矣。《湖北金石存佚考》

武當宫鐘，康熙十二年造，在江夏縣。《湖廣通志》

禹碑，在黄鶴樓斗姥閣後牆壁。同治三年官秀峰督部出雲密峯舊搨，屬工鉤勒。楊慎釋文附後，湘中唐訓方有《記》見“藝文”。《退補齋雜録》

按《輿地紀勝》云：神禹碑在衡山岣嶁峯，又傳在密雲峯[②]。宋嘉定中，蜀士因樵者引至其所，以紙打碑，凡七十二字，刻之夔門中，一

① 《鄂州何大夫創制夏序》：本書卷五所録“序”名爲《鄂州何大夫創制夏亭詩序》。

② 密雲峯：應爲“雲密峯”。

摹刻於長沙嶽麓書院，皆蝌蚪文。余考楊慎、沈鎰釋文，凡七十七字，多五字。在岣嶁者，不可復覩。在嶽麓者，亦不易得。順治庚子，毘陵毛會建子霞赴湘，手自摹勒，攜歸武昌，刻石於大別山禹廟前。同治三年，官秀峯督部又刻於黄鵠山上。疊遭兵燹，至今猶存。

雲路碑，在黄鶴樓下女牆東。世傳曹孟德書，恐以訛傳訛也，俟考。《退補齋雜録》

鶩字石刻，在黄鶴樓斗姥閣東牆壁。腕力遒勁，筆勢飛舞。其署欵曰“遼陽海門鎮國澹人氏自識”。同上

畢秋帆督部像，勒石於斗姥閣牆壁。歷今百餘載，幸未磨滅。同上

書黄鶴樓壁石刻，在斗姥閣後牆。乾隆間，南滙吴省欽任湖北學政，撰文泐石，今存。同上，見“藝文”

書黄鵠磯觀音寺壁石刻，在黄鵠山下城外觀音寺，南滙吴省欽撰文。同上，見“藝文”

《胡文忠公祠記》碑，同治三年總督官相國撰文，巡撫嚴樹森書石。同上，見“藝文”

《重修黄鶴樓記》碑，同治八年湖北督糧道丁守存撰文，候補道何國琛書石。同上，見“藝文”

《鄂州社稷壇記》碑，淯熙十一年朱子撰。同上，見“藝文”

洪山有趙淯模刻“壽”字并跋。嘉慶己巳，縣人劉自堂爲訪《東巖

閣記》，因并得此。《湖北金石存佚考》，跋見“藝文”

崇甯萬壽寺，洪武癸亥，楚昭王奏以高僧如海居之。成化乙巳，更額“寶通”，楚府長史王綖撰《碑陰記》。《白茅堂集》

洪山摩崖，慶元元年趙淯識。康熙癸酉，邑人王以甯登眺洪山，浣剔積蘚得之。《湖北通志》，見“藝文”

《洪山寺塔記》。按：洪山寺塔，里俗相傳以爲唐鄂公尉遲敬德建，至形諸篇什，陳大章《洪山四詠》亦沿其説。予向疑其誤，以爲寺建於宋末，不應唐初先有是塔也。得《塔記》，足以證明矣。《湖北金石存佚考》

《武昌大洪山崇甯萬壽寺記》碑，至正□[①]年黄溍撰。《湖北通志》，見“藝文”

塔凡七層，内有石記八通。自大德丁未至延祐乙卯，且載施鈔人姓氏。其文殊不足存，而里俗訛傳以爲唐鄂公尉遲敬德建，耳食者從而信之，至有形諸篇什者。姑節録，以爲證云。《湖北金石存佚考》

武昌路大洪山崇甯萬壽禪師伏承本路録事司、南城右隅花藥門堤上居住奉佛信士程應雷、同室楊氏二孺人、同男程朝瑞家眷等，喜捨中統寶鈔一千貫文，入於本寺，命工匠結砌諸佛舍利靈濟寶塔，乞保家居清吉、百事如意。大德十一年五月十一日謹題。宣授住持建塔玉崖，釋普應立石。凡八行

黄州黄岡縣慕義鄉姜家洲居黄、蘄、光、六等郡水陸都主會悟慧真人汪覺龍、同室劉氏妙堅，先次捨塔一層，後爲摧毁。今重建，再施中

① 底本爲一空圍。

統鈔一千二百五十貫文，入於本寺助緣，所集殊勳，仰報佛恩，世世生生，慧增崇者。大德十一年五月日，山門謹題。凡八行

岳州巴陵縣吕仙亭土橋生長，寓船居武昌花藥門沙岸信士黄彦文，偕室中陳氏妙道家眷等，謹施中統寶鈔二千貫文，入寺建塔。此世來生，福足慧足者。大德十一年五月初九日，山門謹題。凡七行

四聖無相菴住持智福施中統鈔三百貫文入寺，燒造甎瓦，添助重建寶塔用度，願智福世世生生福足慧足。大德十一年十月，山門題。凡七行

武昌路江夏縣伏龍橋西蓮社弟子陳覺富、同室嚴氏妙悟家眷等，與佛有因緣，遇佛牙舍利瑞應寒廬，一門慶幸。伏覩洪山建塔，捨入永鎮乾坤，人天瞻仰，釋教綿遠，萬古長新。覺富等世世生生親承佛會者。丁未大德十一年九月，山門謹題。凡七行

洪山寺伏承武昌南城右隅長街好禮坊居奉佛信女賀氏二娘，法名道慶，同男戴鏗家眷等，伏爲夫主戴公了菴居士存日發心，喜捨中統鈔一千五百貫，入於本寺，添造舍利塔，不期戴公了菴居士幻質告終，所裒殊善，乞伸超度，仍冀家門清吉、長幼康甯，世世生生常親佛會者。至大元年五月日謹題。凡十一行

山門□□武昌路江夏縣踏白橋居女善人□□妙全發心，喜施中統鈔□百五十貫文，入於大洪山禪□，□爲添助諸佛舍利靈濟寶塔用度。所冀此世他生，福足慧足，常親佛會者。延祐元年十月日題。凡十行①

作頭張國可昨自覽到洪山寺諸佛舍利靈濟寶塔一座，計七層，自下至上，甃砌結蓋，一總完全。二六時中，仰荷佛祖龍天護祐，始終清泰無魔，私無報德，遂捨力蓋覆第二層，以報洪庥。默願國可世世生生常親佛會者。延祐二年十月，山門題。凡十行

① 本條空圍均按底本照録。

右大德十一年塔記五通，至大元年、延祐元年、延祐二年各一通。《湖北通志》

黄鵠山志卷四終　江夏錢桂林校字

黄鵠山志卷五目録

---

① 底本正文在標題後夾注“并序”二字。

② 底本正文在標題後夾注“有序”二字。

上梁文

重建黄鶴樓上梁文[1] 國朝劉國香

① 底本正文在標題後夾注“有序”二字。

黄鵠山志卷五

永康胡鳳丹月樵編纂

藝　文

明周炳靈字公含，江夏人。泰昌元年選貢第一，天啟辛酉中北闈副榜。任光化訓導，升興縣令，卒於官。所撰詩文盡燬於兵。見《江夏志·文苑》。

洪山賦

洪山，古東山也。自迎臨濟禪師雙足於隨之洪山，建塔其上，因亦名洪山，蓋若别墅①矣。依山而寺者，故名崇甯萬壽，今名寶通寺。而小塔雲巖修静，東西菴、務本菴翼之。山以古德靈，寺以山重，而壯麗之觀備焉。其辭曰：

何山川之不淫鬻兮？乃遥自蜿蜒於東郭。鬱百折以盤紆兮，勢若前而復卻。壁或若峭復若秃兮，標靈境於磊硌。既屹嶬而岩嶙兮，亦岺峉而碪磍。苟潛盧之不閟兮，盍鼈岫蓮崖之相絡？肇研以翠鬱兮，委化工於鬼鑿。雖驟來未越乎步武兮，乃鬱起已階。夫丈尺方幻出之多端兮，復磅礴之如直爾。其襟湖背江，井别隧分②。曲巒平江，倚伏如雲。陽臨廣街一作術，車輿殷殷。陰接平疇，禾黍芸芸。修林長薄，松區薜門。茫茫芊路，覆以石麟。圓沼碧荷，方塘青菱。堳塢③别墅，漏景扈岑。

① 别墅：原意是本宅外另建的園林住宅。文中指寺廟的又一同名廟址。
② 井别隧分：分隔山脈和田疇。井隧，亦作“井遂”。周制九夫爲井；五縣爲遂。井、遂爲不同的土地區劃，因用以代稱田地。
③ 堳塢：同郿塢。文中借指儲藏財物安度晚年的處所。

顧靈泉其若祖兮，又高冠之殿其末。距九峯其未遼兮，忽岃岃而超越。右若望大别以少遜兮，尚欲吞洪流於漻濶。錯千壤以東鋪，横萬雉而西括。指市廛兮問之，盼衢里兮六達。若夫柰苑[①]金田，慈林惠海，飛甍鱗次，交疏錯綺，藻楝蕙楹，藥房蘭戺，前軌相矜，宏規大起，證所高明，崇甯是以，奉乃生融，居兹德士。晝響揵椎，宵下揹[②]笻。三緣一作元何有？四諦皆空。六塵不入，五蘊成陰。象迹蜂歌一作窩，玉路金繩。源兮未涸，山兮不童。紺殿獅座，名爲大雄。龕以花映，地以金供。丹堊重染，垣幄四封。香臺積厨，煙霧濛濛。龍湫之窟，甃以珉玒。飛沙成塔，聚寶爲宫。鴿怖鴈迴，體勢穹窿。梵唄鐘聲，朝夕其中。宛如鹿苑鷲嶺[③]，兹山因之而增崇。乃其繹靈蹟，步廣陌，抉虚竅，蔭疎樾，從遥一作淫徑而捫蘿，攀風磴而著屐。山椒雖霄峥，其窌窱夷嵕，豈棧巇而不可索，則見舟車舉，川原竭，樓臺緲，煙霧絶。探巖碑堆雲，扶魏武之雄文；排駮蘚萬壽，隱晉士之荒碣。白鶴背指而崔嵬，黄鵠入目而勃崒。或閃閃而流虹，或霏霏而送雨，或夜杼之初停，或朝暾之半吐。鵁鶄鸛鶴鷺鴿鳧鷗出没遠浦，麕麚麡麋獐獍猿猱叫嘯别嶼。仙禽衆鳥奏迦陵之音，靈苗異卉映薝蔔之宇。逸氣吹香以不斷兮，衆芽油油以徐膴。登斯山也，采秀搴芳於河之滸，矯矯遠心以今以古。櫂響灘聲，牧歌社鼓，緬風壤之冲融兮，寄勝概於覼縷[④]。乃若春光明媚，繡林如赭，或攜士女，或集文雅，或修上冢，或騁遊冶，莫不遵青陸[⑤]、騖芳甸，而憩乎其下。履綦雜遝，流連杯斝，歌管聲聞，喧天譪野。問一躡浮屠，淩翠巘，陟上方，頫方夏，彼塵市之渟溶，何域戀之難捨？亦有貴遊仕

① 柰苑：指佛寺，語出《維摩詰經·佛國品》："聞如是，一時佛游於維耶離奈氏樹園，與大比丘衆俱。"奈氏樹園，一本作"菴羅樹園"。奈，同"柰"。

② 揹：支撑；支持。

③ 鹿苑：即鹿野苑，佛成道處。鷲嶺：鷲嶺在古印度王舍城，王舍城西南佛陀迦雅爲釋迦牟尼成道之地。

④ 覼縷：彎彎曲曲。

⑤ 青陸：指春天東方的晴空。

客、青衿學子，或經途而停蓋，或窮年而隱几，匪林巒之靈異，孰盤桓而戾止？又奚問夫北海故宅、頭陀遺址？懷西柳之必識兮，悼南樓之已圮。又有淹客陳人，清期爽旦，瀹茗消渴，落紙飛翰。懷蘆葦之在顧，美青蒼之入翫。於是殫枯腸，引素腕，錦瓊瑶，青玉案，弔靈娥於禹山，詠逸妃於廣漢。大音和以樂兮，小音浮以縵。色若助以躍如兮，光渤渤兮其未亂。又奚必申芈子[①]之荒淫兮，鼓湘纍之哀怨？亂[②]曰：温液點翠兮蕭以颯，勢欲飛起兮淩天闔。前者雙阜兮還相夾，繯以智鼓兮日鞳鞈。湖鏡江練兮靡不納，雉城拂肘兮市聲雜。上腴開兮善氣集，山靈閟兮古所合，倚杖歌之山響答。《江夏志》

明何孟春字子元，郴州人。弘治六年進士，授兵部主事，歷郎中，出補河南參政，入爲太僕卿，以僉都御史巡撫河南。世宗即位，召爲吏部右侍郎，進左侍郎，署尚書事。以議大禮左遷南京工部左侍郎。六年引疾，久之，卒於家。隆慶初，贈禮部尚書，謚文簡。

黄鶴樓賦

山川大會，古今英稱，洵偉觀之莫最，惟元氣之所凝。感雲中之法駕，來華表之仙禽。秀發武昌之郡，靈鍾鄂渚之陰。何殊洞府？不愧神京。子安於是以留跡，文偉曾兹而寄情。悵當年之惝恍，聞往事之峥嶸。則樓之所宜作，而扁之所自名也。地窺雉堞，材取鄧林[③]。規模日觀，架步房心[④]。爲一時之鉅麗，表千古之幽沈。挹遺風其可慕，示吾人以

---

① 芈子：底本作“芊子”。即芈八子、秦宣太后。

② 亂：辭賦篇末總括全篇要旨的話。《楚辭·離騷》：“亂曰：已矣哉！國無人莫我知兮，又何懷乎故都！”王逸注：“亂，理也，所以發理辭指，總撮其行要也。”

③ 鄧林：古代神話傳説中的樹林。

④ 房心：二十八宿中房宿和心宿的並稱。古代以房心象徵明堂。

永欽。山節藻棁[1]，繡闥雕甍。繞虹蜺於梁棟，掛斗柄於簷楹。功成瑰異，高壓崚嶒。超紅塵之百尺，入丹霄而幾層。椽角迴旋，有類乎螺髻之湧；觚稜奮起，可方乎鵬翼之騰。爾其突立乎危磯，横吞乎巨浸。遠拾金沙，斜欹玉枕。撫錦繡山名之濃芳，披漢陽之清蔭。獲多景之不貲，雖甚貪而無禁。砥石江夏，浴池洞庭。朝暾金碧，暮雨丹青。飾則華而弗侈，勢已峻而通靈。低梁城其若釜，慨吴址之既坰。羣宫卻伏，萬宇仰承。心悸俯瞰，足酸上登。目生花而欲眩，脅附翼而解昇。神實遊於沆瀣，身曷苦於炎蒸？忘憂匪萱[2]，適意匪琴。繞芝蘭之郁烈，雜松檜以陰森。冠楚中之結搆，足郢上之謳吟。非一方之夸美，實四海之賞音。擺脱氛昏，坐當風景。夏日煙輕，湘波霜冷。背市語之易囂，尚鳥聲之難静。眺虚空以自怡，攬精華而獨騁。停驂脱勒，若爲天馬之奇；淡抹濃妝，如覯女容之靚。涼颸薦爽，片翳開晴。軟浪微動，浮塵不生。鄰武當而晝掩，互焦度以秋横。渺光陰之浩蕩，更物色之淒清。東東丁丁，時集佩環之韻；啞啞軋軋，每聞舟櫓之聲。消遣乘時，登臨適興。水石可娱，闌干堪凭。極瞻矚之莫窮，竟有無而如暝。惟良晤之不乖，庶芳辰之始稱。苟有弔於古人，奚容忘於名勝？動容情乎殊域，歸遊志乎故鄉。尋春暉之爛漫，開眼界之混茫。曳以煙霞之屨，敷以重錦之裳。偕以憑虚之士，飲以無事之觴。枰敲落日，纓濯滄浪。結盟鷗鳥，敢望廟堂。寄遐思於庾月，發孤嘯於許牀。聽吕巖之鐵笛，懷宋玉之高唐。留吴雲而楚駐，送北雁以南翔。指顧不忘乎魏闕，笑談相近於天閶。到此無詩，自信謫仙之讓；登高有作，誰推王粲之長？嗟夫，草草歲華，茫茫天壤。天壤難周，歲華易往。八極神遊，三生夢想。我亦無聊，君何不廣？任處所以敷陳，表平生之嚭賞。彼黄鶴兮何存？尚兹樓兮可仰。《湖南文徵》

---

① 山節藻棁：古代天子的廟飾。山節，刻成山形的斗拱；藻棁，畫有藻文的梁上短柱。後用以形容居處豪華奢侈。

② 萱：萱草。古人以爲萱草可以使人忘憂，故又稱忘憂草。

國朝胡夢發字卜子，大冶人。康熙乙酉舉人。

黄鶴樓賦 并序

鄂渚黄鶴樓，《志》稱費文偉乘黄鶴憩此，相傳王子安、冋道人亦曾駐鶴。江山盤鬱，棲真隱靈，其信然耶？或謂樓踞黄鵠磯上，鵠、鶴字音義相類，故名。抑何與前説戾也？要創始江左以前，觀任昉《述異記》所載荀瓌事可見。爰自癸未劫灰飛蕩後，則小搆僅存。今兹閼逢執徐[①]之歲，復災。督府中丞奮興率作，擴而新之，巍巍翼翼，恢舊觀矣。家大人聞而歎曰："有能爲王子山乎？賦《魯靈光》使中郎輟筆矣。"夢發唯唯，遂率狂瞽著賦。其辭曰：

洪惟井絡含精[②]，雲漢流英。溶溶沄沄，交帶合襟。《通志》删此二句。縈三楚之都會，表鄂渚之豐城。聳天地之奇峭，峙夾岸之崌崚。束洪淵於峻闐，象玄武之威神。《通志》删此二句。爾乃當山之首，面漢之陽。鏟崇岡而繕堞，冠巄阜而高驤。石餘怒以水飲，磯黄鵠於中央。越兹樓之肇啓，溯靈蹟其彌長。《通志》删此四句。羽客曾經税[③]其雲馭，高人則又覿一作接夫虹裳。惟詭異紛其可悦，故列真從而徜徉。或探橘懷中，或落梅城畔，或結棗如瓜，或擲桃若嵌，或石鏡留書，或異香不散。日至月遊，風臻霧涣。於是搆兹閒館，基峻俯深。景以地勝，地以仙靈。鉅觀既燬，草創徒存。魯共之制蔑睹，楚望之實匪稱。蜚廉㔻而祝融作，柏梁災而建章營[④]。時則督府張公、中丞劉公，九州作牧，萬邦爲憲。英聲震乎窮谷，仁恩靄乎春甸。叔子謝其忠公，士行慚其機鑒。迺萃賓寮，維藩維翰，相與覽焉，感而再建爾。其庀材也，荆山杞梓，蜀道楠樟，

① 閼逢執徐：即甲辰年。

② 井絡含精：長江之水由岷山而來。井，井宿的分野，此處專指岷山。

③ 税：通"脱"。解；脱；釋放。

④ 柏梁災而建章營：《三輔黄圖·漢宫》："武帝太初元年，柏梁殿災。粵巫勇之曰：'粵俗，有火災即復大起屋，以厭勝之。'帝於是作建章宫，度爲千門萬户。宫在未央宫西，長安城外。"漢張衡《西京賦》："柏梁既災，越巫陳方，建章是經，用厭火祥。"

下衡湘，歷岷江，以聚乎郭門之旁。千夫吁噢而後作，五丁贔屭而始行。削之旋紋簇錦，屑之郁烈芬薌。莫不直將仞度，圍假尋量。其鳩工也，梓人之長，都料之匠，斧斤非任，引墨是尚。審曲面勢，具巧呈象。橅小圖大，以規鼎創。匠石輟技而咨嗟，后倕[1]含指而惆悵。排修楹而特起，井幹鬱以崇躋。陋觚稜之恆制，造員嶠[2]之殊儀。《通志》自“於是搆兹閒館”至“造員嶠之殊儀”均删。極嵯峨以上鋭，宇紜紆而閃施。擢蓮臺與仙掌，象華蓋之葳蕤。游芬亙其龍矯，浮棟宛以虹綏。侏儒踆居而拱負，虭蛥[3]蟠結而樑栖。罘罳被綺而交蒂，藻井垂葩而倒披。顧兔摩輪於鎖闥，翔鳥拂羽於璇題。枅櫨纍叠，榱桷截業。修掞曲技，鄰比密接。盤虚駕迴，繁芒亂澤。雕栭文楣，動即迵惑。蹁躚黄羽，盈壁繪列。豈繄氉毴，招之可得。躡層梯以百尺，捫危欄而上征。行周流於複道，啓朱鳥之窗扃。奐重檐乎閣一作櫺外，中寥廓而輪囷。逼中天之麗彩，來萬里之空青。疏八風以洞達，勢隨摇而匪甯。玩神明於峻極，疇縹緲而虞傾。《通志》删此二句。於是萬井煙生，九衢塵騖。金馬一作羊入市，刀龜作布。居比鱻聯，行同螘顧。人分馬寸，誼鬨擊互。《通志》删此二句。一往一來，孰知其故？國門蕩蕩，目無遺遴。渺眾山其已卑一作畢，彼陁陂焉足數。可以推大别，蹴晴川，淩八極，傲一作軼三山[4]，盪心胸，生羽翰，御風行，善泠然一作“泠然善”。釋人寰之顑頷，挹灝氣而孤騫。若夫江流浩浩，終古不息。一望金沙，兩辨赤壁。夏浦對峥嶸之洲，白虎連鳳鳴之溆。無風猶浪，觸石逾激。驟江妃與水母，馳川后與淵客。沈冥晝晦，磕磅霹靂。孟婆[5]怒吼，澎濞浡潏。玉馬駿奔，白鷺竦立。凭欄一作檻眺射，膽魄悚慄。悲賈客之顛危，訝舟師之利疾。固已吞雲夢於胸中，不

① 倕：古代傳説中的巧匠名。

② 員嶠：神話中的仙山名。

③ 虭蛥：古時傳説中的龍屬動物。常以其形象雕刻於古器物柱或塔的頂端。明陸容《菽園雜記》卷二：“虭蛥，其形似龍而小，性好立險，故立於護朽上。”

④ 三山：傳説中的海上三神山。

⑤ 孟婆：傳説中的風神。

必觀廣陵之秋汐。是以樓惟三上，登有千緒。物與時遷，情因景會。至若光風駘蕩，杜若蘭薰。芳洲草緑，不爲王孫。嗟禰生之才調，意何有乎衆賓？詎倜儻之致咎？擅一賦而流聲。衣沾鸚鵡，路指鳳凰。江山清壯，臺觀琳瑯。霞景滅没於丹楯，雲物蒙繞於華璫。憑高極遠，載陰載陽。斜輝鴉背而低度，餘煙木末而悠颺。汰蠛蠓之游氛，希鸞鵠之駿翔。及夫璧月流天，金波滉砌，瑶星逾邇，銀河乍溢。半空飄鈴鐸之聲，隔浦響漁舟之笛。將神曠乎塵外，抑事符於天際。足使仲宣罷登，岳陽辭記。寂瑶臺之笙鶴，咽秦樓之鳳吹。於斯時也，墨妙筆精之士，吴吟郢調之徒，懷紫霞之逸志，侶白雲以遨遊。方乘興而勝賞，遂遠目以銷憂。攜雅朋而酌醴，攬勝概而揚謳。始淋漓於四壁，終轗轢夫千秋。嗤一作緊青蓮之閣筆，何崔顥之難儔？雄氣畢廣，心裁幽逕。邇翠微來金，容禮紫闕開。黄粱炊而欲寤，玉笛杳而還猜。瞻遺象之髣髴，聞步虚乎嘽諧。庶其旦暮遇之，而曰棄妻子如敝屣哉？阻蓬萊於弱水，想崑崙之五城。諒斯城之無讓，故數駕夫胎禽。雖神明其必眷，候人謀而始興。所以二公之經營也，時既豐矣，民既穌矣，於焉大作，孰不悦喜？費徒取夫禄糈，役無騷乎閭里。既飈合而雷奔，亦山集而川委。材不露而加衺，樸不示而咸鏤。愜人情以改爲，曾何傷乎侈靡？《通志》自“阻蓬萊於弱水”至“何傷乎侈靡”均删。蓋三湘七澤①之稱首，五方名勝之觀止。是故望之若雲垂，仰之如霞起。熊熊光耀，紛不可理。罔象慴而潛形，奇相讋而順軌。洶憑墉之鉅鎮，扼江漢而爲紀。張楚國之雄風，扇諸侯之盛美。王勃賦而騁才，吉甫燕而受祉。並霄壤兮齊終，奮弱管兮聯擬。亂曰：元氣溟濛，方外遐踪，有丹邱兮。仙飛鶴舞，朝唫夕酤，於此樓兮。邦君孔嘉，修廢增華，孅風猷兮。崔嵬巃嵸，天臨地涌，與神謀兮。金碧焜煌，激景江光，眩曷瘳兮。穿穹上出，瞵眴恍惚，紛相繆兮。養素含精，吐納玄英，迺許遊兮。曠懷高寄，四海無匹，儼清都兮。隱隱真真，静正羣

---

① 三湘七澤：指湖南、湖北地區。三湘：泛指湘江流域及洞庭湖地區。七澤：相傳古時楚有七處湖澤。後以“七澤”泛稱楚地諸湖泊。

生，猗君侯兮。矗乎閎峙，奠我大國，永無憂兮。《通志》自“王勃賦而騁才”至“永無憂兮”均刪。“蓋三湘七澤之稱首，而五方名勝之觀止也”二句，接入“扇諸侯之盛美”爲結尾。

國朝張希良字石虹，黄安人。康熙乙丑進士，官至翰林院侍讀學士，著有《春秋大義》《寶宸堂集》。

東山小隱賦 有序

東山小隱者，石城徐公之所築也。既以艱難盤錯，袵席吾楚，而乃心不忘邱壑，於治内高觀山之陽搆小園，肩輿獨往，時時招諸名流觴詠。康熙壬戌秋，稍加展擴，增置亭臺竹樹，遂移家焉。顔其堂曰“東山小隱”，有終焉之意。或曰：“公非隱者也。太傅東山，蒼生望之矣。”公笑而不答。人多詩以美之，而門下士希良爲之賦。其辭曰：

夫惟高人之懷抱，常迥出乎塵埃。塗軒冕而不顧，侶鷗鷺而無猜。既以其身爲天下，乃心獨慕乎山隈。移魏闕兮江湖，寓經濟兮亭臺。雪鴻泥爪，偶然留過眼之跡；素琴羽鶴，有分結忘形之儕。睠彼觀園，實爲舊築。枕帶城闉，掩映林麓。幻煙霞於四時，渺乾坤於一矚。姑射[①]綽約而近人，輞水淪漣而起陸。其左則有拜郊之壇、卓刀之瀆。窣堵[②]拔地以湧峰，岳松干霄而競秀。東山彷彿謝公墩，北海猶傳李邕屋。其南則有六老之山、伍渡之洲。帆隨二水以曲折，水分八字而交流。鸚䴊雖沈，吴江之影猶緑；黄鶴一去，汀洲之跡乃留江中有黄鶴洲。其右則有吹笛之樓、擱筆之堂。劍池横壓雲之氣，石鏡分湧月之光。指風檣於夏口，睇樹色於漢陽。魚龍曉夕而百變，煙波咫尺而異鄉。其北則有梁武之城、石子之岡。霜染臙脂，日麗鳳凰[③]。白陽餘屯臺之址，青山爲僑

① 姑射：姑射山。爲神仙的代稱。
② 窣堵：佛塔。
③ 臙脂、鳳凰：指胭脂山、鳳凰山。

治之疆[①]。武湖煙迷於古戍，雄樓風颭乎大王。其間則有鳳集之窩、鹿跑之源。帶黄龍之古寺，俯元城之舊門。白蓮匝池而銷憂，紅樹攢壑而長春。既地靈兮天寶，亦時和兮景繁。公於是升高四望，懷古中存，飛逸興，躡天根[②]，憑意匠，闢小園，即山爲樓，洗石成軒。名葩不蹊而分塢，修竹帶聲而交垣。曲房幽榭，綺閣平臺。雲迷出入，月定去來。簾捲則湖山入座，天迴則江漢盈杯。招小山之叢桂，起仲蔚於蒿萊。酒人非趙、李，辭客有鄒、枚。或巡簷以索笑[③]，或擊鉢以成吟[④]。賦瀟湘於一夕，聯石鼎於深更。宦情總對滄洲[⑤]盡，詩思偏逢險韻生。方其洱海揚塵，潢池弄兵。八公皆鶴唳，四面盡鷄鳴。當斯時也，山中之人，不震不驚，月羽朝飛，閣鈴夜警，髯枯仰屋之籌，目忘所乘之牝。當斯時也，山中之人，以暇以整，天河洗甲，武庫包戈，李廣多封侯之部曲，河汾爲將相之網羅[⑥]。當斯時也，寵辱無加，視此庭柯，驃騎日貴，魏其日陵，門有張羅之雀，庭無慰藉之蠅。當斯時也，升沈不改，彼山則冰，乃知慕羶者雖終南亦捷徑，勇退者即市隱亦吾廬。笑捉鼻於彈冠，厭生耳於懸車。閲朝槿之榮華，感木葉之蕭疏。得失任看塞上馬，依棲且食武昌魚。《江夏志》

國朝張杲字子曙，江夏人，諸生，粤卿尚書之弟。九歲應童子試，學使者見詩文重器之，欲置弟子員，曰："是宜老其才。"年十八始入學，甫冠即逝。著有《曇華遺藁》。

---

① 白陽、青山：均爲地名。

② 天根：星名。即氐宿。東方七宿的第三宿，凡四星。

③ 巡簷以索笑：咏梅典故。來往于檐前，引梅花爲知己，以之爲樂。杜甫詩有"巡檐索共梅花笑"句。指作詩。

④ 擊鉢以成吟：即擊鉢催詩，指限時成詩，亦以喻詩才敏捷。

⑤ 滄洲：濱水的地方。古時常用以稱隱士的居處。

⑥ 河汾爲將相之網羅：隋代王通設教河汾之間，受業者達千餘人。見《新唐書·隱逸·王績》。

黄鶴樓賦

登穹窿以眺八極兮，忽目駭而心恫。緊兹樓之鉅觀，屹軼類而超眾。竇雲拂而東溟寒，顥氣淩而南斗控。籠二儀於仰俛，嬗千載於郵送。神鬼效靈於鳩僝，泉石呈質於磨礲。侈琳臺與璿闕，卑銅陵兮鐵甕。於是川停青舸，陸馳紫鞚，盈矚沙羡，塵眄雲瞢。諏費、荀之遺躅，渺唐晉其如夢。謫仙人之不來，撫長篴而一弄。魂怳怳於飛闥，眂瞍瞍於危棟。横踞黄鵠，側蔽丹鳳，楚客感焉。極繪繢而莫罄，發揚麗於吟諷。周章乎光景之鎬鑠，震讋乎體象之鴻洞。若夫三楚綿延，井壤爛然。峙荆衡以鎮坤，輝翼軫而應躔。經緯九陽，鼓蕩八埏。既道沱潛，遂闢郢鄢。睆粤闞吴，枕豫背燕。靈怪之所窟宅，元化之所斡旋。苟璀璨之無覩，亦榛狉而不鮮。昔者神人誰氏，儕松佀佺。嬉戲混濁，或忘歲年。憩舍於此，畫鶴而翾。煌煌斯樓，實惟輿權。則使羲和筮辰，吉日潔蠲。張華草圖，門户萬千。據乎漢臯之堞，達乎石城之巔。抗乎璇碧之霄，側乎瀴溟之淵。鞞鞢陟降於原巘，圭表測相於隰泉。雖草創而屢易，期規模之不愆。方位既宜，址基乃宣。然後工師雜進，争奇鬬妍。操繩矩兮運斤斲，藏神明於法先。兀蜀山而庀材，竭梫櫹與枏梗。摩雲漢而蔽日，緣石棧以梯天。其爲狀也，則澔澔湃湃，鍔鍔列列，焕乎若天闈地門之屼嵑；鴻紛瓌博，波詭雲譎，赫乎若皇居熹冪而桔桀。順陰陽以開闔，脱埃堨而嚴潔。又髣髴騣娑兮，詣追漢廉而相埒。方其程雲梁，建水臬，規高下，一凹凸。時則有殽函隴阪之石、梁州蔡蒙之鐵、漳河銅臺之縹瓦、魯國靈光之雲楶[①]。烏集鱗萃，輸用不竭。革陋飾美，尚巧除拙。洎乎地軸固，天柱設，瑰異窮，造化泄，王爾[②]投鉤而憮墨，離婁[③]卻顧而瞍瞲。櫛比欑集，瓊構瑶結。邇燿靈乎楚甸，遐震燿乎禹穴。無荒陬

① 雲楶：有雲狀紋飾的柱頭斗拱。

② 王爾：古巧匠名。

③ 離婁：傳説中視力特强的人。

與渤澥①，悉千里而一閲。山河變態於牖户，星雲吐輝於楣闌。羌濯濩而燐亂，曾不可乎區别。乃其形勢也：託喬基於增崖，超磴道於崎嶺。三重複疊，九隅脩整。金鋪流離，玉題彪炳。隆崛岉乎岌業，飀蕭條以清泠。遏抑風路，蔽虧日景。通天眇以竦峙，曾不敢翹首而引領。其體製也：拓延袤於尋仞，判密疎於千頃。金樽與玉碣承采，鏤檻與文棍交影。雕甍比麗於桂殿，繡桷競華於蘭省。榱桷轇轕而高驤，棼橑布翼而驕逞。脩梁夭蟜而虹指，曲枅環句而雲静。欒栱戢春②而錯出，枝棠陸離而相併。莫不纖縟紛敷，熠爚光冏。其華飾也：雙枚重桴，圜淵方井。楣列蘭茝，棁羅藻荇。銀黄碧丹，塗點明靚。五色之虯振采，九苞之鳳延頸。青龍蹲而居乙，朱雀翔而位丙。圖寫萬殊，勢若飛騁。堂哉皇哉！斯寰宇之大觀，元都之靈境。爾乃拾級上升，趦趄流連。將攀躋而未半，倏裴褢而欲還。胡愕眙以失度？若惟恐乎墜顛。高聞天語，萬象在前。招摇會於上界，句陳③絡於中邊。帶潢津於斜側，翼虚危於隅偏。縱目冥杳，頫察市廛。閭舍欐屬，城坰聯綿。巨鼇慴伏於荒垠，潛虯環舞於長川。九閽蕩蕩，四表平平。東望武昌，浩淼風煙，挹樊口之朝爽，罾溪鱗而膾鮮。西顧漢陽，大别娟娟，酌郎官之綺觴，感湘波兮淪漣。南則巴陵岳陽，恍惚而變遷，蘅浦瀟湘之渡，柚橘洞庭之船，遲旅人兮不至，知歸途之迍邅。北則烏林赤壁，巖壑嶔崟而潺湲，訪霸圖而已空，疇横槊以張筵。恷公瑾之一顧，哦眉山之二篇。登斯樓也，窮品類之盛，括區域之全。倘適志於梁濮④，憺忘情於管絃。緣扶摇而直上，被羽衣而高褰。瞻翠嶠之縹眇，吾亦何羨乎飛仙？若乃探奇躡屐，奇險頓闢。鬱煙樹於蔚紫，蕩島嶼於環碧。倏忽變幻，隱現几席。前淩乎寶相之塔，後印乎鏡亭之石。左亙雲閣，瓏玲百丈；右麗城闕，蜿蟺山脊。亭端覓

① 渤澥：即渤海。
② 春：底本作“脅”。
③ 句陳：星名。
④ 梁濮：泛指隱士栖息的地方。濮，莊子曾游于濠，釣于濮，因以借指隱者的居處。

石棗之圃，磯上餘賣桃之迹。涌華月於臺椒，澄西爽於碣隙。馳道飛宇，斷岸遥磧。環集樓下，奔赴絡繹。覽江流之湯湯，駛不舍夫晝夕。撫膺搔首，有懷在昔。辛氏酒香，崔家詩格。煙花寄詠於鹿門①，彩毫罷拈於太白。江州摛思於長慶，伯理作《記》於典册。襲美啟讀書之堂，曼倩卜流寓之宅。莫不滄桑廢興，人往時隔。憑危闌而一覽，賸遺韻於山澤。念六合之悠悠，渺予懷兮脈脈。感黄鶴之不返，惜光景兮過客。而惟兹樓也，聳屴乎遐表，峥嶸乎水涯。百代未改，千尋不移。閱今古之荏苒，極游觀於四時。春風微和，靈辰②良期，挈侶而至，銜觴賦詩。夏無溽暑，飄飄涼颸，清簟若水，丁丁彈棋。高秋既昏，明月如規，踏丹梯而步影，結清談而麈麾。冬宜密雪，瑶華紛披，疑廣寒兮清虚，瞻玉龍之下垂。朝納若木之晴靄，暮宿崦嵫③之薄曦。陽光融萃於觚棱，陰霾隱翳於罘罳。俄頃百變，端倪莫追。巧思者不能殫其制，善狀者無以盡其奇。獨不見阿房燼灰，結綺塵緇，吴苑棲烏，蘇臺走麋。故斯樓之特立，恆巋然而在兹。蓋惟真仙來往，山靈典司。鍾宇宙之神秀，孕萬有而靡遺。故其上蟠下際，永奠厥基。豐敞侈度，瓌麗博施。極敷陳之美盛，終不竭乎曼詞。釋筆札而罷賦，心悦惘而迷離。乃爲詞曰：翕赫曶霍，紛厖鴻兮。嵯峨嵲嵬，高巃嵸兮。香霧晻靄，旭曈曨兮。乃召般倕，咨共工兮。作於楚宫，絛椅桐兮。欂櫨棖楔，厥用充兮。菁英宏富，羅其中兮。經之營之，畢茂功兮。飛欄軒翥，横彩虹兮。峻侔山嶽，呼華嵩兮。天牕綺疏，旁交通兮。拱向五辰，從八風兮。朱紫雕鏤，瞻而豐兮。文彩麟麟，光熊熊兮。顧盼遼廓，昭發矇兮。鈞天帝樂④，聞甚聰兮。長揖浮邱，鄰壺公⑤兮。鶴兮歸來，返鴻濛兮。千奕萬禩，靡

---

① 鹿門：鹿門山之省稱。在湖北襄陽。後漢龐德公携妻子登鹿門山，采藥不返。後因用指隱士所居之地。

② 靈辰：《荆楚歲時記》記載，靈辰即人日，楚地習俗，是日登高賦詩。

③ 崦嵫：山名。在甘肅天水縣西境。傳説以爲日落的地方。

④ 鈞天帝樂：天上的音樂，仙樂。

⑤ 壺公：傳説中的仙人。

有終兮。跨越紫宸①，軼絳宫兮。《曇華遺藁》

宋張栻字敬夫，廣漢人，浚子。以蔭補官，孝宗朝歷左司員外郎，除祕閣修撰，歷知江陵府荆湖北路安撫使。嘉定中謚曰“宣”，從祀孔子廟庭。著有《南軒集》。

黄鶴樓説

予過武昌，登郡城南樓，步黄鶴故址。覽觀山川，慨然有感。蓋黄鶴名樓，以山得名也。黄鶴之山，逶迆起伏，横亙郡城，屬於江滸，見於前人文字間。若浦若磯，亦皆以山名也。而唐《圖經》何自而爲怪説，謂費文偉仙去，駕鶴來憩於此？閻伯理一作瑾《記》中乃實其事。而或者又引梁任昉所《記》，謂“駕鶴之賓乃荀叔偉，所遇非文偉也”。此因黄鶴之名，而世之喜事者妄爲之説。後來者既不之察，又從而並緣增飾之。樓旁有石照亭，不知何妄男子題詩窗間，遽相傳曰：“此唐仙人吕洞賓所書也。”文人才士，又爲之夸大其事。而蘇子瞻亦載馮當世之説，有羽衣著屐之詩。嗟乎！甯有是理哉？甚矣，世俗之好怪也，雖搢紳大夫之賢者，有不免焉。此無他，不明理之故也。使其知始終消息②之故，有無虚實皆究其所以然，則豈得而惑之哉？而世之惑者，往往曰：“天地之間，其何所不有？是或有之，未可知也。”爲是説者，其病不可復藥。蓋既置之茫昧恍惚、或有或無之域，則不復致思以窮其有無之實，其惑終身而已矣。予嘗愛漢儒之言，曰：“明于天地之性者，不可惑以神怪；知萬物之情者，不可罔以非類。”斯言必有所授，非漢之儒者所能自言也。嗟乎！異端之惑人，蓋有盛烈於斯類者，斯固不足深辨。予獨有感，以警吾黨之士，庶幾知窮理之爲要，而窮理則有道，蓋不可以不講也。《南軒集》

---

① 紫宸：宫殿名，天子所居。

② 消息：消長，增減，盛衰。

唐李華字遐叔，贊皇人。開元中第進士，擢宏詞科。累官監察御史、右補闕，以受安禄山僞署貶杭州司户。上元中，召爲左補闕，司封員外郎，華稱疾不拜。李峴領選江南，表置幕府，擢檢校吏部員外郎。苦風痺，去官，客隱山陽。勸弟子力農，安於窮槁。大厤初卒。著有《李遐叔文集》。

登頭陀寺東樓詩序

侍御韋公延安，威清江漢；舅氏員外象，名高天下，賓主相得一作持。賢乎哉！王師雷行，北舉幽朔。太尉公分麾下之旅，付帷幄之賓，與前相張洪州夾攻海寇，方收東越。夏首地當郵置，吉語日聞，喜氣填塞於江湖，生人鼓舞於王澤。頭陀古寺，簡栖遺文，境勝可以澡濯心靈，詞高可以繼聲金石。二大夫會臺寺之賢，攜京華之舊，十有餘人，燦如瓊華，輝動江甸，陟金地，登朱樓，吾無住心，酒亦隨盡一作浄。將以斗擻煩襟，觀身齊物。日照元氣，天清太空，無有遠近，皆如掌内。辨衡巫於點黛①，指洞庭於片白。古今横前，江下茂樹，萬里春雲一色。曰屈平、宋玉，其文宏而靡，則知楚都物象，有以佐之。舅氏謂華老於文德，忘其瑣劣，使爲諸公叙事，不敢煩也，詞達而已矣。《文苑英華》

唐符載字厚之，蜀人。初隱廬山，後辟四川，掌書記加授監察御史。著有集十四卷。

鄂州何大夫創製夏亭詩序

豐州有神劍②，非司空無以發沈塞、揚光彩，爲天下之重一作大寶；江夏有善政一作地，非亞相無以起雄峙、作亭榭，爲天下之至勝。虛極必

---

① 點黛：指用毛筆書寫。

② 豐州有神劍：西晉丞相張華在作廣武侯時，見斗牛之間有紫氣，請雷焕來解釋，雷焕説："寶劍之精上徹於天耳。"張華問劍在何處，雷焕答在豐城。於是張華任用雷焕爲豐城縣令，讓他尋找寶劍。雷焕到任後，掘獄屋基得一石函，中有雙劍，并有刻題，一曰龍泉，二曰泰阿，精芒炫目。當晚，再觀斗牛，紫氣俱消。事見《晋書・張華傳》。

盈，晦極必明，開物之務，繫於賢者，此自然之理也。先是，郡中寺曰頭陀，名與碑並。登臨鍾萃，大雲氣色，下配礫石。公政教既備，游心佛寺，慨此頽落，乃沛然而張之，聳阿閣，矗長檻，嚴像設，熾臺塔，凡所相好①，皆鼎新也。方務翦伐，用探勝會，一時景歟？值甘心罙入，意謂粹絶。余將獲之，迺緣後殿，穿窈窕，出乎蒼莽之巔，果有實境待我而啟。萬古不偶，今爲知音，通塞之際，若有感也。觀夫經營之初也，鏟嵂嵲，堙坎窞，斬榛楛，掘株枿，翳薈掃盡，天形巍一作嶷然，山川雲氣，一朝噴泄。公智動於内，形象於外，口疏手指，焕然成亭。侈儉無過，因歸於中。於是延賓介，洎郡之士君子，相與開襟而登之，殊解乎陵泱漭、駕峥嶸、壓夏口、撑大别。開井閈於砌下，擁城闉於宇後。倚檻凝立，在青冥中，連山積水，悠悠渺渺。長想一去，周流物表，何如宇宙，於此爲細？由是言之，固知公宏邁可以拔幽陋，材智可以陶品彙，應用不測，與造物者爲徒乎！崇崇夏，籍南峴②，何羊祜之事齊芳永久？夫詩者，比興而詠志也。凡我登臨，盛美惰傲無述，豈文士之意乎？況主人唱首，韻鏗金石，得不搜思，上承獻酬？請咸繼大夫之後，賦六韻之作耳。《文苑英華》

明楊士奇名寓，以字行，泰和人。洪武初爲學官，以失印避罪至武昌。建文時，以辟召入翰林。永樂初，改編修，歷禮部侍郎兼華蓋殿大學士，官少師，贈太師，謚文貞，著有《東里集》。

武昌十景圖詩序

武昌郡在《禹貢》荆州之域，春秋爲楚夏汭，漢爲鄂縣，孫權徙治之，始更名武昌。吴以後沿爲郡，起武昌城。西臨江，有山屹然而高者，爲黄鶴山，郡志稱“黄鵠山”。山之陽有黄鶴樓，因山以名。或云仙人費

---

① 相好：佛經稱釋迦牟尼佛有三十二種相，八十二種好。亦用來代稱佛像。

② 南峴：指襄陽城南峴山。峴山東臨漢水，爲襄陽南面要塞。西晋羊祜鎮襄陽時，常登此山，置酒吟咏。

文偉嘗乘黄鶴於此。黄鶴樓之東有庾元規南樓，樓之西有石鏡亭。其北二里所有鳳凰山，皆以形似名之。又南去庾樓二里，有祠祀孟孝子宗①。祠前有竹數十挺，相傳當時哭筍之處，皆在郡城中。由黄鶴之西越江爲漢陽郡，大别山②在郡之北，與黄鶴山夾江而峙，江、漢二水合流其下。起黄鶴山東去十里所爲洪山，山半有釋迦氏浮圖，而飛樓叠閣聯絡其下。城南有鸚鵡洲，在江之中。洲之上有禰正平墓，又有吴將黄蓋所屯黄金之浦與鸚鵡洲相接，又有屈原所稱南浦③在洲之東，皆紀於載籍，以爲是邦之勝。四方聞之者，咸願身造而目覽；過之者，必不以事而廢遊也。然其地接雍汴、連廣蜀，衿喉江淮，統會湘漢，又密邇夷獠冥頑不馴之境，故累代皆宿重兵鎮之。而士之任於是者，職務之煩，寢食不暇，凡前所謂是邦之勝，常曠歲不能一造，豈其志弗尚乎此哉？大同蕭秉文官武昌左衛幕六年，衛之政無大小輕重，一由於幕，故其勞勩，視衛之他官爲甚。而是邦之勝，六年之間或一二至焉，或過之不遠數十步不能一至焉，或徒得於遠望焉。間求善畫者圖爲十景，又求善賦者分詠之，又求余序之，將於退食之暇時自覽。適余聞張弛者，文武之道也，張而不弛，文武不能，則剸繁理劇之餘，其有所適於性情也誠宜。而士君子於一視一聽必有所監者，又非獨以自適也。秉文從容公退，展圖興思，如睹大别，則思大禹之勞勤乎民；睹南浦，則思屈原之忠藎乎君；睹黄蓋故壘，則思立功者當思博採衆長；睹禰氏之邱墓，則思用人之才貴乎有容，用己之才貴自重也；以至睹靈竹，則思惇乎孝誠；睹庾樓傾址，則思清談不掩于塵汙；如睹形似之假託，則思冒虚名者非有所益；睹仙佛之説，則思聖人之教於民生實用爲何如也。凡游目之頃，有動乎中，無非爲己，則所存所思事上馭下之道，豈不尚有裨益哉？豈特性情之適而

---

① 孟孝子宗：孟宗（218—271），三國時荆州江夏郡鄳縣（今湖北省孝昌縣周巷鎮）人，字恭武。少年時從師南陽李肅讀書，後官居吴國司空。素仁孝，二十四孝之一的“哭竹生筍”指的就是孟宗爲其母求筍的故事。

② 大别山：此指今武漢市漢陽區龜山。

③ 南浦：古水名，一名新開港，今武漢市南。

已？《湖北舊聞録》

明方孝孺字希直，一字希古，號正學，天台人。以薦召授漢中府學教授。建文中，官至翰林侍講學士，改文學博士。燕王篡位，抗節死。國朝乾隆間賜謚忠文，著有《遜志齋集》。

黄鶴樓詩卷序

奇偉絶特之觀固無與於人事，然於其廢興可以知時之治亂焉。夫黄鶴樓以壯麗稱江湘間，當天下盛時，舟車旗蓋之來遊，考鐘鼓，肆管絃，燕會於其上者，踵相接也。元末諸雄之相持，武昌莽爲盜區，屠傷殺戮至於雞犬，求尺木寸垣於頽城敗壘間而不可得，天下之亂極矣。大統既一海内，建親王鎮楚，以其地爲國都，旄頭屬車，往來乎其上者，四時不絶，盛世之美，殆將稍稍復覩。余恨不獲見之，玆焉覩其狀甚悉，雲濤烟樹，咫尺千里，夏口漢陽，蒼蒼如目睫，展卷而卧閲之，恍然如乘扁舟出入洞庭、彭蠡之上，而與李白、崔顥輩同遊也。今四方日就治平，而江湘尤余所願遊者。他日苟或再登，爲之賦詠，以追蹤於古之作者，或者其始諸此乎。本集

國朝顧景星字黄公，蘄州人。康熙己未薦舉博學鴻詞。著有《白茅堂集》。

黄鶴樓詩集序

武昌城中有山，蜲蛇而長，古名黄鵠，俗名蛇山。按：黄鵠即黄鶴。《括地志》云："因黄鵠磯作黄鶴樓。"唐《圖經》云："費文偉仙去，駕黄鶴憩此。"閻伯瑾作《記》，遂實其事。或云："任彦升稱駕鶴之賓乃荀叔偉，非費文偉也。"世俗流傳謂："仙人吕巖畫橘瀋化鶴。"《一統志》又云："黄鶴山在通城縣，葛洪遺跡。"舉不足信，惟《括地志》近是。唐前不甚著名，崔司勳顥作七言律，未有激賞者。李白天才俊放，見顥咏，擱筆去，至金陵鳳凰臺擬其體，然後顥詩名而樓益著。山川之重文

人乎？文人之重山川也。古往今來，此樓題詠不可勝膡，大都不足疥玄覽之壁①。暇日集諸家詩，剔彼俚穢，表厥風華，命曰《黄鶴樓詩集》，亦猶王茢之集《釣臺》②、李庚之集《天台》③、田㦤之集《桃花源》④也。武昌山川雄悍，控搤黔蜀，鎖鑰吴楚，自古用武之地，孰使吾得陶咏光景，優游文墨，有如是者邪？讀兹集者，可慨然歎念太平之樂矣！康熙十二年秋八月。本集

國朝顧景星見前。

洪山寺詩文集序

江夏治東一十五里有山曰“大洪”。按：大洪山在隨州，此則其僑焉者也。元江夏郡公金華黄溍有《武昌大洪山崇甯萬壽寺碑記》。唐寶厤二年，釋善信至洪山，維時大旱，鄉人張武陵禱於龍湫，將用羊豕，釋戒勿殺，以三昧定力入諸龍宫，三晨大澍，斷足餉龍，白液滂流，儼然入滅⑤。既聞於朝，賜號建寺。宋末隨州被兵，土著流冗，荆湖制置使孟珙遷其眾於武昌，而洪山寺額竝徙於是。然則今之洪山名非昔有，故曰“此其僑焉者也”。《一統志》：“大洪山慈忍盧尊者道場，有斷足巖。”其記仙釋則云：“寶厤二年，釋法信自五臺山禮曼殊師利，太和二年在應城壽甯寺引刀截膝。”其説皆與碑異。楚府右長史王綎撰《碑陰記》，稱：“黄鵠山崇甯萬壽寺，於洪武癸亥楚昭王奏以高僧如海居之，成化己巳更額‘寶通’。是則以今洪山即古黄鵠山。考黄鵠山亦云黄鶴，今城内之蛇

① 疥玄覽之壁：謂壁上所題書畫如疥癩，令人厭惡。語出唐段成式《酉陽雜俎·語資》。

② 王茢之集《釣臺》：指宋王茢所輯各家所咏嚴光釣臺詩而成之六卷本《釣臺新集》。

③ 李庚之集《天台》：指宋李庚所輯各家所咏天台山詩而成之二卷本《天台集》。

④ 田㦤之集《桃花源》：指宋田㦤所輯自晋至宋詩人所咏桃花源詩而成之四卷本《桃花源集》。

⑤ 入滅：佛教術語，指達到不生不滅的境界。也指僧尼死去。

山也。”《括地志》謂：“因黄鶴磯作黄鶴樓。”《輿地志》：“通城有黄鶴山，葛洪遺蹟。”此又名同地異。而王長史指今之洪山爲黄鵠，殆非歟？洪山在古既不詳何名，而磯名黄鶴亦不審其故。意者舉其形似，如鸚鵡之洲、龜蛇之峯。抑或偶因翔集，如落雁之浦、鳳凰之臺。而任彦升稱“荀瓌駕鶴”，唐《圖經》謂“費禕登仙”，《寰宇志》以爲王子安，時俗流傳又云吕巖。曲説詭談，不足辨矣。陵谷易位，名稱不同，其故又奚能勝識哉？大清康熙上章孟陬[1]，玉華山劈，滇洱水飛，時則大司馬玉如張公執鉞湖北，方伯即山徐公是遏是截。迨夫洞庭肉沉[2]、襄陽泥到[3]，惟我内地樊籬莫矙，兩公以清燕來游兹山，翦欃鬄菴，上起臺榭，可登高明，可遠眺望。易熢櫓[4]而浮屠，借眾擎以手搏。蓋其經綸權巧如此，而大洪之山，自兹以往，可不曰“太傅之峴”“僕射之陂”[5]哉？潛沱朱生，爰裒眾作，若賦若詩，登楮授工，刀板在手，顧謂不肖。君其叙諸，因叙其端末。後之志山川者，或有考正焉。《白茅堂集》

南齊王屮字簡棲，瑯琊臨沂人。齊朝起家鄂州從事，後爲輔國録事參軍。按：“屮”，《文選注》作“巾”，《説文通釋》作“屮”，又作“中”。詳見第六卷吴白華先生《書觀音寺壁跋文》。

---

① 上章：十干中“庚”的别稱，用以紀年。指康熙九年，公元 1670 年。孟陬：孟春正月。正月爲陬，又爲孟春月，故稱。

② 肉沉：指水灾泛濫。

③ 泥到：謂當時出現灾變之怪事。

④ 熢櫓：“熢”同“烽”。舉烽火的望樓。

⑤ 太傅之峴：襄陽峴山因晋太傅羊祜而有羊祜祠、墜泪碑等供人憑弔的人文景點。僕射之陂：明嘉靖《鄭州志》載：“僕射陂，在州東。後魏文帝賜李冲，因名之。”李冲官僕射，陂即湖，故稱其湖爲僕射陂。該湖風光旖旎，歷代多有文人墨客歌咏其景。

頭陀寺碑文

蓋聞挹朝夕之池[①]者無以測其淺深，仰蒼蒼之色[②]者不足知其遠近，況視聽之外若存若亡、心行之表不生不滅者哉？是以掩室摩竭[③]，用啟息言之津；杜口毗邪[④]，以通得意之路。然語彝倫者，必求宗於九疇[⑤]；談陰陽者，亦研幾於六位[⑥]。是故三才既辨，識妙物之功；萬象已陳，悟太極之致。言之不可以已，其在茲乎？然爻繫所筌，窮於此域，則稱謂所絕，形乎彼岸矣。彼岸者，引之於有，則高謝四流[⑦]；推之於無，則俯宏六度[⑧]。名言不得其性相[⑨]，隨迎不見其終始。不可以學地[⑩]知，不可以意生[⑪]及，其涅槃之蘊也。夫幽谷無私，有至斯響；洪鐘虛受，無來不應。況法身圓對，規矩冥立[⑫]，一音稱物，宮商潛運。是以如來利見迦維，託生王室。憑五衍之軾，拯溺逝川；開八正[⑬]之門，大庇交喪。於是玄關幽鍵[⑭]，感而遂通；遥源濬波，酌而不竭。行不捨之檀而

① 朝夕之池：大海。朝夕，潮汐。

② 蒼蒼之色：指天。

③ 摩竭：指古代中印度摩揭陀國，爲釋迦牟尼佛悟道成佛處。

④ 毗邪：亦作“毗耶”。佛教語，梵語的譯音，地名。

⑤ 九疇：疇，類。指傳説中天帝賜給禹治理天下的九類大法，即《洛書》。

⑥ 六位：即《易》卦之六爻。

⑦ 四流：佛教語，流謂流而不返，謂衆生由三惑之所流轉，漂泊三界，而不能返於涅槃彼岸。四流又名四暴河。一見流，二欲流，三有流，四無明流。

⑧ 六度：佛教語。又譯爲“六到彼岸”。指使人由生死之此岸度到涅槃（寂滅）之彼岸的六種法門：布施、持戒、忍辱、精進、精慮（禪定）、智慧（般若）。

⑨ 性相：佛教語。性指事物的本質，相指事物的表象。

⑩ 學地：佛家認爲是斷除欲界思惑的境界。

⑪ 意生：能變化生死、隨意往生的菩薩境界。

⑫ 冥立：佛家認爲法無定性，一切諸法，既唯心現，從緣而起，所以無定性，所以叫冥立。

⑬ 八正：佛教謂修習聖道的八種基本法門：正見、正思維、正語、正業、正命、正精進、正念、正定。

⑭ 玄關幽鍵：比喻深邃的佛法。

施洽羣有，唱無緣之慈而澤周萬物。演勿照之，明而鑒窮沙界；導亡機之，權而功濟塵劫。時義遠矣，能事畢矣，然後拂衣雙樹[1]，脱屣金沙。惟怳惟惚，不皦不昧，莫繫於去來，復歸於無物。因斯而談，則棲遑大千，無爲之寂不撓；焚燎堅林，不盡之靈無歇[2]。大矣哉！正法[3]既没，象教[4]陵夷。穿鑿異端者，以違方爲得一；順非辯僞者，比微言於目論。於是馬鳴[5]幽讚，龍樹[6]虚求，並振頽綱，俱維絶紐。蔭法雲於真際，則火宅晨涼；曜慧日於康衢，則重昏夜曉。故能使三十七品[7]有樽俎之師，七十六種[8]無藩籬之固。既而方廣[9]東被，教肄南移。周魯二莊，親昭夜景之鑒；漢晉兩明，並勒丹青之飾。然後移文間出，列刹相望，澄什[10]結轍於西山，林遠[11]肩隨乎江左矣。頭陀寺者，沙門釋慧宗之所立也。南則大川浩汗，雲霞之所沃蕩；北則層峯削成，日月之所迴薄；西眺城邑，百雉紆餘；東望平皋，千里超忽：信楚都之勝地也。宗法師行潔珪璧，擁錫來遊。以爲宅生[12]者緣，業[13]空則緣廢；存軀者惑，理勝則惑

---

① 雙樹：娑羅雙樹。也稱雙林。爲釋迦牟尼入滅之處。

② 不盡之靈無歇：意思是佛的涅槃不過是方便説法，佛性本無生無滅，無遷無變，真如常在。

③ 正法：釋迦牟尼所説的教法。别於外道而言。

④ 象教：象，似。釋迦牟尼離世，諸大弟子想慕不已，刻木爲佛，以形象教人，好像佛在世，有教有行，一如正法時。

⑤ 馬鳴：實有其人，古印度佛教學者，弘揚大乘佛法。

⑥ 龍樹：實有其人，古印度佛教學者，繼馬鳴之後弘揚大乘佛法。

⑦ 三十七品：佛教正規修行的菩提分法，包括四念處、四正勤、四如意足、五根、五力、七覺支、八正道。

⑧ 七十六種："七"當作"九"，羅什《維摩經》注曰："摩訶，秦言大，亦言勝，亦言多。於一切衆中最上，天人所宗，故言大。能勝九十六種論議，故言胜。"此處意指邪説分崩，無藩籬以自固。

⑨ 方廣：大乘經典、教義的通稱。其言富、其理正，故名。亦借指佛教。

⑩ 澄什：指竺佛圖澄（232—348）、鳩摩羅什（344—413）二高僧。

⑪ 林遠：林指支遁（314—366），號道林。遠指慧遠（334—416）。晋代二高僧。

⑫ 宅生：猶言寄托生命。

⑬ 業：佛教謂業由身、口、意三處發動，分别稱身業、口業、意業。業分善、不善、非善非不善三種，一般偏指惡業，孽。它決定在六道中的生死輪回。

亡。遂欲捨百齡於中身，殉肌膚於猛鷙，班荆蔭松者久之。宋大明五年，始立方丈茅茨，以庇經象。後軍長史、江夏内史、會稽孔府君諱覬，爲之薙草開林，置經行之室。安西將軍、郢州刺史、江安伯濟陽蔡使君諱興宗，復爲崇基表刹，立禪誦之堂焉。以法師景行大迦葉①，故以頭陀爲稱首②。後有僧勤法師貞節苦心，求仁養志，纂修堂宇未就而没。高軌難追，藏舟易遠。僧徒闃其無人，榱椽毁而莫搆，可爲長太息矣。惟齊繼五帝洪名，紐三王絶業，祖武宗文之德，昭升嚴配，格天③光表之功，宏啟復興，是以惟新舊物，康濟多難，步中《雅》《頌》，驟合《韶濩》，炎區九譯④，沙場一候⑤。粤在於建武焉，乃詔西中郎將、郢州刺史江夏王觀政藩籬，樹風江漢。擇方城之令典⑥，酌龜、蒙⑦之故實，政肅刑清，於是乎在。甯遠將軍長史、江夏内史行事、彭城劉府君諱諠，智刃所遊，日新月故，道勝⑧之韻，虚往實歸。以此寺業廢於已安，功墜於幾立，慨深覆簣，悲同棄井。因百姓之有餘，閒天下之無事，庀徒揆日，各有司存。於是民以悦來，工以心競。亙邱被陵，因高就遠。層軒延袤，上出雲霓；飛閣逶迤，下臨無地。夕露爲珠綱，朝霞爲丹雘。九衢之草千計，四照之花萬品。崖谷共清，風泉相涣。金姿寶相，永藉閒安。息心了義，終焉遊集。法師釋曇珍，業行淯修，理懷淵遠，今屈知事任，永奉神居。夫民勞事功，既鏤文於鐘鼎；言皆稱伐，亦樹碑於

① 大迦葉：摩訶迦葉。釋迦牟尼涅槃後，他傳播正眼法藏，爲佛教長老。禪宗尊他爲西土二十八祖的始祖。

② 稱首：第一。這是説大迦葉爲稱舉頭陀的首位，所以用來作爲寺名。

③ 格天：君主自稱受命於天，施政行爲，感通上天就叫格天。

④ 炎區九譯：炎區即炎洲，指極遠地區。炎洲是神話中的地名。九譯謂多次翻譯。指邊遠地區或外國。

⑤ 沙場一候：意即設官鎮守南北邊疆。

⑥ 方城：春秋時楚北的長城。由今之河南省方城縣，循伏牛山，北至今鄧縣，爲古九塞之一。以此指代楚國。

⑦ 龜、蒙：魯國境内的龜山、蒙山，指代魯國。

⑧ 道勝：語本《三藏法數》："道勝謂菩薩以慈悲心修行六度，既自度己，復能度脱一切衆生。"

宗廟。世彌積而功宣，身愈遠而名劭。敢寓言於雕篆，庶髣髴乎眾妙。其辭[①]曰：

質判玄黃，氣分清濁。涉器千名，含靈萬族。淯源上派，澆風下黷。愛流成海，情塵爲岳。皇矣能仁，撫期命世。乃睠中土，聿來迦衛。奄有大千，遂荒三界。殷鑒四門，幽求六歲。亦既成德，妙盡無爲。帝獻方石，天開淥池。祥河輟水，寶樹低枝。通莊九折，安步三危。川静波澄，龍翔雲起。耆山廣運，給園[②]多士。金粟來儀[③]，文殊戾止[④]。應乾動寂，順民終始。法本不然，今則無滅。象正雖闌，希夷[⑤]未缺。於昭[⑥]有齊，式揚洪烈。釋網更維，玄津重柮。惟此名區，禪慧攸託。倚據崇巖，臨倪通壑。溝池湘漢，堆阜衡霍。膴膴亭皋，幽幽林薄。媚兹邦后，洪流是挹。氣茂三明[⑦]，情超六入[⑧]。眷言靈宇，載懷興葺。丹刻翬飛，輪奂離立。象設既闢，睟容已安。桂深冬燠，松踈夏寒。神足游息，靈心往還。勝幡西振，貞石南刊。《昭明文選》

國朝劉國香字堯丞，沔陽人。咸豐辛酉拔貢，候選訓導。

重建黄鶴樓上梁文[⑨] 有序

後魏温子昇《閶闔門[⑩]上梁祝文》云："惟王建國，配彼太微。

---

① 辭：碑文前面的散文叫叙，後面的韻體贊詞叫銘，此辭即贊詞。

② 給園：給孤獨園。古印度拘薩羅國舍衛城長者給孤獨，以黄金向祇陀太子購得園地，爲釋迦牟尼修建祇園洹精舍，此精舍稱給孤獨園。

③ 金粟：即維摩詰大士。來儀：現出容儀，出現。

④ 文殊戾止：文殊菩薩來到佛的身邊。戾止：至；到。

⑤ 希夷：虚寂玄妙。

⑥ 於：音烏，嘆詞。

⑦ 三明：指宿命明、天眼明、漏盡明。

⑧ 六入：佛教理論，眼入色、耳入聲、鼻入香、舌入味、身入觸、意入法。

⑨ 上梁文：文體名。建屋上梁時用以表示頌祝的一種駢文。

⑩ 温子昇：(495—547)，字鵬舉，濟陰冤句人，北魏著名文學家，官至中軍大將軍。閶闔門：古宫門名。

大君有命，高門啓扉。良辰是簡，枚卜無違。雕梁乃架，綺翼斯飛。八龍杳杳，九重巍巍。居宸①納祐，就日垂衣②。一人有慶，四海爰歸。”此上梁文之始也。《書》《傳》所見上梁文，每發號，必呼“兒郎偉③”，樓大防④常辯之。本朝尤侗⑤有《廣寒宫上梁文》，兹用其體。

夫古來珠浦，無往而不返之期；天上瓊樓，是高不勝寒之處。三百年與此樂，勿令風月笑人；一千歲始來歸，還是神仙作主。鄂有黄鶴樓者，王子安之所盤桓，酈道元於焉筆記。踞江漢雙流之地，得月最先；插荆襄半壁之天，與雲直上。元龍百尺⑥，洵快湖海之豪情；白鷺二分，實占江城之勝迹也。乃者攸攸狒狒，忽逢青犢⑦之災；出出譆譆⑧，竟墮紅羊之劫⑨。毛人⑩踰堞而遁，羽客翀宵而昇。玉笛不吹，金罇空對。自從鶴背載歸麴蘖之仙，遂令樓頭擱起梅花之弄矣。今欲銀蟾宫闕，七寶修原；金爵觚稜，三層依舊。消受乎山間明月、江上清風，招邀乎天半朱霞、雲中白鶴。雖有題詩之崔顥已在上頭，恐無削墨之公輸難爲下手。

---

① 居宸：位於吉祥之地。宸，北極星所居。即紫微垣。借指帝王之所居，文中引申爲帝王的代稱。

② 垂衣：即定衣服之制，示天下以禮。後用以稱頌帝王無爲而治。

③ 兒郎偉：猶言兒郎輩、兒郎們。古代上梁文中的套語。宋樓鑰《跋姜氏上梁文稿》：“‘懣’本音‘悶’，俗音‘門’，猶言‘輩’也。……所謂‘兒郎偉’者，猶言兒郎懣，蓋呼而告之，此關中方言也。”

④ 樓大防：即樓鑰（1137—1213），南宋詩人，字大防，鄞縣（今屬浙江）人。

⑤ 尤侗：（1618—1704），明末清初著名詩人、戲曲家。

⑥ 元龍百尺：元龍，指三國時人陳登，字符龍。此句意爲“元龍卧百尺樓上。”

⑦ 青犢：指新莽末年河北地區較爲强大的一支農民起義軍。

⑧ 出出譆譆：象聲詞。嗟嘆聲。“出出”同“咄咄”。

⑨ 紅羊之劫：古人以爲丙午、丁未是國家發生災禍的年份。以天干“丙”“丁”和地支“午”在陰陽五行裏都屬火，爲紅色，而“未”這個地支在生肖上是羊，每六十年出現一次的“丙午丁未之厄”，後便被稱爲“紅羊劫”。近代的太平天國起義，雖然并未發生在這兩個年份，但由於頭領洪秀全與楊秀清的姓氏（洪、楊）音同紅羊，也被附會爲“紅羊劫”。

⑩ 毛人：傳説中的仙人。

乃有斧工脩月，斤果運風。文杏[1]亙其虹申，靈芝輪其龍甲。譬彼山鼇六駕，水晶殿撐起珊瑚；非徒海燕雙棲，鬱金堂琢成玳瑁。用仿廣寒上梁之例，詔列仙班以居；請從閶闔上梁之文，呼“兒郎偉”則諾：

兒郎偉！鶴樓東，梁指扶桑海日紅，製就蘭苕巢翡翠，雕成梓木鎮蛟龍。

兒郎偉！鶴樓西，梁窺嶺月[2]桂輪低，太甲前除紅鞨鞢[3]，長庚右界白玻璃。

兒郎偉！鶴樓南，雕梁遠引水波藍，秋風寶瑟湘妃浦，夜月明珠柳毅潭。

兒郎偉！鶴樓北，畫梁高拱斗杓埒，閶閻撲地萬魚鱗，京闕朝天雙鳳翼。

兒郎偉！上梁中，鶴棲耿耿天門通，古佛重開極樂國，真人別建大羅宮。

伏冀四阿[4]承露，八柱擎天。黃道迓其祥輝，紫宮扶其昌運。人山人海，共此翹瞻；仙嶠仙壺，方斯接搆。翬飛鳥革，麗長天雲水之光；鳳跱鸞踤，壯大地山河之色。在碧漢無邊之境，挹此高秋；問黃唐[5]以上之人，依然古月。人天[6]大歡喜，歸來萬古羽毛[7]；我輩復登臨，飛下九霄咳唾。從今安穩，赤壁待鶴以遊；歷世邈綿，白雲和樓長在。千載呵護，尚邀靈於荀家仙、費家仙；一篇祝釐，儻附載於齊史傳、梁史傳。

黃鵠山志卷五終　江夏錢桂林校字

---

① 文杏：即銀杏。

② 嶺月：五嶺的月色。

③ 紅鞨鞢：即紅鞢鞨，紅寶石名。相傳産於鞢鞨國，故名。

④ 四阿：屋宇四邊的檐溜，可使水從四面流下。

⑤ 黃唐：黃帝與唐堯的并稱。

⑥ 人天：佛教語。六道輪回中的人道和天道。文中泛指諸天上神靈、人間衆生。

⑦ 羽毛：羽毛使鳥獸有文彩，因以喻聲譽。

黄鵠山志卷六目録

黄鵠山志卷六

永康胡鳳丹月樵編纂

藝　文

唐閻伯瑾永泰時人，詳見"金石"。

黄鶴樓記

州城西南隅有黄鶴樓者，《圖經》云："費褘登仙，嘗駕黄鶴返，憩於此，遂以名樓。"事列神仙之傳，迹存述異之志。觀其聳構巍峩，高標巃嵸。上倚河漢，下臨江流。重簷翼舒，四達一作闥霞敞。坐窺井邑，俯拍雲烟。亦荆吴形勝之最也，何必瀨鄉九柱《全唐文》作"桂"，非。東陽八詠[1]，乃可賞觀時物，會集靈仙者哉！刺史兼侍御史，淮西租庸使，荆、岳、沔等州都團練使，河南穆公名甯，下車而亂繩皆理，發號而庶政其凝。或逶迤退公，或登車送遠，遊必於是，宴必於是。極長沙一作川之浩浩，見眾山之纍纍。王室載懷，思仲宣[2]之能賦；仙蹤可挹一作揖，嘉叔偉之芳塵。迺喟然歎一本無"歎"字曰："黄鶴來時，歌城郭之並是；浮雲一去，惜人世之俱非。"有命抽毫，紀兹貞石。時皇唐永泰九年，歲次大

① 八詠：南朝齊沈約守東陽時，建元暢樓，并作《登臺望秋月》《會圃臨春風》《歲暮愍衰草》《霜來悲落桐》《夕行聞夜鶴》《晨征聽曉鴻》《解佩去朝市》《被褐守山東》等詩八首，稱"八咏詩"。

② 仲宣：漢末文學家王粲的字。

荒落①，月孟夏，日庚寅也。《文苑英華》《全唐文》

宋趙湇字清老，河陽人，宋慶元時官荆鄂都統制。

洪山東巖閣記摩崖

山固多木，由翦伐無時，使不得蓄息。以軍營視此，實爲主山，乃禁樵採，封植培護，則大者挺然干霄，小者叢生攢立矣。因即山之陽得勝處，偶拾餘材，架木爲閣，榜曰“東巖”。取其石秀而木茂者，又得數所，曰“雲根”“雲扃”“伏仙”“飛雪”“棲霞”“半霄”“清歗”“爽塏”“巉巖”“翠屏”“堆雲”，“獅子峯”，此又狀其石而名之也。“奕局”“琴几”“石鼓”“筆牀”，因其天成，粗加斲削。循山之巔至黄鵠亭，仍夾道蒔松，俾異時交柯結蔭，與東巖相爲表裏。後之來者，愿不以人廢閣。成於慶元初載重午日，將右軍河陽趙湇清老謹識。《湖北通志》

宋朱子諱熹，字元晦，一字仲晦。世爲徽州婺源人。父韋齋先生松，宦游建陽之考亭，遂家焉。紹興十八年中王佐榜進士，甯宗朝歷官寶文閣待制。僞學禁起，落職奉祠，卒。累贈寶謨閣直學士，謚曰“文”。理宗朝贈太師，追封徽國公，從祀孔子廟庭。號晦菴，又號雲谷老人，更號滄洲病叟，後因筮遇遯之同人，更名遯翁。著有《晦菴文集》。

鄂州社稷壇記

湻熙十年春，朝奉郎知鄂州事、新安羅侯願以書來，曰：“吾州羣祀之壇，始在中軍寨。去年秋，通守清江劉君清之至而往謁焉，視其地褊

---

① 皇唐永泰九年，歲次大荒落：永泰是唐代宗年號，765年正月至766年十一月，共2年。九年，應爲“元年”之誤。太歲運行到地支“巳”的方位，這一年稱大荒落。唐永泰元年歲次乙巳，爲公元765年。

迫洿下，燎瘞[1]無所，不稱藩國欽崇命祀之意，且念比年郡多水旱、扎瘥[2]之變，意其咎或在是，則言於州，請得度地，更置於律令。已而劉君行州事，遂以屬録事參軍周明仲行視，得城東黄鶴山下廢營地一區，東西十丈，南北倍差。按《政和五禮》《縣志》誤作“禩”畫爲四壇，而屬其役事《縣志》缺“事”字於兵馬監押趙伯烜，作治未半而願適承乏，又屬都監王椿董之，以速其成焉。某月壇成，東社、西稷居前，東風伯、西雨師、雷師居後，少卻。壇皆三成[3]，有壝，壝四門。前二壇趾皆方二丈五尺，崇尺二寸；後二壇趾皆方一丈六尺五寸，崇八寸。其再成，方面皆殺尺，崇四分而去一，《縣志》作“殺其七分而崇四尺”，今據《朱子全集》更正。三成方殺如之，而崇不後《縣志》誤作“復”殺。前二壝皆方四丈二尺，門六尺，閒丈五尺。後三壝皆方二丈八尺，門五尺，閒四丈九尺，其崇皆四尺。社有主崇二尺五寸，方尺，剡其上，倍其下半石也。南五丈，爲門三間，北二丈有奇。《縣志》自“五寸”至“有奇”止，缺二十五字。爲齋廬五間，繚以重垣，甃以堅甓《縣志》作“石”，而植以三代之所宜木。亦既揀時日，屬寮吏修祝號以告於神而妥之矣。則又與劉君謀，以吾子之嘗學於禮也，是以願請文以記之，俾後人之勿壞也。”熹按：社實山林、川澤、邱陵、墳衍、原隰五土之祇，而后土句龍氏其配也。稷則專爲原隰之祇，能生五穀者，而后稷，周棄氏其配也。風師箕也，雨師畢也，是皆著於《周禮》，領於大宗伯之官。唯社稷自天子之都至於國、里，通得祭。而風、雨之神，則自唐以來諸郡始得祀焉。至於雷神，則又唐制所與雨師同壇共牲而祀者也。國朝禮文大抵多襲唐故事，今郡國祀典自先聖先師之外，唯是五者，蓋以爲二氣之良能，天地之功用，流行於覆載之間，以育萬物，而民生賴焉者。其德惟此爲尤盛，是以於其

---

① 燎瘞：燎，指燎祭，古代祭祀儀式之一，把玉帛、犧牲放在柴堆上，焚燒祭拜。瘞，把祭品埋在地下以祭拜。

② 扎瘥：同札瘥，因疫癘、疾病而死。

③ 三成：三層。

壇壝時日之制，牲幣器服之品，降登饋奠之節，莫不參訂討論，著之禮象，頒下郡國，藏於禮官，有司歲舉行之，而部刺史又當以時循行，察《縣志》作“正”其不如法者。蓋有國家者，所以昭事明神，祈以降祥錫福於下，其勤如此。顧今之爲吏者，所知不過簿書期會之間，否則觴豆舞歌相與放焉，而不知反其所敬畏。崇飾而神事之者，非老子、釋氏之祠，則妖妄淫昏之鬼而已。其於先王之制，國家之典，所以治人事神者，曷嘗有慨於其心哉！嗚呼！人心之不正，風俗之不厚，年穀之不登，民生之不遂，其不亦以此歟！今羅侯之與劉君，乃能相汲汲乎此，非其學古愛民之志，卓然有見乎流俗見聞之表，其孰能之？顧雖不文不足以記事實、垂久遠，然二君子過以爲嘗從俎豆之事，不遠千里而屬筆焉，其得辭之乎？因爲書之，使以刻於麗牲之石，後有君子得以覽焉。羅侯方與劉君相率勸學劭農甚力，劉君又嘗請於前守李侯棫，禁境内無得奉大洪山淫祠者，其於教民善俗之事，力所可爲，無有不盡其心也。十一年春正月甲辰，具位[①]新安朱熹記。本集

宋范成大字致能，石湖居士，吴郡人。紹興二十四年進士。孝宗時累官權吏部尚書，拜參知政事，進資政殿學士，提舉洞霄宫。卒謚文穆。著有《石湖集》。

出蜀記

湻熙丁酉歲八月壬午，予至鄂渚，泊鸚鵡洲前南市堤下。南市在城外，沿江數萬家，廛閈甚盛，列肆如櫛，酒壚樓欄尤壯麗，外郡未見其比。蓋川、廣、荆、襄、淮、浙貿遷之會，貨物之至者無不售，且不問多少，一日可盡，其盛壯如此。監司帥守劉邦翰子宣而下，皆來相見邀飯，皆曰：“未敢定日，及欲移具舟次。”余笑曰：“若定日，則莫若中秋；張具，則莫若南樓。”衆亦笑許，晚遂集南樓。樓在州治前黄鶴山

---

① 具位：唐宋以後，官吏在奏疏、函牘或其他應酬文字上，常把應寫明的官職爵位寫作“具位”，表示謙敬。

上，輪奂高寒，甲於湖水①。下臨南市，邑屋鱗差，岷江②自西南斜抱郡城東下。天無纖雲，月色奇甚，江面如練，空水吞吐。平生所過中秋，佳月似此夕亦有數，况復修南樓故事，老子於此興復不淺也③。向在桂石時，默數九年之間九處見中秋，其間相去或萬里，不勝漂泊之歎，嘗作一賦以自廣。及徙成都，兩秋皆略見月。十二年間十一處見中秋，去年嘗題數語於大慈樓上，今年又忽至此，通計十三年間十一處見中秋，亦可以謂之遊子。然余以病乞骸骨，倘恩旨垂允，自此歸田園，帶月荷鋤，得遂此生矣。坐中亦作《樂府》一篇，俾鄂人傳之。癸未泊鄂州南樓，月色如昨夜。甲申泊鄂州，蜀兵遠送者封稭④裹糧之具，至此當盡數貿易，非三日不可了，故爲之留。統帥李周邀看新寨，鄂營昔皆茅舍，今始易以瓦屋，方畢四分之一。登壓雲亭，則前後盡見，周絡井井，甚有條理。將司中又有“雅歌”“整暇”二堂，皆面江山，登覽超勝。乙酉丙戌，自鄂州遣送兵之半歸成都。丁亥風作，不可行。戊子早改維欲出，江風不已，至暮逾甚，又留一夕。土人云：“上江社前後，輒大風數日，謂之社風，上下水船悉不行。”果然。己丑社風稍微，解維小泊漢口。本集

宋陸游字務觀，越州山陰人。佃之孫，宰之子，以蔭補登仕郎。隆興初，賜進士出身。自號放翁。累知嚴州。嘉泰初，詔同修國史，兼祕書監，升寶章閣待制致仕。著有《渭南集》《劍南集》。

---

① 湖水：本書卷一作“湖北”。此處應誤。

② 岷江：指長江。

③ 老子於此興復不淺：見《晋書·庾亮傳》：“亮在武昌，諸佐吏殷浩之徒乘秋夜往共登南樓，俄而不覺亮至，諸人將起避之。亮徐曰：‘諸君少住，老子於此處興復不淺。’便據胡床與浩等談咏竟坐。”

④ 封稭：“稭”當爲“樁”。封樁是宋代的一種財政制度。凡歲終用度之餘，皆封存不用，以備急需，故稱。宋太祖乾德三年（965 年）始行於中央，後各地皆有封樁，乃至按月而樁，稱月樁錢，與初意大异。

入蜀記

乾道六年八月二十六日，與統、紓同遊頭陀寺，寺在州城之西隅石城山。山繚繞如伏蛇，自西徂東，因其上爲城，缺壞僅存，州治及漕司皆依此山。寺毀於兵火，汴僧舜廣住持三十年，興葺略備。自方丈西北躡支徑至絶頂，舊有奇章亭，今已廢。李太白《江夏贈韋南陵》詩云“頭陀雲外多僧氣”，正謂此寺也。藏殿後有南齊王簡棲碑，唐開元六年建，南唐歲在己巳，武昌軍節度觀察留後知軍州事楊州忠①重立，前鄂州唐年縣主簿、祕書省正字韓夔書。碑陰云：“乃命猶子夔正其舊本而刊寫之。”以是知夔爲熙載兄弟之子也。碑字前後一手，又作“温”字不全，蓋南唐尊徐温爲義祖而避其名。此則碑蓋夔重書也。碑陰又云：“皇上鼎新文物，教被華彝，如來妙旨，悉已徧窮，百代文章，罔不備舉。故是寺之碑，不言而興。”按：此碑立於己巳歲，當皇朝之開寶二年，南唐危蹙日甚，距其亡六年爾。熙載大臣，不以覆亡爲懼，方且言其主“鼎新文物，教被華彝”，固已可怪。又以窮佛旨、舉遺文及興是碑爲盛，誇誕妄謬，真可爲後世發笑。然熙載死，李主猶恨不及相之，君臣之惑如此，雖欲久存，得乎？唐制，節度使不在鎮，而以副大使或留後居住，則云“知節度事”，此云“知軍州事”，蓋漸變也。唐年縣本故唐時名，梁改曰臨夏，後唐復，晉又改臨江，然歷五代，鄂州未嘗屬中原，皆遥改耳。故此碑開寶中建，而猶曰“唐年”也。至江南平，始改“崇陽”云。簡棲爲此碑，駢儷卑弱，初無過人，世徒以載於《文選》，故貴之耳。若魯直云“唯有簡棲碑，文章歸然立”，蓋戲也。二十七日，羣集於南樓，在儀門之南石城上，一曰黄鶴山，制度閎偉，登望尤勝，下矙南湖，荷葉彌望，中爲橋曰“廣平”，其上皆列肆兩旁，有水閣極佳，但以賣酒，不可往。二十八日，同章冠之秀才甫登石鏡亭，訪黄鶴樓故址。石鏡亭者，石城山一隅，正枕大江，其西與漢陽相對，止隔一水，人物

① 楊州忠：應爲“楊守忠”。

草木可數。唐沔州治漢陽縣，故李太白《沔州泛城南郎官湖》詩序云："白遷於夜郎，遇故人尚書郎張謂出使夏口，沔州牧杜公、漢陽令王公觴於江城之南湖。"其後沔州廢，漢陽以縣隸鄂州。周世宗平淮南，得其地，復以爲軍。太白詩云："誰道此水廣？狹如一匹練。江夏黄鶴樓，青山漢陽縣。大語猶可聞，故人難可見。"形容最妙。黄魯直"宵征江夏縣，睡起漢陽城"亦此意。老杜有《公安送李晉肅入蜀，余下沔鄂》及《登舟將適漢陽》詩，而卒於耒水，可恨也。漢陽負山帶江，其南小山有僧寺者，大别山也。又有小别，謂之"二别"云。黄鶴樓舊傳費禕飛昇於此，後忽乘黄鶴來歸，故以名樓，號爲天下絶景。崔顥詩最傳，而太白奇句得於此者尤多。今樓已廢，故址亦不復存。問老吏，云在石鏡亭、南樓之間，正對鸚鵡洲。猶可想見其地。樓榜李監篆石刻獨存。太白登此樓《送孟浩然》詩云："孤帆遠映碧山盡，惟見長江天際流。"蓋帆檣映遠山尤可觀，非江行久不能知也。復與冠之出漢陽門，遊仙洞，止是石壁數尺，皆直裂，無洞穴之狀。舊傳有仙人隱其中，嘗啟洞出遊，老兵遇之，得黄金數餅，後化爲石。東坡先生有詩紀其事，初不云所遇何人，且太白固已云："頗聞列仙人，於此學飛術。一朝向蓬海，千載空石室。"今鄂人謂之吕公洞，蓋流俗附會也。有道人澶州人，結廬洞側，設吕公像其中。洞少南即石鏡山麓，矗頑石也，色黄赤皴駁，了不能鑑物，可謂浪得名者。由江濱堤上還船，民居市肆數里不絶，其間復有巷陌，往來憧憧如織，蓋四方商賈所集，而蜀人爲多。

宋李埴字季永，燾次子。紹熙元年進士，理宗朝歷官同知樞密事、四川宣撫使。著有《悦齋集》。

鄂州重修北榭記碑

鄂渚之勝，以南樓北榭並稱。南樓繇元祐改作，元符末，修水黄公魯直嘗見於題詠。惟北榭冠子城之巔，在郡公堂之後，不知自何時建立。乾道中，于湖張安國爲大書扁牓，厥後，達官名人稍有爲賦詩者，然距今亦五十餘載矣。棟宇隘卑，日就圮廢，莫或顧省，一夕大風震蕩摧屋，山飄瓦如墜葉舞空，屋隨以傾壓不可復支。子城亦久弗治，土石隳阤，榛莽蒙翳，狐狸所窟，虺蜴所蟠。於是昉議更葺。先增甓北隅，袤二施①，崇三丈有奇；南袤尋有半，崇與北等。遂改建榭屋，闢而大之，敗楹腐桷，悉易以新。既成，宏敞翬翼，與南樓嶷然相望，始於一郡面勢爲稱。雖其高無所不矚，而北望爲尤宜。嘗試相與憑檻遐睎，則煙沙蒼茫，天水無際，西陵郿杜、安陸諸山，隱隱出没雲外，雲夢之泱漭，漢沔之瀠洄，皆可目略而指喻。羣鴻匹鶴，飛翔上下。平蕪斷浦，杳杳如髮。暇日徜徉，不涉級數十武而坐得千里絶特之觀，殆前所未有也。惟漢江夏太守所統疆域至遠，今光、黄、蘄、安、信五郡之地皆故屬邑。春秋時吴楚交戰出師往來之地，水如清發、涓澨，山如内方、大小别，雖邱邑變遷而勢勝猶在。與夫孫伯符之所討擊，周公瑾之所摧敗，陶士行之所平殄，其遺蹟猶可諏訪而考求。郙城臨江，故堞宛然，嘗笑其規橅特淺淺耳。庾元規志矯才輕，亦弗克有成。三關九阨之塞，魏梁交攻，或得或棄，南北强弱係焉，以見昔人争戰之力不爲無意。夫以地之相距雖有數百里之遠，而據其要會，實皆在吾環顧規置、卷舒伸縮之中，況郡居全楚上游，與江陵、襄陽實相爲表裏，諸葛忠武嘗欲舉荆州之軍以出宛洛，公瑾亦謂據襄陽以蹴操，北方可圖。二人之言，若合符節。而宋何尚之②顧言："夏口當荆江之中，直通雍梁，實爲津要。"豈非以地勢便兵力接故耶？抑嘗据此論之，若昔自南而圖北，則易爲功；自北而入南，則難爲力。故梁末因陸法和③之敗，郡雖暫屬高齊，慕容儼死守

---

① 袤：長。一般指縱長。施：尺度名。《管子·地員》："夫管仲之匡天下也，其施七尺。"戴望校正："施者，大尺之名也，其長七尺。"

② 何尚之：何尚之（382—460），字彦德。南朝宋廬江潛縣（今安徽霍山）人。

③ 陸法和：南北朝時人，傳説陸法和有法術，長期隱居百里洲。平定侯景之亂時，梁武帝第七子湘東王蕭繹任陸法和爲信州刺史。天保六年，陸法和舉州投降北齊。

半歲，雖能拒退侯瑱等，然卒棄之還南。五季[①]杜洪襲據州城，遥附朱梁[②]，以捍淮南之侵，朱梁三遣兵援之，皆至近地，然無救於洪，訖爲淮南將劉存所克，身殞國絶，豈天塹之設，果足以限南北耶？抑或彼或此，亦存乎人之圖回智略如何耳！夫惟俊傑之士有志於當世，要必討論之素精，計慮之素熟，異時行遊坐息，朝思夕維，未嘗不在於此。故一旦發而見諸施爲，則必卓偉絶人，非臨事隨應、率意而爲之者所可及。《傳》曰："登高能賦可以爲大夫。"趙孟過鄭[③]，請七子皆賦，以觀其志。夫所謂能賦者，豈徒吟咏一時之風物景色哉？必也升高而望遠，憂深而謀長，覽山川之形勝，考古今之成敗，究昔人之謨議[④]之得失，與今日時措[⑤]之宜，其所蓄積操存，因感觸而發見，所賦之志於是乎在。王茂弘[⑥]新亭之感，逸少冶城之諷[⑦]，大較亦兹意也夫！是則高明其居處，緬邈其臨眺，豈但以逸其一身而自適於耳目之間而已哉！榭之廢興，似未足書，然余改作之意，非遊觀之爲，則不可不明，著以貽後之同志者，俾得以周覽而繹思焉。嘉定甲申三月丙午記。《湖北通志》

元黄溍字晉卿，浙江義烏人。延祐二年進士，歷官翰林侍講學士、中奉大夫、知制誥、同修國史、同知經筵事，謚文獻。著有《黄文獻集》。

武昌大洪山崇甯萬壽寺碑記

鄂之城東，有佛刹曰"大洪山崇甯萬壽禪寺"。此黄鵠山也，而謂之"大洪山"者，蓋"大洪"，隨之名山，自隨而鄂，自鄂而許，地雖易而

---

① 五季：即五代十國時期。

② 朱梁：五代中原地區的第一個政權梁由朱温建立，故稱朱梁。

③ 趙孟過鄭：事見《左傳·襄公二十七年》："鄭伯享晋趙孟於垂隴，趙孟請子展等七人賦詩，以觀其志。"

④ 謨議：可奉爲圭臬的謀略之言。

⑤ 時措：因時制宜。

⑥ 王茂弘：即王導（276—339），字茂弘。東晋瑯琊臨沂（今屬山東）人。

⑦ 逸少：即王羲之（303—361，一作321—379），字逸少，東晋瑯琊臨沂人。

名號不殊，际有所本云爾。鄂今爲武昌，山距城十里而近，北枕江漢，南帶湖湘。東届壽昌，下瞰樊水，層巒叠巘，交拱互揖；西接城□[①]，民堵萬區，前臨通逵，而市聲邈不相及。山之巔有岳忠武王手植巨松，斗牛亭、仙人石、鼓崖尤爲奇偉。地位峻絶，風物清閒，寺特據其尤勝處。溯其所自出，推靈濟慈忍大師爲初祖。大師諱善信，以唐武德二年四月六日下生於洪州南昌王氏，受度於本州開化寺，爲衆僧執爨三年，僧力御之，大師涕淚雪泣，戚嗟不已。有老父告之曰："汝緣在南方，衆不容，盍行矣乎？逢隨即止，遇洪即住。"大師遂挈瓶錫南還，以寶麻二年秋抵隨州，覩一山巋然，問於逆旅主人曰："此爲何山?"答曰："大洪山。"大師惕然思老父語，則延緣而入，至於山麓。諸水所婁[②]，滙爲重湖，神龍居焉。旱乾水溢，有禱輒應。時久不雨，鄉人張武陵具羊豕，將以致禱。大師見而悲之，謂武陵曰："雨暘不時，本由心感，害生自利，徒增汝食，可戒勿殺而爲汝祈。"約以三日必雨，武陵聽之。大師探幽履險，得山之北庵，泊然宴坐，運誠默禱，及期，雷雨大作。雨既霑足而止，武陵訪求大師於巖中，大師時猶在定，蛛絲羃面。附耳而號，挂體而搖，久之方覺。武陵遂施以其山，爲建精舍。太和九年二月二十五日，大師密語於龍神曰："吾前許以身代牲，輟汝血食，本捨身，可享吾肉。"即引刀斷左右足，白液滂流，儼然入滅。雙足留鎮山門，肉色久而不變。四衆哀慕，稱之曰"佛足"。有司以聞於朝，賜號"慈忍"，大師所居精舍，賜名"幽濟禪院"。後以禱祈，屢有奇驗，累加大師號曰"靈濟慈忍"。其佐神千有二，封爵自王而公而侯，等差不同，皆天下知名之神，威靈烜赫，被於四方。此隨之洪山也。宋末，隨數被兵，洪山又當其要害，爲南北必争之地，邊境之民既多流散，叢林之下亦無以安。荆湖置制使孟公珙，隨人也。與都統張公順謀遷尊衆適於樂郊，乃度地於兹山，請雲庵興自隨捧佛足及累朝所頒告勑，徙寺額，僑置焉。仍奏

① 底本爲一空圍。

② 諸水所婁：婁，古稱行酒一巡爲婁，此指諸水皆流至山麓。

請賜今名曰“崇甯萬壽寺”，口興爲之開山。此則鄂之洪山也。興之徒無静須則口實繼之。我世祖皇帝在潛邸時，南伐駐蹕鄂之元興寺，遥見兹山之頂有神人立於雲端，詢知爲大師化迹所寓，深爲敬異。暨班師，實因留佛足，扈從至京師，特命安置於祕宇而嚴奉之。上既正位宸極，有旨遣使偕實護送還山，道出許州，佛足重莫能舉，使者歸奏，詔即其地建寺。此又許之洪山也。鄂經摧陷之餘，實又去不返。吕公文德制置荆湖，請無積口主之，而寺以復新。繼之者緣菴遇建靈濟塔，增置菴院土田，而口崖潤、無邊、詠竹、溪禧又繼之。寺以災燬，禧方謀起其廢，俄委順而化。至順三年，今住持華公實來毅然以興復自任，積衣盂之貲，躬求良材於江上，造大栰以歸。顧舊址局於地勢，隘陋褊迫，位置不皆合於規式，乃夷崇岡，堙巨壑，累石爲基，使就顯敞。首創大佛寶殿，棟宇之制，悉擬於京師列刹，而華飾有加焉。兩廡山門之上爲萬佛閣，演法、栖僧有堂，輪藏[①]及祖師、王公有殿，天書[②]有閣，而鐘樓、經臺、丈室、茶堂，旃檀林前資、寮、庫、庾、庖、湢[③]之屬，無不畢備。始作於元統二年之某月，訖工於至正某年之某月。費錢總若干萬緡，出於華公者一萬，出於耆舊僧宗森者二萬，餘皆出於眾施及經用之美財。金碧髹彤，輝映林谷，宏模偉觀，人天具瞻。其在先朝，嘗以爲中官祝釐之所，頒以香燈金幣，褒禮甚厚。三大洪山法席之盛，莫武昌若也。華不遠數千里來徵文以記之，潜竊以毘盧[④]身上，周徧一切，三千世

---

① 輪藏：能旋轉的藏置佛經的書架。設機輪，可旋轉，故名。

② 天書：帝王的詔書。指前文“累朝所頒告敕”。

③ 湢：浴室。

④ 毘盧：佛名。毘盧舍那（亦譯作毘盧遮那）之省稱。即大日如來。一説，法身佛的通稱。

界①，一一須彌②，無去無來，非彼非此，然則山未有寺，法界宛然，寺之既遷，依然故處，增減成壞之相③，了不可得，豈世俗文筆所能記乎！若夫法身大士示口有爲，於始幻境作饒益事，應化之迹，亦有可得而言者，庸次第本末，俾歸而刻諸？華別號枯木，嗣法於靈隱悦堂誾禪師云。《黄文獻集》

明楊士奇見卷五。

遊東山記④

洪武乙亥，余客武昌。武昌蔣隱溪先生始吾，廬陵人，年已八十餘，好道家書，其子立恭兼治儒術，能詩，皆意度闊略，然深自晦匿，不妄交遊，獨與余相得也。是歲三月朔，余三人者攜童子四五人，載酒殽出遊。隱溪乘小肩輿，余與立恭徒步一作走。天未明，東行過洪山寺二里許，折北穿小徑可十一作數里，度松林涉澗，澗水澄澈，深處可浮小舟，傍有磐石，容坐十數人，松柏竹樹之陰，森布蒙密。時風日和暢，草木之葩爛然，香氣拂拂襲衣一作人，禽鳥之聲不一類。遂埽石而坐。坐久，聞鷄犬聲，余招立恭起，東行數十步，過小岡，田疇平衍，彌望有茅屋十數家，遂造焉。一叟可七十餘歲，素髪如雪被兩肩，容色腴澤，類飲酒者，手一卷坐庭中，蓋齊邱《化書》。延余兩人坐，一媪捧茗盌飲客，

---

① 三千世界：以須彌山爲中心，七山八海交繞之，更以鐵圍山爲外郭，是謂一小世界，合一千個小世界爲小千世界，合一千個小千世界爲中千世界，合一千個中千世界爲大千世界，總稱爲三千大千世界。

② 須彌：即須彌山，原爲古印度神話中的山名，後爲佛教所采用，指一個小世界的中心。山頂爲帝釋天所居，山腰爲四天王所居。四周有七山八海、四大部洲。

③ 成壞之相：即成住壞空，佛教語。謂世界變化的四個階段，即四大劫：成劫，産生時期；住劫，存在時期；壞劫，毁壞時期；空劫，空無時期。見《俱舍論》卷十二。

④ 遊：本卷目録作“游”。

牖下有書數帙，立恭探得《列子》，余得《白虎通》，皆欲取而難於言。叟識其意，曰："老夫無用也。"各懷之而出，還坐石上，指顧童子摘芋葉爲盤載肉，立恭舉匏壺注酒。傳觴數行，立恭賦七言近體一本無"七言近體"四字詩一章，余和之。酒半，有騎而過者，余故人武昌左護衛李千户也，駭而笑，不下馬徑馳去。須臾，具盛饌及一道士偕來。道士岳州人劉氏，遂共酌。道士出《太乙真人圖》求詩，余賦五言古體一本無"五言古體"四字一章，書之。立恭不作，但酌酒飲道士不已，道士不能勝，降跪一作跽謝過，衆皆大笑。李出琵琶彈數曲，立恭折竹，竅而吹之一本無"而"字，作洞簫聲。隱溪歌費無隱《蘇武漫》[1]，道士起舞蹁躚，兩童子拍手跳躍隨其後。已而，道士復揖立恭，曰："奈何不與道士詩？"立恭援筆書數絶句，語益奇。遂復酌，余與立恭飲多一作少皆醉。起，緣澗觀魚，大者三四寸，小者如指。余糁餅餌投之，翕然聚，已而往來相忘也。立恭戲以小石擲之，輒盡散，不復來一作出。因共嘅歎"海鷗之事[2]"，各賦七言絶詩一首。道士出茶一餅，衆析而嚼之，餘半餅，遣童子遺余兩人。已而夕陽距西峰僅丈許，隱溪呼余還，曰："樂其無已乎？"遂與李及道士别。李以卒從二騎送立恭及余，時恐晚不能入城，渡澗折北而西，取捷徑望草埠門[3]以歸。道中隱溪指道旁岡麓顧余曰："是吾所營樂邱處也。"又指道旁桃花謂余曰："明年看花時索我於此。"既歸，立恭曰："是遊宜有記。"屬未暇也。是冬隱溪卒，余哭之。明年，與立恭豫約詣墓下。及期，余病，不果行。未幾，余歸廬陵，過立恭宿别，始命筆追記之。未畢，立恭起一作取讀痛哭，余亦泣下，遂罷。然念蔣氏父子交好之厚具在，武昌山水之遊屢矣，而樂無加乎此，故勉而終及之，手録一通遺立恭。嗚呼！人生聚散無常，異時或相望千里之外，一展讀

① 《蘇武漫》：當爲《蘇武慢》，詞牌名。
② 海鷗之事：事見《列子·黄帝》："海上之人有好漚鳥者，每旦之海上，從漚鳥游，漚鳥之至者百住而不止。其父曰：'吾聞漚鳥皆從汝游，汝取來，吾玩之。'明日之海上，漚鳥舞而不下也。"
③ 草埠門：武昌城西北部的城門。

此文，存没離合之感，其能已於中耶？既遊之明年八月戊子記《遊名山小記》自“道中隱溪”至“戊子記”止，均刪。　《東里集》

明張維樞字□□①，晉江人。

黃鶴樓記②

臬司署後有山屹峙，名曰蛇山。署中疊石兩層，躡級而登，堂廡爽曠，可供觴詠。由堂背振衣再陟，見漢水如帶，宮邸如雲，烟火數萬家如星羅，是爲攬勝亭。由亭左折，道觀頗壯麗，監司及諸僚佐藉祝釐焉，是爲武當行宮。西行睥睨間，則漢沔之雄堞，鸚鵡之汀洲，晴川、龜山之羅拱，儼如列眉。高表巃嵸，重簷翼舒，可睹雲物而考謠俗，是爲黃鶴樓。由樓下行數十武，廳榭枕江，有崔左司“白雲”詩與唐、宋、元及我朝諸公之題詠碑記在。再行數武，空亭八面，類清涼界。循亭遞進百餘步，廟祀純陽仙人，鱗甍碧瓦，香烟不斷。崖畔老棗數株，枯槎古榦，當是千餘年物。郭美命宗伯③歌行有“安得纍纍撲滿地，飽食江城百萬家”之句，是爲樓東之仙棗亭。樓凡幾更，始重修於劉、汪兩公，伯玉中丞之樓碑可考也。乙卯仲秋，余逐隊監試之役，甫撤棘圍，陪劉左丞陶宇、王右丞柱明、馬學憲荆陽，邀高大參啟唐爲鶴樓遊。是日天高氣清，凉風薄體，相與開窗四望，覺煙波淡澄，虹霞點綴，若繡若碧，若紫若朱，幽草晚花，虧蔽石壁。漁舟釣艇，晚泊水涯。而七澤三湘、夏門大別諸勝，似束於鄂漢間，爲玆樓所壓而扼其吭。馬公把余臂曰：“攬勝亭利内觀，仙棗、清涼二亭利外觀。若乃内外無礙，可披襟而當快

① 底本爲空格，占兩字。

② 黃鶴樓記：本文与《故宮珍本叢刊》本同。相較《四庫全書》收録的清黃宗羲編《明文海》三百六十二卷張維樞《黃鶴樓游記》，本文有多處刪節。

③ 郭美命：明郭正域字美命，江夏人，萬曆癸未進士，官至禮部侍郎。謚文毅。宗伯：官名。周代六卿之一。掌宗廟祭祀等事，即後世禮部之職。因亦稱禮部尚書爲大宗伯或宗伯，禮部侍郎爲少宗伯。

哉之雄風也，則斯樓爲最。”王公又向劉、高二公曰：“攬勝亭山頂，父老相傳爲僞漢疑冢，往其遺種尚有向空遥拜者。予惟天下之平久矣，當皇祖以六師下僞漢，定楚宫闕地，胙昭王出鎮，且斯樓與晴川樓夾搆漢沔，豈無遠意？夫固謂鄂重地，非有重岡外障，所恃沔爲輔耳。今楚宫無恙，鼎器幾歃，漢水嚙城，晴川就圮，果昔日分王而外戍沔之意乎？矧皇祖不治①疑冢而搜勦其種類，此恩與祝網何異？今日四民所以得耕讀魚釣，游嘯斯樓，而吾黨亦獲乘此清暇登高臨水，當雄風之遠來也，非祖宗寬大之澤而休養涵煦之久且深，甯及此？”劉公曰：“‘先憂後樂’，乃范希文岳陽樓語也。吾黨交志焉，其可乎？”遂書爲《游黄鶴樓記》。《明文海》

明汪道昆字伯玉，歙縣人。嘉靖丁未進士，官至兵部左侍郎。著有《太函集》。

黄鶴樓記

故劉中丞入楚，楚父老請治黄鶴樓。中丞曰：“嘻！明詔加惠元元，始得及於休息。楚病矣，慭何敢議遊觀？”父老曰：“不然，古者省方觀民，必有以也。以明天時，則觀雲物；以保地利，則觀山川；以察人和，則觀謡俗。執政者慎諸此，其孰能廢之？故君子遊焉，小人休焉；君子觀焉，小人比焉。父老望公久矣。”中丞曰：“嘻！楚方不歲甯，詎輕用吾民？顧今近屬不共，詔從吏訊，荆蠻負固，師老無功。善從政者以時行，父老姑待我。”明年，遼庶人②當不道廢勿王，有司夷故宫，其材可當大役。頃之，乘木浮沅湘而下，皆川衡上材，長十仞有奇，足任主器。津吏以告，轉而致之工師。又明年，荆師獻捷，父老更進曰：“楚故有京觀③以表武功，彼封戮餘④以爲名，無不祥大矣。乃今野無暴骨，一舉而

① 治：當爲“沼”。文中作動詞用，指挖爲水池，引申爲滅，義同“沼吴”。
② 遼庶人：宗室遼王憲節。明穆宗隆慶二年，因僭侈不法被廢爲庶人。
③ 京觀：古代戰争中，勝者爲了炫耀武功，收集敵人屍首，封土而成的高冢。
④ 戮餘：謂幸免於刑戮的罪人。

俘叛人，罷材官①，弛疆事，功之上也。請以樓易觀，父老率諸子弟請畢受功。”中丞曰：“嘻！以宗廟社稷之靈，師出而獲戎首，慤幸得免於席藁，疇敢自功？是役也，力詘舉嬴，毋勤父老。”於是方伯、監司若分部相與計曰：材物既具，所不足者，非百工與諸大夫任之。悉發刑徒以佐將作，工舉矣。既得，請計日而畢工。徐大夫中行氏入鄖以中丞之命來告：“楚有勿亟之役，賴諸大夫、國人贊之成。明公儼然在邦域之中，請紀成事。”不佞拜大夫之辱，避席終辭，中丞得代。踰年，不佞自鄖來徙，諸大夫立石宇下，請從中丞平生之言，譬則甘棠。其人往矣，其言在耳，不佞甯忍負之？楚爲南國陝區②，首被文德，嗣是伯者代起，厥有雄風。文物聲明③，猶可概見。盤游則章華、高唐、蘭臺、石室，辭令則左史倚相、觀射父、屈原、宋玉、唐勒、景差學士，至今誦之，煌煌乎烈矣。黄鶴由酤者顯載在稗官，考文則不典④於先民，程度則不登於舊物。顧千載而下，惟此巋然獨存，揆諸地宜，其得勢然也。彼其該七澤三湘，揭夏門，當大别，視碣石之表東海，不然乎哉！乃若扼吭江漢之間，非師武臣力不守。登樓坐嘯，倜儻奇偉之士在焉。將固廢之，必有興也。由斯而論，其世污隆可得而言。自熊繹受封，歷世滋大，迄於問鼎，其張可知。齊侯執言服江黄以賓楚，即方城、漢水，誰能去兵？其後封疆之臣守在什二，雖陳樽俎，不廢戈矛，此用武之區，彼一時也。皇祖以六師下楚，胙壯王填之。爰及世宗，楚居首善。當世三公、四輔，遞登楚材。文治脩明，韃橐不用。執政若諸大夫、諸父老，幸而及此時也，不亦恬愉乎哉！樓制故庳，不足以稱明德，天意與之更始，而藉手於中丞。徙木呈材，人力宜不及此。先事之不墜，非後事者之資乎？顧不佞受成，無能布德意以周境内，乃今歲有水溢，藪有逋逃，民有流亡，

---

① 材官：武卒或供差遣的低級武職。罷材官，文中指征戰結束，士兵回營。

② 陝區：幽深隱秘或機要的地方。

③ 聲明：原謂聲音與光彩，後以喻聲教文明。

④ 典：標準，法則或可以作爲標準的書籍。

士有失職。於天爲僭時，於地爲侵紀，於人爲干和，重爲諸父老之憂。咎在不佞，諸大夫幸而在事，其無棄不佞，而朝夕修之，力此三者，以保有終，無爲故中丞之辱。是役也，由前則諸大夫成之，由後則諸大夫保之，豈惟諸父老之休？不佞幸矣。本集

明李東陽字賓之，茶陵人。天順甲申進士，歷官吏部尚書、華蓋殿大學士，謚文正。著有《懷麓堂集》。

楚觀樓記

武昌譙樓在楚王府後、布政司前數十武鵠山之上。宋元以來故址尚在，負陰面陽，得地之勝。國朝洪武初既建，以藩議弗協，未久而廢，歷百餘年莫有復者。弘治己未，布政使徐公源、朱公瓚謂鐘鼓無節則無以警眾出令，得請於今王，圖復其舊，規制甚偉。及徐公擢去，今布政韓公鎬踵而成之，撫按諸君咸主其議，知府某君率以下董其役。越三年，辛酉某月而畢。鐘鼓既設，厥聲孔昭，陰晴早暮之候，出入作息之節，若令於一人，會於一庭。憑闌而眺，南則武昌諸山左右環列，藩府雄峙，廛闠分布；北則大江西來，沃野長袤，殿庭宫宇，隱約於遥空遠漢間。韓公乃名其樓曰“楚觀”。落成而燕客，有在座者舉觴而問曰：“樓之作，凡爲鼓設也。軍法以金鼓爲耳，旌旗爲目，彼鐘與鼓者，皆耳之事也，而以觀名，無乃弗類乎？”公曰：“古之樓以譙名者，取‘嶕嶢’之義，以其高也。後乃寘鐘鼓以爲警備，然其爲制則非特尚耳，而目之義存焉。蓋耳目所在，必虚空洞徹，四達不蔽，而後能發。使凡卑湫隘之區，阨塞掩蔽之處，則雖鏗鍧鏜鞳，日相尋而不絶，其有聞焉者寡矣。唐虞所謂‘明目、達聰’，二者蓋不可以偏廢，故自漢京置鼓於樓，以備警盜。齊之李崇、宋之張希顔，皆以善政載在國史。唐之李磎、韋慶復爲樓著記，詞場文苑亦侈言之。今夫連山大江，曠野邃谷，禽魚草樹，風雲月露，百凡之形狀，不出几席而得之目睫，固荆楚之大觀。聲之發於此者，必能超塵壒而去煙霄，凡有耳者皆得之，以爲提撕震厲之地。蓋一舉而

二義歸焉。若任耳而棄目，非吾輩之所爲計也。”客乃頷之而去。退而詢諸湖人，皆稱韓公爲政，勤外而精内，博觀而廣聽，蓋欲振一方之治，以紓九重南顧之憂，因指斯樓而謂曰：“此其一事。”余舊與韓公同朝，方喜其父兄宗族之福，因憶曩時經過而未有見者，壯公所爲，記所由，始寓而歸之。本集

明郭正域字美命，江夏人。萬厤十一年進士，選庶吉士，授編修，擢禮部右侍郎，掌翰林院，卒贈禮部尚書。天啟初奉遺詔，加贈太子少保，謚文毅。著有《皇明典禮志》《武昌江夏府縣志》《十三經補註》。

仙棗亭記

舊志載武昌黄鵠[1]故有棗數株，千餘年不實，一日結實大如瓜。太守以小吏往，竊食之，即日仙去，後人遂亭焉。嗚呼！棗爲小吏出耶？吏以棗仙何耶？棗何物、吏何緣耶？顓頊時，閶河有紫桂成林，其實如棗，食之，後天而老。周穆王時，西王母進陰岐黑棗與甜雪、素蓮、冰桃、碧藕，尹喜共老子西遊，省太真，食玉文之棗[2]，實如瓶。西王母崂嵣山細棗獻漢武，萬年一實，笮之膏，可然燈河中。蘇氏女食無核棗，不食五穀，五十如處女。甯即此棗乎？亭去黄鶴樓僅百餘步。樓下黄鵠磯，人言有吕仙賣桃跡，嶺上之棗即磯前之桃耶？夫鵠之於鶴爲一類，則樓當以磯得名，是黄鶴，黄鵠訛也。而黄鶴故事，或曰王子安，或曰費禕，今人乃盡歸之吕仙。夫鶴樓以崔詩顯，崔開元人，而吕仙以鱗德[3]得道，崔詩有“昔人”之稱。又鵠山下有費禕洞，則跨鶴客爲費禕無疑。而山下又有吕公磯，或曰禹公磯，訛也。今時談仙跡，惟吕公最著，而吕仙石亭創自元人，碑文出宋名望手，載史丞暨禿滿夫人事，甚

---

① 底本“鵠”字下有手書“山”字。
② 玉文之棗：“文”，當作“門”。唐歐陽詢《藝文類聚·真人關令尹喜内傳》：“尹喜共老子西游，省太真王母，共食玉門之棗，其實如瓶。”
③ 鱗德：“鱗”應爲“麟”，麟德爲唐高宗李治年號。

奇。又復有題詩吕字之説，則歸之吕仙，不爲無據。豈江漢之區，山水靈異，而此磯、此樓、此亭、此桃、此棗，真因時爲往來而博弄耶？詎知乘黄鶴而去者，不復乘鶴而來乎？又詎知賣桃者非即種桃者乎？亭廢且百餘年，萬厤戊子，土人復以請於諸司，即故址石亭前重建一亭，凡八楹，周以綺疏。大江自南來，千里而折，憑闌而望，萬瓦皆伏，令人有超八瀛而啖靈苗之想。亭四圍故多老棗，前一株脩鱗古榦，半榮半枯，以爲仙靈所種。嗚呼！甯復有實大如瓜者乎？是皆宇宙神奇事，不可使磨滅也。是爲記。《湖北通志》

國朝熊伯龍字次侯，號鍾陵，漢陽人。順治己丑進士，官至翰林院侍讀學士，著有《熊學士詩文集》。

重建觀音閣記

武昌府治之西爲黄鵠磯，其上有觀音閣，在劉宋有國時爲頭陀寺，郢州刺史蔡興宗所創立，以居沙門慧宗者。屢興屢廢，以逮明初，敕更爲“觀音萬壽講寺”。蓋千有餘歲，禪誦勝地也。不幸而燬於崇禎癸未之兵，頽垣斷礎，瓦礫叢積，二十餘年矣。康熙甲辰，予適在籍，過其地，有閣巋然，莊嚴清閟，人忘其燬，實我大参艾石宋公發願修復，無所佽助，成以不日，爲之歎息，留連不忍去。公聞予之樂斯舉也，因屬之書其事。予嘗謂天下事有可廢而不可廢者。名花珍樹何關於居室？而無之則不足以美園囿之觀；梵宫寶地何關於立國？而無之則不足以表山川之勝。二莊兩明之後，列刹相望，盛衰不一。其盛也，未嘗不乘乎寬博有餘之氣；而其衰也，亦未嘗不預爲擾擾急迫之徵。是以唐初洪福經像，致有瑞氣徘徊之異，而其後燬寺四千六百，招提、蘭若四萬，其時勢何敢望貞觀？豈必勝幡不振乃爲有道之世哉？公下車敷化，風動雷行，郵傳鹽筴，咄嗟可了。即大役大災，各有司存人可秦越視者，亦必矯首奮袂，措拄調劑，務期有濟於物而後止。民之德公，固不啻救湯鑊於幽途，息劍輪於苦海矣。乃以其餘力，恢宏象教，首新斯刹。因洪水之横流，寓救荒於興葺。薙草開林，因仍笏地，則無掘山穿穴損命之傷；一錢斗粟，斥自皮囊，則無殫府虛幣費人之虐。人之稱斯役也，何譏焉？且夫天不弔楚，始亂後治。民生其間，感時歎物，如羈人旅客，牢愁而無所告。將有如張魏公①所云“欲愛貪忿，是謂無明。展轉交攻，激爲鬪亂”者，識者有隱憂焉。而斯刹湧樓飛殿於都會之間，據崇巖，睨通壑，鐸鈴夜語，鼓魚更答，則又必有頓悟浮生，回心歸善，蔭法雲而火宅②晨涼，瞻慧日而重昏夜曉者矣。其愈於空山窮谷架大屋，養閒漢，如古德③之所呵者，不萬萬乎？或者曰：“蕭梁廣崇佛寺，達摩以爲有漏④小果，公自有其大者，此曷足爲公書？”嗟乎！今之居官者，考課所載，飭城垣，興學宫，其名可謂美矣。一抔⑤之土，三版之牆，猶必按賞格以赴公家之急。公特以顧瞻廢墜，人天憯悽，一念悲憫，舉嬴於絀，是誠無所爲而爲之者。天下之吉祥善事，使得公等數十輩，無所爲而爲之，生民之福，邦家之慶，其可量乎？然則自今以往，世道日乘乎寬博有餘之氣，而吏治無復以擾攘急迫爲憂，未必不於此一事卜之也，是尚不足爲公書也哉！公名某，山東膠州人，與予同舉己丑進士。閣成，遷山西按察使以去，楚人如有所失焉。本集

國朝顧景星見卷五。

東山小隱記

江夏黄鵠山在會城中，東西亙數里，起伏蟺蜿，俗稱蛇山。其中峯岧嶤，曰“高觀”。高觀在黄鵠磯東，故又名東山。而磯西出於江，有黄鶴樓，世傳仙人吕巖橘瀋畫鶴事，引崔司勳詩爲據。司勳開元先輩，而

---

① 張魏公：指南宋大將張浚。所引句出自張浚《藏記》。
② 法雲：佛法如雲，能覆蓋一切。火宅：佛教語。多用以比喻充滿衆苦的塵世。
③ 古德：佛教徒對年高有道的高僧的尊稱。
④ 有漏：佛教語。指世間一切有煩惱的事物。漏，或譯爲煩惱。
⑤ 抔：底本誤作“坏”。

吕渭之孫巖，會昌中舉進士不第，司勳詩不應指吕。唐《圖經》乘鶴者費文偉，梁任昉《記》本謂荀叔偉，舉不足辨。獨是山雄峙，爲會城之望，必有名流鉅公與山相資不朽，而世俗譌傳，山靈不受也。康熙庚申，石城徐子星登覽此山，隮磴而上，身漸高，則隔江羣峯隨肩領踊出。北見漢沔入於江，南顧太湖匯於内。目極二三百里，顧而樂之。是時榛莽拄塞，鼯貍之所窟宅，茅茨十數，落落亂石密篠間。於是鬻地於民，薙荆劚壤，因其窿埤，相勢疏鑿，覜擧[①]既開，楝礎斯立，初寘竹屋數椽，名“有竹園”。次第度築，漸以袤廣。壬戌，丁太夫人艱，退而讀《禮》於此。其中有堂四：曰“此山”、曰“桂實”、曰“梅雪”、曰“翠微”。有臺二：曰“雪臺”、曰“高觀”，其高與峯齊，向皆垟土、頑石，疏之，得巖壁數丈，擁臺如屏。有樓三：曰“即山”，爲寢息之地，高者曰“半峯”，小者曰“鵠巢”，其藩屏於右者曰“西爽”。有閣四：曰“止山”、曰“□[②]江”、曰“吸江”、曰“空香”。有亭三：曰“舫”、曰“秋”、曰“烟半”。有軒三：曰“洗梅”、曰“語石”、曰“花影”。其又因樹爲屋，曰“樹屋”。公又以匠心爲之閣，或平步而登，不知其下有堂也；磴折幽邃，花樹蒨茂，不知屋内有園也。諸皆南向對江，外八分山，眉開如黛。長江東下，練曳百里，金口黄軍浦可指而示也。鸚鵡洲爲雉堞所蔽，惟見裙腰緑草。黄鶴樓遠在其右，矗僅如髻。黄龍寺在左，凭欄俯視，碧瓦朱甍，如小李將軍[③]金碧畫，鼓鐘梵響與空香閣相答。其後高嶺，多雜木怪石，風雨空濛，輒欲入雲。前爲楚藩宫城廢址，四面各距數千武，自昭王建國，歷莊、憲、康、靖、端、愍、恭八王，而止於王華煃。今居民莫敢屋。無他樹，四時草色長青，以此隔截譙樓、宫觀、閭井、廬舍，望之皆遠在里許外，故憑眺最幽，此其大略也。總名爲“東山小

---

① 覜擧：草木叢生的樣子。

② 底本爲一空圍。

③ 小李將軍：指唐山水畫家右武衛大將軍李思訓之子昭道。父子二人開唐代“金碧山水畫派”。

隱”，而公自爲記。讀記則如游壺[1]中。僕以甲子冬攜兒昌來寓秋亭，飽風雪之觀，有《秋亭唱和集》。乙丑夏，復攜昌、時二子館於空香閣，與翠微堂相接，堂與閣前皆有臺。是時秋水方上，江身漸高，風帆上下，兩岸皆覩。公日以詩相挑，每清宵坐月，繩床各據，漏下三鼓，視城中燈火盡滅，天河奕奕近人。公口占筆授，亦都爲一集。按宋陸游《入蜀記》云“黄鵠山一名石城山”，而公鍾英石城，海内稱“石城先生”，此山名適合。山舊有元規樓、奇章臺，今莫能問。豈非往蹟留傳之久，必以其人爲重哉？張子石虹有《東山小隱賦》，而僕爲之補《記》，且述黄鵠所由名，用告後之志斯地者，毋踵神仙悠謬之訛，而以山資公，以公傳山，山靈斯受矣。康熙乙丑孟秋廿有五日。本集

國朝朱珪字石君，號南崖，晚號盤陀老人，大興人。乾隆戊辰進士，歷官太子太傅、體仁閣大學士，謚文正。著有《知足齋集》。

費公祠記碑[2]

天上之神仙，天下之忠臣孝子也。蓋其仁智純一之德，配乎浩然剛大之氣，彌綸乎古今，而與天地爲體，故超萬化而不敝也。《易》曰：“原始反終，故知死生之説。”子曰：“未知生，焉知死？”忠孝者，始受命於天，而人之所以爲生者也，盡其所以爲生，則其死也，亦如是之肫肫浩浩而已。漢大將軍録尚書事成鄉侯領益州刺史開府費公諱禕，字文偉，江夏鄳音盲。《漢書・地理志》：“鄳縣屬江夏。”人。鄳，今之羅山也。按《蜀志》：“公少與董允齊名而優於允，初事後主爲黄門侍郎。丞相亮南征還，命公同載，以異之。使吴，見器於孫權。還遷侍中，亮所謂‘良實，志慮忠純’者也。後爲亮司馬，解魏延、楊儀之争。代蔣琬爲尚書令，

---

① 壺：傳説中的仙山方壺。

② 記碑：本卷目録作“碑記”。

每省讀書記，目暫視已究其意旨，終亦不忘。朝晡聽事[①]，其間接納賓客，盡人之歡而事不廢。及假節禦魏軍於興勢，與來敏圍棊，從容退賊。當國之日，家無蓄財，諸子布素。卒爲魏降人郭循所害。初，姜維欲大舉，公嘗裁制之，曰：‘不如保國治民，敬守社稷。’及維黷旅，遂至於亡。”於戲！公之忠貞，同符孔明，而其賫志厭世，比烈於關張。其生也，聰明純實而不渝；其逝也，貫金石、光日月而不朽。宜乎世傳公之驂鶴登仙，臨故鄉而延佇也。乾隆丁亥，珪司臬於武昌，中秋之月感異兆，有神人自稱公姓名，哦“笛聲鶴翼”之句，珪心詫之，閲《通志》云：“黄鶴樓，唐閻伯瑾作《記》，以費文偉事爲信然。”《述異記》：“乃荀叔偉，誤爲文偉也。”珪考梁任昉《述異記》：“荀瓌字叔偉，嘗憩江夏黄鶴樓上，有駕鶴之賓降自霄漢，鶴止户側，仙者就席，賓主歡對，已而辭去。”又考閻《記》，作於唐代宗永泰元年，引《圖經》云：“費禕登仙，常駕黄鶴憩此，遂以名樓。”事列神仙之傳，迹存述異之志，又云“仙踪可揖，嘉叔偉之芳塵”。珪乃喟然曰：“唐閻公豈不讀《述異記》者？且明引費公事於前，而嘉叔偉之揖仙踪，而疑其誤耶？”閻之意，蓋以《述異》所載遇仙者荀叔偉，其所遇之仙則費文偉也。後儒讀書，心滯輒生疑惑，夫何足怪？況此樓踞城郭之巨麗，俯江漢之交流，大别紀神禹之績，長蛇掉翼軫之精，真靈往來，呼吸上縡[②]，子安跨鵠於神磯，純陽横笛於仙棗，而斤斤致疑於公，何坐井之見也！公自蜀漢延熙十六年癸酉春上升，迄今乾隆丁亥，蓋千五百一十五年。而肸蠁昭融[③]、赫濯森列如此，此其神光浩氣爲何如哉！故謹爲位於磯之三面亭，以奉德馨而妥神馭焉。又爲歌以侑神而誌之石，歌曰：天門閶兮憧憧，驂玄露兮星宫。霞冠兮虹裾，雩[④]吾遊兮九區。酌大江兮浣白月，抱赤龍兮彈

① 朝晡：朝時（辰時、上午七點至九點）至晡時（申時、下午三點至五點）。
② 縡：古通“載”，事情。
③ 肸蠁：傳播。
④ 雩：光耀閃爍的樣子。

狂猘。江漢兮滔滔，蜀之山兮嶕嶤。火井[①]竭兮尚塗生蒿，睨故鄉兮泬漻[②]。左子安兮右吕，過叔偉兮暫語。俯高樓兮視萬蟻，憐蜉蝣兮楚楚。桂椒兮苾芬，般其來兮卿雲[③]。千秋兮萬春，教忠孝兮福下民。《湖北通志》

國朝陳本立江夏副貢。

黄鶴樓名勝記

黄鵠山名石城山，長竟里，高十尋有奇。東連高冠，綿亙郡城。先是，圭土爲城者置此山闤闠中。首瞰大江，頭陀寺顯蔽之。又黄鶴樓適扼其吭，登覽者心目易饜，而兹山真面益以不傳。爲綜其名勝，其自北盤道而登，有亭翼然於城上者，望江亭也，即古十盤亭。亭左爲寶相塔，甃巨石爲之，下廣上鋭，週以石楯，元威順王太子墓也。更上即黄鶴樓，樓上高百尺，八窗洞達者三層。嵌空玲瓏，勝甲三楚。樓之東爲亭者二，一擱筆亭，初名太白堂，重簷複道，公私燕遊之所。右曲石壁稍峻，中爲孔道，不署名，人多指爲石鏡亭云。再上爲斗姥閣，即古南樓也，黄山谷詩“鄂州南樓天下無”即此。以上皆西向。白雲樓右長廊屈曲，“西爽”石刻在焉。殘碑斷碣，附列者多，難卒讀。“湧月”兩大字臥苔蘚中，頗饒霸氣。其左有仄徑，紆而下，奇石佳樹夾道垂陰。歷百武得平廠地，黄冠自爲静室，曰留雲閣。石磵清泉，别開生面。其南道院麗山者，右曰四皇殿，費禕洞在焉。尋之不可得，壓於殿址也。由四皇殿左尋道直上，丹磴連雲，躋其巔，盤曲相引，不敢俯視。歷數折，達仙棗亭，亭凡三，其中獨高者，即山脊石辟加椽瓦焉。牖户欄楯皆鑿石爲之，製極古。倚亭四顧，滿目江山。東望漕園，亭臺滅没，武當宫意其舊址。

---

① 火井：産可燃天然氣的井。古代多用以煮鹽。

② 泬漻：亦作“泬寥”，清朗空曠的樣子。

③ 卿雲：即慶雲。一種彩雲，古人視爲祥瑞。

其隸觀察署者，爲振衣亭，爲陳友諒墓，歷歷可指數。又東爲郡學宮，廟廊芹藻[①]，巍焕馨香。兹山靈秀所鍾，如或見之。亭西楯以朱欄者，仙棗樹也。古色不青，洵千百年物。又西下爲萬壽亭，亭中列豐碑二，則蠲楚賦上諭也。古十間亭在仙棗亭西，此正當其處。亭右即白雲樓址。右諸亭俱南向。仙棗亭後爲一覽亭，亭久廢，其址大可恣眺望。由此隆隆特起者，皆山脊也。其上爲廣永亭，爲奇章亭，惜不傳其跡，獨夏口郢城遺跡猶有存者。至楚觀樓，則與高冠共之矣。山陰諸勝曰方朔讀書臺、曰磨厓方丈[②]、曰静春臺，民家皆籠而有之。好事者載酒尋之，每悠一見，余幸一登臨静春臺焉。山椒壓雲亭，至正間建，舊傳爲頭陀寺頂院。度其地，當在仙桃跡左側，仙桃跡巨石嶙峋，高若堵牆。下即黄鵠磯，大士閣踞其首，高出城闉，洪濤盪胸，景益奇。兹山之勝如此，乃以逼近市廛，不獲獨顯其奇，而仙客騷人又皆怵心鏤骨，日與司勳、供奉，争長角技，競爲黄鶴樓導揚盛美，而概置其他勝事。嗚呼！豈其絳、灌不可以伍韓、彭[③]，亦兹山之幸猶不幸也夫！《江夏志》

國朝官文字秀峰，滿洲正白旂人。累官荆州將軍、湖廣總督、文華殿大學士，年七十餘卒，謚文恭。著有《敦教堂詩鈔》。

鄂省益陽胡文忠[④]祠碑記

時同治二年九月

皇帝嗣服之初，我楚師征皖告捷，而湖北巡撫益陽胡公遽薨於位。上聞震悼，諭賜祭葬，予謚文忠，入祀賢良祠，暨湖北及本籍立專祠以祀之。明詔既下，吏民具欣。城西北隅黄鵠磯舊有黄鶴樓，今燬，樓後

① 芹藻：泛指學宫裏的學士。此處指學宫。
② 磨：應爲“摩”。
③ 絳、灌：漢絳侯周勃與潁陰侯灌嬰的并稱。韓、彭：漢代名將淮陰侯韓信與建成侯彭越的并稱。均佐漢高祖定天下，建功封侯，但結局却完全不同。
④ 底本“忠”字後漏一“公”字。

址尤宏敞，面臨大江，横視千里，水萃帆楫，陸豐稼苗，江兩岸廛屋隆夸，貨貝充牣，邦之人相與言曰，凡今日所安樂而居之者，皆公與予所戮力而得之者也。夫予何敢望公？而公之嘉惠斯民者自不可没。今奉天子命祠公於斯，公其式憑於斯，永鎮於斯乎！祠既成，思所以紀公績，示民不忘，而屬記於予。予謂是地也，詎徒彰公之休，其將以卜我國家中興之盛乎！夫是固江漢合流之地也，嘗考周室中興，實在宣王之世，而其義莫備於《江漢》一詩，其詩曰："江漢浮浮，武夫滔滔。江漢湯湯，武夫洸洸。"解者曰："浮浮，眾强貌。滔滔，循流而下貌。洸洸，武貌。"蓋江漢爲水，有朝宗之義。宇宙眾水，惟江漢合流，益見其盛大。而王師之盛如之，遂以順流東下，而成鋪截之功。今我王師之丕揚威烈，實肇始江漢之區。方予之奉命兼督兩湖，而公來開府鄂中也。予戰江北，公戰江南。賴聖謨神武，將帥用命，賊遂骙瞿奔觸，環鄂境千里，曠然一清。當是時，楚師之盛，則所謂"浮浮""湯湯"者也；其順流東下，則所謂"滔滔""洸洸"者也。天之示人也，恆以其地，通天苞[①]而於河，吐地符而於洛，申天討、彰國威而於江漢。天意若曰：吾縱賊使東，俾稔惡十年，所以厚其毒而降之罰，而當賊燄方張，特聚眾賢武，同心戮力，鏖戰於江漢之間，以奪彼負嵎而成勝勢，則所以默喻諸臣與召虎[②]匹休，以翊成皇上中興之運者也。今自皖以北，淮潁之間，我楚師方厲兵相向矣。此淮夷之地也，《詩》不有云乎"匪安匪舒，淮夷來鋪"？由是而埽穴金陵，奄有吴會。則南海之地也，《詩》不有云乎"于疆于理，至于南海"？東征既蕆，移杓轉旆，秦蜀兗豫，以次殲渠。則四方之績也，《詩》不有云乎"經營四方，告成於王"？夫如是而膚功丕奏，恩宣威鬯，慴華震夷。斯億萬年之休也，《詩》不有云乎"虎拜稽首，天子萬年"？凡《詩》所云，皆公之志也。事具載碑陰協揆[③]曾公

① 天苞：謂河圖。

② 召虎：周宣王時名臣，宣王曾命召虎領兵出征，平定淮夷。

③ 協揆：清代對協辦大學士的稱呼，意謂協助百揆（指大學士）管理政務。

疏，因即是而爲之記。

國朝唐訓方字義渠，常甯人。道光庚子舉人，累官湖北武昌道，督糧道，藩、臬兩司，安徽巡撫。

黄鵠山斗姥閣禹碑記

衡山禹碑始見稱於《湘中記》，云“按省玉字，通水理也”，《吴越春秋》亦同，但未有刻碑之文。至唐崔融乃有“螺書扁刻”之語，而劉禹錫、韓愈始云“有銘有碑”，則此石唐人蓋有見之者。而拓本始於宋嘉定中，模刻夔門，亦在是時。其釋文則始於楊慎、沈鎰，從此盛傳。凡七十七字，大抵依據真書形象，約略成詞。未明六書，未知古韻，適可誚訕而已。神禹去倉頡後數百年，其時文字雖奇古，亦必有偏旁形勢無疑。《堯典》諸篇未聞繙釋，知其時文與商周鐘鼎款識及《説文解字》古籀文相同，明矣。不幸爲楊、沈妄釋，使後人盡嗤此碑之僞。今觀雲密峯真石，在縣崖之半，倒壓欲落，作僞者未能艱險爲無益如此，且造字時亦安能不依古文而詭作雄瑋，以冀俗賞，開指摘之門乎？訓方居衡山之旁，少嘗深思，頗釋出數字，因取拓本日夜觀之，搜考古籍，徵其由來，諦觀意勢，乃是《抱朴子》所傳《五岳真形圖》，然後恍然於古人所云“玉牒玉字，案以治水”者。蓋上古符篆之祕，果非文字，而刻石紀功之誣，尤不足辨矣。河出圖，洛出書，山開靈書珍符以佐神聖，豈可以陋詞釋之乎？近年貴州永甯紅巖山於雨後日夕，山石隱起，有文示見，神奇不成字法，即其證也。至此石拓本翻刻者，天下有十數處，此是雲密峯原石，秀峰節相①師出以相示，屬爲鉤補泐處，因取舊藏嶽麓刻石拓本鉤出，字體差小，形象不譌。既鉤畢，又證以昔聞，跋於後方，其釋文本不足録，以流傳既久，亦書於下，以備鑒正焉。同治三年八月謹記。

① 節相：古代節度使、使相的簡稱。清代時下屬以此尊稱封疆大吏。

國朝丁守存字心齋，山東日照人。道光辛卯舉人，乙未進士。户部主事，歷員外郎中，軍機章京。同治三年任湖北督糧道十載。著有《曠視山房詩文集》。

重建武昌黄鶴樓碑記

同治八年，歲在己巳，季春之月，湖廣總督、一等肅毅伯、協辦大學士合肥李公，湖北巡撫侯官郭公，以武昌重建黄鶴樓勝蹟，大工蕆事，命守存爲文以記之。自維謭陋，懼弗克勝，然自道光己酉，洎咸豐辛亥，曾以典文闈、襄戎幕，兩使粤西道此，屢經登眺。今兵燹之後，遺址重新，躬逢兹勝，義不敢辭，因述其顛末，拜手以獻。文曰：自古名勝之區，廢興遞嬗。考之荆楚，銅鞮[①]章華，遐哉邈矣。梁隋以降，直省廣造浮屠，侈陳金碧，役夫縻帑，動以百十萬計，識者譏之。蓋將窮耳目之欲，逞土木之觀，舉非其時，於義無取。武昌黄鶴樓始建何人？志乘所載，言人人殊。而山踞龜蛇，淵臨鸚鵡，巍然矗立，自唐代名流著之吟詠，千餘年迭有沿革，而兹樓不廢。及我朝規制屢新，天題炳焕。嘉慶癸酉，增修式廓，又垂五十年矣。咸豐壬子，粤逆鴟張，圍星沙，犯岳陽，脅數萬眾，掠大小艨艟，蔽江直下。欃槍所至，烈焰灰飛，數年之間，鄂城三陷，武漢輻輳之地，淪爲榛蕪。至咸豐丙辰，兹樓遂付一炬。越九載，上元紀甲，金陵大憝埽平，宫太保、果威伯、大學士滿州官公秉節是邦，與前藩司唐訓方暗禮胡文忠公祠宇，念累年櫛沐勤勞，相與共圖恢復者，文忠之力居多，今雖百廢漸舉，而兹樓柱礎空存，宏規未起，惻然感之，因謀之巡撫，今升工部尚書長沙鄭公，及司道守令唐際盛盛康、鍾謙鈞恩榮等，募金重建。一時倡捐廉俸者，督撫司道以下，均樂於從事。宫少保、前兵部侍郎衡陽彭公，前署廣西巡撫湘陰郭公，記名提督劉維楨、姜玉順、藍斯明，副都統喜昌，入貲最鉅。督標中協副將鳳昌復廣募各營，集有成數。爰遴幹員耑之巴蜀、衡湘，採購大木。四川監生劉恩波，因是積勞，没於涂。殆既集事，而逆匪餘燼復

① 銅鞮：指襄陽。

煽，擾黄德諸郡，江北戒嚴，宫少保、威毅伯、巡撫湘鄉曾公治兵於外，官相國亦旋奉内召入直閣事。刑部侍郎、今升刑部尚書山陰譚公，江蘇巡撫、今調浙江巡撫合肥李公，攝督篆未久，亦弗暇及。越今天子御極之七年戊辰，爵相李公既於六年冬間殲任、賴①各逆於濰淄淮海之交，復於是年夏間平張逆②於幽薊燕齊之境，海宇肅清，人民復業，雨暘時若，年穀順成。攝督篆巡撫郭公、護巡撫布政使香山何公相與顧而咨曰："事以經始爲難，功以及時爲亟，迺者積重資、選良材，既殫數歲之力，而令千餘年勝蹟至今闕然耶?"於是李公、郭公咸輸白金千兩，護巡撫何公與署藩司王文韶、署臬司鄭蘭及各司道重捐廉俸。以武昌守黄昌輔董其事，而以候補通判湯世鏞、從九品符秉忠等駐局監理。涓吉於九月初八日定磉，十月十二日上梁。設牲牢楮帛，焚祝於舊址左側，搆架縣梯，摩雲森立，按製就小式，覈其尺寸，斧者左，鋸者右，匠石千餘人，般倕畢集，邪許③争呼。越次年六月，大工成。是役也，計縻捐銀三萬餘兩。樸之斲之，丹之雘之，鳥革翬飛，與雲日相輝映。而總督爵相李公已於正月持節莅止，暇率僚屬拾級而登，見夫大别西横，晴川對峙，廣漢控三巴之峽，横江艤萬櫂之舟；俯而瞰焉，則煙火萬家，鱗次如畫，雉堞參差，岡陵起伏，熙來攘往者，蟻聚蜂屯，燕支、鳳凰諸峯環列左右。猗與中興之景運，非諸公翊贊之勳，何由鉅制重新，以覩斯樓之成也？樓凡三層，計高七丈二尺，加銅頂九尺，共成九九之數。柱周六七尺以上者四十八楹爲地基，周徑長二十丈有奇，寬八丈有奇，樓八面，各寬四丈五尺。上供吕祖像，仍其舊也。餘材重建太白堂、一覽亭、湧月臺、留雲閣、白龍池等處，以復故跡。夫神仙杳茫之事，傳聞異詞，固無從確考，即堪輿家風水、時日、孤虛之説，亦儒者所不屑道。特以鎖鑰三湘，綱維九派，以斯樓雄峙其間，其足以開拓心胸，發皇耳目者，

① 任、賴：捻軍首領任柱、賴文光。

② 張逆：捻軍首領張宗禹。

③ 邪許：勞動時衆人一齊用力所發出的號子聲。

即規模之巍焕，想川嶽之懷柔。我國家億萬年有道之長，蓋將與海寓蒼生登春臺而遊熙皡，不徒白雲黄鶴供騷人吟客之嘯詠已也。爰爲記，以泐之石。

國朝劉國香字堯丞，沔陽人。咸豐辛酉拔貢，候選訓導。

重建黄鶴樓記

皇帝御極之四年，粤逆盪平，金陵克復，大江東南郡縣以次肅清，百廢俱脩。時楚重建黄鶴樓，議者謂鯨鯢雖翦，瘡痍未復，不可以無益遊觀耗大司農，其勿建便。當事者曰："不然，黄鶴樓者，楚之望也。肇始孫吴鄽氏，載之齊梁二書，相沿勝蹟。駕鶴之賓，或費，或荀，或王子安，總之不離神人者。近是，'崔顥上頭''白雲晴川'奄有千古，粤人一炬，販夫牧竪皆知痛惜。宜建一。大江自蜀來，經巴陵洞庭九水入，至大别漢水入西南，濫觴諸源，馳波跳沫，畢萃於兹，以注諸海。重以鎮之，天吴[①]八尾，馬銜[②]一角，與夫木支祁[③]之屬，皆跧伏於龜山足，而全楚得以安瀾，慶也。宜建二。樓臨黄鵠磯，歲舉貙貗之禮[④]，水師舴艋，戈袍組練，都試在焉。曼衍魚龍，頃刻萬變，飛目直下，可以察方員，窮奇正。宜建三。迤西則萬商之淵，鹽艖、銅船、漕艘之所湊泊，帆檣山立，虧蔽江面。夾岸著籍户無數萬，奸宄鴟義其中，桴鼓一聞，麗譙百里，秋毫無遯。宜建四。近又外夷通市，英、咈、佛郎[⑤]火輪船，由上海直走上江，舌人[⑥]華言與鳥語相亂，其他琉球、日南，終王受吏，

---

① 天吴：水神名。

② 馬銜：海神名。

③ 木支祁：即無支祁。古代傳説中淮水水怪名。

④ 貙貗之禮：即貙劉之禮。《正字通》："按貙、劉字别義同。"《後漢書·禮儀志》："貙劉之禮，祠先虞。"又《後漢書·禮儀志》："武官肄兵，習戰陣之儀、斬牲之禮，名曰貙劉。"文中引申爲閲兵，訓練水軍。

⑤ 英、咈、佛郎：英國、法國、葡萄牙。

⑥ 舌人：古代的翻譯官。

琛象來庭，絡繹不絶，固云柔懷，亦資威遠。樓龍蟠虎踞，芒寒色正，上燭翼際。宜建五。夫妥神人，鎮靈怪，習戎，詰暴，威遠，五者具備，何惜錢刀爲?”爰鳩工匠，料木石，自下而上，高十八丈，一如乾隆紀元大學士史文靖督楚更製之舊。閲若干月樓成，於是舉觴落之。畫熊繡豸、曳簪影纓者咸在，曰：斯樓之成，楚北幸甚。雖然，竊有説以樓成爲非幸耶？樓未重建之先，殘礫斷礎，蕭然狼籍，令人齎咨涕洟於其間。求可以妥神人、鎮靈怪、習戎、詰暴、威遠者，不可得也，以樓成爲可幸耶？前此之樓，非不能妥神人、鎮靈怪、習戎、詰暴、威遠也。一旦不能有，乃惟是殘礫斷礎、蕭然狼籍，令人齎咨涕洟於其間而已矣。然則無樓而有樓，楚之幸；有樓而常保無失，尤楚之幸。且不惟楚金鐵不鳴，韃櫜允洽，飛甍流丹，長此終古，雖天下利賴焉。噫！豈非予與諸君子守土之責哉！因銘以自儆曰：五城十二①，上賓靈圉。仙人好樓，爰居爰處。巨鼇涌負，層阜之巔。俛瞰齊州，九點蒼煙。朝宗東赴，龕赭海門。萬里鈐束，互爲之根。江山第一，風月不老。秋澹春晴，雨奇晴好。古來天塹，此限南北。赫聲濯靈，設險守國。嘻嘻出出，火炎昆岡。千年黄鶴，一劫紅羊。不有廢也，其何以脩？凡百君子，職思其由。烽燧既平，江漢既清，式是南邦，防意如城。

國朝畢沅字湘蘅，號秋帆，鎮洋人。乾隆庚辰進士第一。官至湖廣總督，加太子少保。著有《靈巖山人詩集》。

黄鶴樓銘 并序

江出峽，東至於巴邱，沅湘二水入焉。又東至於夏口，漢水入焉。於是西自岷山，西南自牂牁②，南自桂嶺，西北自嶓冢③，五水所經，半天下皆匯於是，以注於海。而江夏黄鵠山當其衝，江環其三

① 五城：神仙的居所。十二：形容數量多。

② 牂牁：古代郡名，在今貴州、雲南地區。

③ 嶓冢：山名。在今甘肅省天水與禮縣之間。古人誤以爲是漢水上源。

面，再折而後東，故地形稱險焉。縣因山爲城，山之西有磯，起於江中，石立如植。激水逆行恆數里，於形爲尤險。其上爲樓，咸取於山以爲名，始自孫吴鄺氏，著之齊梁二書，並載其蹟。於後，樓之興廢，史莫能紀。乾隆元年，大學士史文靖總督湖廣，乃更其制，自山以上直立十有八丈，其形正方，四望如一，高壯閎麗，稱其山川，歷年六十，堅密如新。其下則水師蒙衝在焉，歲以十月都試，吴戈犀甲，蔽川燿日。江以西，商旅百貨之所湊，道路晝夜行不休，著籍户八百萬，公私舟楫列檣成林。南北二郊，原隰沃衍，禾黍彌望，無高山深林之蔽，桴鼓一鳴，上下百里，若示諸掌，姦宄無所匿其跡。惟江夏自宋立郢州以來，代爲重鎮。國家疆理天下，慎固封守，常以尚書、侍郎鎮撫其地，及司道之所治，百城冠蓋，四至趨風，驛路劇驂①，輶軒之使，不日則月重，西南際海，屬國以百數，終王受吏，累譯來庭，往反上都，皆道於此。守土之吏，率會於兹樓，以飲食之禮親其僚友，不降階序，而民風穡事胥可知也。洎夫王臣咨諏，每懷靡及，舌人體委，懷柔遠人，治官莅民，禮賓詰戎，邦之大事，於是乎咸在。外以設險，内以經國，地勢然也。其有逐臣覊客，登高作賦，感物造端，可興可怨，丹邱②羽人，雲水③栖遊，徜徉乎其地，均足以發抒文采，增成故實。沅始釋褐，文靖以元老在朝，先後序同歲，爲衣冠盛事。蒙恩敭歴④，兹繼其武，既欣践於勝地，且感遺構，乃爲銘曰：

海有神山，河惟底柱。巨靈爰闢，列仙攸處。樂哉斯邱，層城之巔。上標崇觀，下俯大川。柱天不傾，障江欲迴。山增比岳，水激成雷。都會是程，蠻荆斯控。光映鳥帑⑤，勢吞雲夢。四野底平，八窗洞屬。登若馮虚，望惟極目。朱衣行水，毛人墮城。夢有先兆，神或不經。大别

① 劇驂：七面相通的大道。
② 丹邱：傳説中神仙所居之地。
③ 雲水：指僧道。僧道雲遊四方，如行雲流水，故稱。
④ 敭歴：即揚歷。指仕宦經歷。
⑤ 鳥帑：軫星。爲南方朱鳥七宿之末。帑，通“孥”。

西踞，樊口東趨。神禹明德，黄武伯圖。川逝無停，人往不作。我紀兹遊，思同民樂。《楚實·述學》

國朝①趙淯見前。

壽字跋

有士大夫政和甲午歲游巖，見五華洞石壁上有“壽”字，體法不凡，人莫能識，乃以千錢募工人得紙本以歸，因刻石以傳世。新定趙使君茂嘉，復模於郡齋。淯偶得之，不敢藏於家，刊諸東巖石上，期與好事者共之。慶元乙卯歲中秋日，河陽趙淯謹跋。《湖北通志》

國朝吴省欽字冲之，號白華，南匯人。乾隆乙卯，召試博學鴻詞，賜内閣中書。癸未進士，官至左都御史，前湖北提督學政。著有《吴白華前後集》。

書黄鶴樓壁

鵠、鶴皆水鳥，鵠高翔善步，故一名天鵝，鵝白而微暈黄，故黄曰“鵝黄”，鵠之黄，猶鵝之黄云耳。鶴由白而蒼而玄，顧《本草》言有黄者，陸璣《詩疏》遂云“黄鶴”。古人常言之“鵠”，即“鶴”音之轉。後人以鶴名頗著，謂鶴之外别有所謂鵠，故《埤雅》既釋“鶴”又釋“鵠”。漢昭時，黄鵠下太液池而歌，名黄鶴。方以智②云：“鵠、鶴，聲之轉。”《詩》“從子於鵠”，音鶴，叶③皓。“淯于旡獻鵠於楚”，舊注“即鶴”。《後漢·吴良傳》贊“大儀鵠髪”，注“即鶴髪”。曹植《表》“實懷鵠立企佇之心”，鵠立即鶴立。《法書要録》“鶴頭書”一作“鵠頭

---

① 國朝：當爲“宋”。

② 方以智：方以智（1611—1671），字密之，號曼公，又號鹿起，别號龍眠愚者，反清失敗出家，改名大智，字無可，别號弘智，人稱藥地和尚。南直隸桐城縣（今安徽省桐城市）人。著名哲學家、科學家。

③ 叶：通“協”。和洽，相合。如叶律、叶韵。

書”。嵇康賦“千里別鶴”，音鵠，與曲叶。又《别鶴操》“雄鵠雌鵠”。《庚桑楚》篇“伏鵠”，古鶴字。今武昌黄鶴樓下曰黄鵠磯，此確證也。嘗考“鶴”“鵠”不特音轉，文亦易譌。如《論衡》“貴鵠賤鶏”，《養生論》“龜鵠壽千百之數”，《瑞應圖》“王者知音樂之節，則玄鵠至”，以及張協言“露鵠”，何遜言“夜鵠”，李賀言“瘦鵠”，餘若“别鵠”“孤鵠”“野鵠”“獨鵠”，鵠無非鶴者。江夏黄鵠山一名黄鶴山，山臨江有磯，曰黄鵠磯，磯上黄鶴樓。《元和郡志》所云“城西南角，因磯爲樓，名黄鶴樓”者也。黄鵠遊江海，淹大沼，與鶴殊族，後之人若以鶴勝於鵠，而音與文又復相近，侈仙跡者，遂有“黄鶴”之名。任昉《記》：“荀瓌憩黄鶴樓，望西南有駕鶴者降，賓主歡對，辭去，跨鶴騰空，渺然烟滅。”唐《圖經》：“費禕登仙，嘗駕黄鶴返，憩於此，遂以名樓。”其事雖不足辨，然蕭梁時已有“黄鶴樓”之名。荀瓌於樓上遇駕鶴之仙，非瓌即能仙去，作《圖經》者又以荀字叔偉，而移之費禕。費戕自降奴，豈遽兵解？今樓旁有費祠，樓上有吕巖攜笛跨鶴象，盧生倚枕卧其旁，以邯鄲吕翁當吕巖，以巖當駕鶴之仙，又其甚者。類家①於江夏縣黄鶴山，謂宋戴顒隱憩於此，林澗甚美。是蓋以京口②之黄鵠山，一名黄鶴山，其下有鶴林寺者，誤以爲即江夏之山，而漫無識别也。《易》《詩》《春秋左氏傳》言“鶴”不言“鵠”，《禮》言“鵠”不言“鶴”，《漢書》“黄鵠下太液池作黄鵠歌”，未嘗云“黄鶴歌”，有黄鵠，無有黄鶴，人所易知者。庾子山《賦》：“落帆黄鶴之浦，藏舟鸚鵡之洲”，亦不察黄鶴之爲黄鵠耳。予以《本草》《埤雅》分釋“鶴”“鵠”，自非一物。兩黄鵠山皆轉爲黄鶴山，費禕、荀叔偉、吕巖、吕翁多涉附會。伏睹御題“江漢仙踪”扁字，渾融函蓋，無所不包，論而列之，以諗世之登斯樓者。《白華前稿》

國朝吴省欽見前。

---

① 類家：指同行。文中指《元和郡縣志》《述異記》《圖經》等作者。

② 京口：古城名。在今江蘇鎮江。

書黄鵠磯觀音寺壁

鵠有二，小者鴻鵠，設以命射；其一即天鵝，與鴻並齒。古人行文，“鵠”與“鶴”往往通用。江夏黄鵠磯，其上枕黄鶴樓，樓在城巔，對城外之觀音寺，舊爲南齊頭陀寺，王簡栖文其碑。簡栖之名，《文選注》作“巾”，《説文通釋》作“屮”，《困學記聞》作“屮”。“屮”讀作“徹”，象艸木初生枝莖之形。《黄公説字》：“巾，閒居服。”故名簡栖，似不當從“屮”。因思升菴“於音、於義從屮，於文從𠂇”，“𠂇”即古“左”字，《簡兮》詩“左手執籥”，其名與字或取此。《宣和譜》① 陸簡之《書頭陀寺碑》，《湖廣志》亦失載。故既題其楹，復考“鵠”“鶴”，“巾”“屮”“𠂇”之異同，而著之於壁。《白華前稿》

黄鵠山志卷六終　江夏錢桂林校字

① 《宣和譜》：即《宣和書譜》，記載宋徽宗時内府所藏名家法帖。

黄鵠山志卷七目録

① “高觀山”詩在第 154 頁。

② “高觀山”詩在第 154—155 頁。

③ “馮廷櫆”以下至“李樹瀛”與正文排列順序兩兩相錯，現依正文改。

桑調元一首

石鈞一首

葉廷芳一首

張九鉞一首

田慶年一首

張開霽一首

黄文琛一首

李樹瀛一首

黄鶴樓

唐十人　宋十二人　元八人[1]

賈島一首

王維一首

崔顥一首

李白五首

顧況一首

白居易一首

杜牧一首

李羣玉一首

羅隱一首

盧郢一首

張詠一首

蘇軾一首

蘇轍一首

范成大一首

王十朋一首

陸游一首

---

① 實七人。

① “馮子振”以下至“釋大圭”與正文排列順序兩兩相錯，現依正文改。

黄鵠山志卷七

永康胡鳳丹月樵編纂

藝文 古今體詩

唐沈如筠句容人，橫陽主簿。見《全唐詩》。

望黄鶴山張君 《全唐詩》作《寄張徵古》

寂歷遠山意，微杳半空碧。綠蘿無冬春，彩煙一作雲照一作竟朝夕。張子海内奇，久一作耐爲巖廊一作中客。聖君多一作當，又作勞夢想，安得老松石？《江夏志》

國朝顧景星見卷五①。

鵠山望桃柳

春城過雨柳齊芽，弱綠參差俯萬家。半醉沿山鏗屐齒，愛從斜日看桃花。

桃花深處暖雲浮，隔樹紅妝倚翠樓。正是瀟湘春色好，明朝欲買洞庭舟。本集

國朝沈棋字雲友，自號石帆山樵。本浙江會稽人，後占籍爲善化人。著有《兼山堂詩鈔》。

---

① 五：底本誤爲“六”。

秋夜登黄鵠山頂

崇巖秀中圍，清氣滿籬落。夜月揚秋光，馳情在邱壑。寒花媚幽石，疏林帶高閣。迢遞上蘭皐，瀟灑憩蘅薄。其下煙雲生，須臾羃寥廓。江漢已潛形，安問城與郭？惟覺此山孤，青天蓋四幕。願拍仙人肩，相呼騎黄鶴。本集

國朝張開霽字曉峯，永綏人。道光辛卯舉人，由安陸知縣官至湖北候補道。著有《石莊詩集》。

和王夢崧觀察①《登黄鵠山》追次吴荷屋先生韻

城邊空自憶高樓，劫火三經②我尚留。崔顥至今傳大句，武昌從古擅雄州。雁初飛過天無際，鶴不歸來仙亦愁。南向岳陽舒望眼，白雲横處去帆收。

西北風高首重回，秋清會見亂塵開。能銷滿地兵戈氣，要得超羣戰伐才。興到揮毫聊作賦，酒酣拔劍不知哀。與君試上峯頭立，看取晴霞散綺來。本集

國朝劉應霖字小峯，襄陽人。

讌黄鵠山麓

鍾菊潭學博③招同人讌黄鵠山麓，出《鴻泥留爪圖》索題，作此酬之。

黄鵠磯頭客，翩然騎鶴來。江城五月暮，共聽笛中梅。屐想南樓莅，樽從北海開。武昌秋月滿，長憶謫仙才。

---

① 觀察：清代對道員的俗稱。道員，省以下、府以上一級的官員。主管範圍有按地區分者如濟東道，有按職務分者如鹽法道。

② 劫火三經：太平軍先後三次屠城。

③ 學博：官學之教授，或稱州縣學之教官。

百戰文壇傑，如今六十强。諸公皆衮衮，此老故堂堂。名在儒林傳，經傳弟子行。奉觴還一笑，故態未嫌狂。

我家襄水曲，君住沔江邊。拙宦徇微禄，歸耕憶薄田。閒耽山水趣，願結笠簑緣。何日辭官版？追思一惘然。

雲夢浩秋煙，清貧守一氊。浮蹤千里合，流水廿年前。飲酒慚陶令，稱詩對鄭虔。知音今幸遇，羞澀伯牙絃。《同聲詩鈔》

國朝萬裕鵬字翔雲，黄岡人。道光癸卯舉人，興國州學正。

前　題

黄鶴樓頭江月明，月中一一鶴飛聲。八年五聽梅花落，千載難逢桃實生。況有文章傳弟子，何須富貴到公卿？武昌城畔青青柳，半是當時手種成。同上

國朝張杲見卷五①。

晚歸迂道訪黄鵠山

秋從西郊來，欲尋杳無跡。徙倚望眾山，睠言在疇昔。斷雲倚殘照，清泉隱危石。倦鳥暝不歸，林壑黯將夕。流光誓不返，景物各變易。幽草日已黄，虚嵐日已碧。我思素心人，相閒在咫尺。月明照蘿徑，懷抱各有適。本集

暮登黄鵠山

空山已薄暮，悵望夕陽西。寺遠磬聲寂，峯高人影低。石花環古磴，松子落長蹊。指點深林裏，真爲隱者棲。同上

① 五：底本誤爲“六”。

國朝譚溥字仲牧，號荔仙，湘潭人。客游楚、粤閒。著有《四照堂詩集》。

登鵠山弔常文節公①大湻

古堞四面秋風寒，鴉羣逐陣盤雲還。浩劫茫茫滿塵土，白日黯淡埋空山。破瓦堆中鬼燐碧，熱血影裏斜陽殷。戰場慘裂悲風大，撫景徘徊一長嘅。晴川波浪冷雄藩，漢陽沙草餘凋瘵。此日湖天殺運收，陰飈旋雨來荒邱。可憐白骨縱横地，中有將軍哭斷頭。本集

國朝王熙緗字夢崧，澤州人。道光己酉拔貢，官湖北補用道。著有《夢崧詩草》。

登黄鶴山次吴荷屋中丞韻

亂餘莫問古時樓，黄鵠危磯跡總留。景擅漢陽川上閣，地雄雲夢澤南州。仙蹤杳杳人難訊，秋水茫茫客正愁。鴻雁不來勞北望，中原何日戰塵收？

新秋暑退又涼回，江上青山面面開。訪古空懷三國事，題詩曾費幾人才？淘殘今古濤猶壯，話到滄桑劫更哀。不用臨風吹玉笛，白雲依舊我頻來。本集

國朝顧景星見卷五②。

---

① 常文節公：常大湻（1792—1853），字蘭陔、正夫，號南陔，清朝總督。咸豐二年（1852）六月，任湖北巡撫，十二月，太平軍石達開率李開芳、林鳳祥、李秀成、陳玉成、唐正才等數萬將士圍攻武昌，常大湻僅得守城正規軍千餘人。次年一月十二日，文昌門被太平軍大炮擊毁，武昌城破，太平軍屠城，常大湻與妻子劉氏、兒子常集松、兒媳馬氏、孫女常淑英等舉家自殺殉國。詔贈總督，謚文節。

② 五：底本誤爲“六”。

高觀山再看桃花次韻

舊時山下賣桃翁，曾見山桃幾度紅。鹿苑當年園寢地，兔葵今日楚王宫。正宜細雨門深閉，不是看花客莫通。惆悵郊原春色賤，小開攀折惱村童。本集

國朝程之楨字維周，江夏人。咸豐辛亥舉人，同治元年大挑知縣，以母老改補黄岡教諭，卒於官。著有《維周詩鈔》。

薄暮踏月登高觀山

薄暮陟層巘，煙中樹陰直。羣鴉歸茂叢，林燈出虚壁。初見白玉盤，絢此丹桂色。素彩流長天，清光照四極。瘴癘一以消，魍魎何由匿？騎鶴仙之人，廣寒永今夕。裊裊仙風來，金粟落横笛。本集

國朝張杲見卷五。

偕詩愚登高觀山即景懷古

高山如横枕，大江如環帶。此境良獨奇，俛仰乾坤大。涼風吹人衣，蕭蕭動天籟。歸鳥喜有託，歡鳴雜清瀨。落日下扶桑，浮雲倚華蓋。人居矮屋中，我來青天外。

西山峙黄鵠，碧嶺何崔巍。野叟扶杖出，言採西山薇。往哲亦已渺楊清端公祠在山下，仙蹤長與違世傳黄鵠山仙所居，上下千百載，誰爲揚清徽？我欲問青天，雲霞長紛飛。浩歌懷往昔，徙倚不能歸。

有酒常不飲，不如撤金卮。有山常不登，不如無險巇。人生若輕塵，後事安可知？少小長抑鬱，歡樂無幾時。寥寥空山中，懷古發幽思。世外有浮雲，一笑且置之。本集

高觀夜雨

禪房二十畝，修竹三千竿。高枝向晚風，摇碎新琅玕。蕭蕭復淅淅，夜雨走急湍。天籟發清興，側耳流雲端。同上

劉宋鮑照字明遠，東海人。晁公武《讀書志》作上黨人。“照”或作“昭”，蓋唐人避武后諱所改。照爲臨川王子頊參軍，没於亂兵，遺文零落。著有《鮑參軍集》。

登黄鶴磯

木落江渡寒，雁還一作横風送秋。臨流斷商絃，瞰川悲棹謳。適郢無東轅，還夏有西浮。三崖隱丹磴，九派引滄一作蒼流。淚竹感湘别，弄珠懷漢游[①]。豈伊藥餌泰，得奪旅人憂？本集

宋周弼字伯弜，汶陽人。著有《端平詩雋》。

舟次黄鶴磯

俯爲江山特地來，勢須時暫走塵埃。稍閒便著攜官酒[②]，一酹吴王舊釣臺。本集

國朝馮廷櫆字大木，德州人。康熙壬戌進士，官中書舍人。丁卯典試湖廣，作詩一卷，名曰《晴川集》，王士禎嘗序之。又有《京集》《雪林集》《曹村集》。

黄鵠磯

沔江駭浪流淙淙，夾岸屹立雙芙蓉。黄鵠高峙郡城角，倒插石壁當其衝。上載萬古神仙宅，下榻千尺蛟龍宫。我客江郊百無事，獨著雙屐

---

① 弄珠懷漢游：用漢水女神典。漢游，漢水女神。
② 官酒：官釀官賣的酒。

攜長笻。斜日慘淡山徑黑，窮秋蕭瑟楓林紅。緣巖歷磴到絶頂，危樓突兀臨三重。森然魄動當檻立，参旗①斗柄摇虚空。俯首長江一帶耳，翻疑天塹難爲功。廻身欲倚江閣立，四窗白霧寒濛濛。神仙有無墮荒邈，英雄割據空遺蹤。冠古人才零落盡，感時五嶽排胸中。山雨初來樓角暗，躡級欲下心忡忡。憑高放眼一長望，茫茫八極雲雨風。《國朝别裁集》

國朝張連登字□□②，咸陽人。康熙五十二年官湖北按察使，旋授巡撫。

黄鵠磯觀渡

黄鵠磯頭楓葉凋，江風吹岸草蕭蕭。賈客收帆泊殘皋，鳴榔擊榜聲嘈嘈。廻波四面天週遭，忽爾窮陰作怒號。白浪斜飛百尺高，奔雲捲雪山動摇。流光閃閃滚銀濤，中有小艇浮鴻毛。手打兩槳口歌謡，左顧右盼舟不操。蜻蜓點水波上飄，欲翦不翦如迎潮。翻笑江豚拜浪勞，觀者失色魂盡消，小船已過龜山坳。我欲淩虚奠八鰲，莫教洪水日滔滔。和風甘雨不鳴條，四海安瀾頌聖朝。《江夏志》

國朝金德嘉字會公，廣濟人。康熙壬戌進士，官翰林院檢討。晚年鍵户著書，與同鄉顧景星、張仁熙、劉醕驥追摹秦、漢，宗尚王、李。著有《居業齋文集》《别集》。

黄鵠磯歌呈姚陟山先生

黄鵠磯上鵂鶹呼，鄂王城頭鬼張弧。亂兵欻起撫軍徂③，從容就義葉大夫。街北巷南坐狗屠，長官往往遭拘俘。蒼頭手挽金僕姑④，乞兒

① 参旗：星名。屬畢宿，共九星，在参星西。又名“天旗”“天弓”。
② 底本爲空格，當爲“瀛洲”二字。
③ 撫軍徂：指常大湣巡撫殉國事。
④ 金僕姑：魯之良矢名。指代名箭。

腰懸玉鹿盧[①]。丹書魚腹叢祠狐[②]，亂階實始於僧雛。督學使者披氍毹[③]，踉蹌出走城西隅。家世生長苕霅[④]區，出門咫尺須人扶。一朝短衣竄榛蕪，鷄鳴出郭午未餔。斜陽草店卧泥塗，荆棘刺體無完膚。此身乃脱黄巾汚[⑤]，變故可憐起須臾。狗鼠偷竊依萑苻[⑥]，惜哉中丞幕府麄。徙薪曲突一籌無，坐令閭左倒倉儲。豢養凶人同蝛蝓[⑦]，扁舟汗漫太白湖。邂逅沔陽舊生徒，爇火燎衣水澆趺。坐定屈指算狂徒，三旬藁街[⑧]懸頭顱。亡何將軍果援枹，脅從竄伏渠魁誅。澄清江漢息戎軥，澤宫無恙草花荂。先生就舍省晝厨，紅籤碧軸雨沾濡。白晝[⑨]縱横鼪與鼯，東望故里吴興郛。千尋古松千尺梧，窪樽亭子松雪圖。歸去招尋故人俱，菰城爲園且荷鋤。時清不用談兵符，有暇且泛前溪艫。不然采藥東海娱，金銀宫闕探蓬壺。本集

國朝顧景星見卷六。

黄鵠磯

僦舍宜江檻，移尊對石磯。埠船争客渡，沙燕間人飛。問句傳崔顥，逢仙説李機。不須騎鶴返，城郭已全非。本集

---

① 玉鹿盧：古代長劍劍首的玉飾。代指名劍。

② 丹書魚腹叢祠狐：指陳勝、吴廣在大澤鄉揭竿造反事。

③ 氍毹：一種毛織或毛與其他材料混織的毯子。

④ 苕霅：苕溪、霅溪二水的并稱。在今浙江省湖州市境内。

⑤ 黄巾汚：被太平軍汚辱。黄巾，東漢末年張角所領道的農民起义軍，因頭包黄巾而得名。詩中借代太平軍。

⑥ 萑苻：水澤湖沼名。借代盗賊，草寇。

⑦ 蝛蝓：應爲蛞蝓，蛞蝓能分泌黏液，爲蔬菜、果樹等的害蟲。蝛，底本作“虪”。

⑧ 藁街：漢時街名，在長安城南門内，爲屬國使節館舍所在地，也在此地處死屬國反叛者。

⑨ 晝：底本誤爲“畫”。

國朝桑調元字弢甫，錢唐人。雍正癸丑進士，官工部主事。著有《五嶽集》。

登黄鵠磯和鮑明遠韻

鮮霞絢晨旭，涼颸鳴早秋。榜童學楚舞，估客揚商謳。優游心跡曠，漫浪身世浮。黄鶴絶還影，清川奔逝流。洲溆檥輕棹，樓觀攀舊游。撫此一尊酒，忘彼千歲憂。《恒山集》

國朝石鈞字遠梅，吴縣人。著有《清素堂詩集》。

登黄鵠磯

杖策來登黄鵠磯，渡頭寥落楚人稀。烟暝北渚船初泊，楓冷西江雁又飛。巴僰[①]尚傳潛醜類，檻車終治玩兵機。捷書近報頻乘勝，急向川中共合圍。《蘭言集》

國朝葉廷芳字客堯，號松亭，溧水庠生。其先金陵人，上世客遊漢口，遂家焉。以子繼雯官，封中憲大夫。後以曾孫名琛官大學士，贈光禄大夫。著有《花餘亭詩存》。

仙桃跡在黄鵠磯上

度世仙桃隱薜蘿，行人日日此經過。傳名何必徵虚實？孝子原無慈父多。本集

國朝張九鉞字紫峴，號度西，湘潭人。乾隆庚辰副貢，壬午舉人，官江右廣東知縣，凡六任，卒年八十三。著有《陶園詩集》。

黄鵠磯墖

鵠飛磯斷城尖愁，渺渺浮圖當素秋。白日鈴摇老蛟匿，黑風江抱神

① 巴僰：底本作“巴僰”。古代西南少數民族所居之地，今川南及滇東一帶。這句説太平軍殘餘力量潛伏下來。

燈遊。可憐鄂渚盡爲草，何代楚王餘此邱？惟有樓頭尋李白，一帆相與淩滄洲。《沅湘耆舊集》

國朝田慶年字文祉，本溪州人。世爲容美司宣慰使①。

黄鵠磯頭九日作

萬里秋風九日來，干戈載道此登臺。故園衹在清江畔，不識黄花開未開。同上

國朝張開霽見前。

重陽後一日偕譚力臣同年登黄鵠磯

黄鵠不飛鸚鵡死，東西滔滔大江水。世間那得有仙人，眼前亦復誰名士？磯頭突起新樓閣，勢壓高城炫丹雘。斜陽在樹樹争紅，風來亂葉磯頭落。城高要欵白雲藹，雲飛過江留不住。晴川又厭濁塵侵，飄然直向長空去。甲帳色憑旌旆壯，聲威更借江心浪。何處招尋鵝鸛來？但見羣鴉噪城上。大府昨朝送客回送巴都護之荆州將軍任，秋風正放菊花開。我欲登高一憑眺，馬蹄騰踔紛相催。今與君向上頭坐，指點煙波鷗鳥閒。徘徊狂吟豪飲胡爲哉？安能壓倒當年崔李之奇才？本集

國朝黄文琛字海華，湖北漢陽縣人。道光乙酉舉人，官湖南知府。著有《思貽堂詩集》。

省試後同家兄泛舟黄鵠磯下，對月放歌

江風吹月月徐行，江水洗月月有聲。扁舟翫月兼弄水，微雲捲碧空

---

① 容美司宣慰使：清代時恩施土家族聚居地區有數十個土司分治，其中容美土司實力最强。宣慰使：元朝始設宣撫司，置宣慰使，掌地方軍政、民政，明、清沿襲元制，設此職安撫當地人民。

江明。黄鵠磯下最險絶，飛濤激石秋雪傾。篙師放手鬭矯快，片帆斜度武昌城。江月皎皎在上頭，上有縹緲之飛樓。鱗裳羽蓋腰玉笛，仙人跨鶴時來遊。我羡仙人樂復樂，何時乞與一丸藥。使我换骨生毛羽，飄飖不住塵中脚。蒼梧北海倏往來，飈輪夜駛天門開。琉璃宫闕最高處，法曲親聽紫雲回。本集

國朝李樹瀛字香洲，石首人。廪貢生，興國州訓導。著有《棲雲山房詩鈔》。

曉發黄鵠磯呈畢津溪

山城欲曉寺鐘催，葉葉蒲帆帶雨開。白髮一梳明似雪，洪濤百丈響如雷。空聞楚相求龍意，莫上燕王市駿臺①。萬里長風聊借汝，孤舟相送到蓬萊。本集

唐賈島字閬仙，范陽人。初爲僧，名無本，後返初服。舉進士不第，坐謗責，授長江主簿，終於普州司倉參軍。著有《長江集》。

黄鶴樓

高檻危簷勢若飛，孤雲野水共依依。青山萬古長如舊，黄鶴何年去不歸？岸映西州城半出，烟生南浦樹將微。定知羽客無因見，空使含情對落暉。本集

唐王維字摩詰，河東人。工書畫，與弟縉俱有俊才。開元九年進士擢第，調太樂丞，歷右拾遺、監察御史、左補闕、庫部郎中。天寶末爲給事中，後責授太子中允，遷中庶子、中書舍人，復拜給事中，轉尚書右丞。著有《王右丞集》。

---

① 燕王市駿臺：戰國時郭隗以馬作喻，勸説燕昭王招攬賢士，説古代君王懸賞千金買千里馬，三年後得一死馬，用五百金買下馬骨，於是不到一年，得到三匹千里馬。見《戰國策・燕策一》。

黄鶴樓送康太守

城下滄江水，江邊一作高高黄鶴樓。朱闌將粉堞，江水映悠悠。鐃吹發夏口，使君居上頭。郭門隱楓岸，候吏趨蘆洲。何異臨川郡？還勞一作來，又作逢康樂侯①。本集

唐崔顥汴州人。開元十一年登進士第。有俊才，累官司勳員外郎。天寶十三年卒。著詩一卷，見《全唐詩》。

黄鶴樓

昔人已乘白雲去一作黄鶴去，此一作兹地空餘一作留黄鶴樓。黄鶴一去不復返，白雲千載空悠悠。晴川歷歷漢陽樹一作戍，芳一作春草萋萋一作青青鸚鵡洲。日暮鄉關何處是一作在？烟波江上使人愁。《全唐詩》

唐李白字太白，隴西成紀人，涼武昭王暠九世孫。或曰山東人，或曰蜀人。明皇召見金鑾殿，有詔供奉翰林。著有《太白集》三十卷。

送元公歸鄂渚

桃花春水漲，之子思乘流。峴②首臨江浦，江邊問鶴樓。贈君青竹杖，送爾白蘋洲。應是神仙輩，相期汗漫游。本集

黄鶴樓送孟浩然之廣陵

故人西辭黄鶴樓，煙花三月下揚州。孤帆遠影碧空盡，惟見一作此長江天際流。同上

① 康樂侯：指南朝宋文學家謝靈運。

② 峴：山名。即今湖北襄陽的峴山。

與史郎中欽聽黄鶴樓上吹笛

一爲遷客去長沙，西望長安不見家。黄鶴樓中吹玉笛，江城五月落梅花。同上

黄鶴樓

按：蕭本作“樓”，錢唐王本作“望黄鶴山”。

東望黄鶴山，雄雄半空出。四面生白雲，中峯倚紅日。巖巒行穹跨，峰嶂亦冥密。頗聞列仙人，於此學飛術。一朝向蓬海，千載空石室。金竈生烟埃，玉潭祕清謐。地古遺草木，庭寒老芝术。蹇予羡攀躋，因欲保閑逸。觀奇徧諸嶽，兹嶺不可匹。結心寄青松，永悟客情畢。同上

醉後答丁十八以詩譏予搥碎黄鶴樓作

黄鶴樓高已搥碎，黄鶴仙人無所依。黄鶴上天訴玉帝，卻放黄鶴江南歸。神明太守再雕飾，新圖粉壁還芳菲。一州笑我爲狂客，少年往往來相譏。君平[①]簾下誰家子？云是遼東丁令威[②]。作詩調我驚逸興，白雲繞筆窗前飛。待取明朝酒醒罷，與君爛漫尋春暉。同上

按楊升菴先生云：“李白過武昌，見崔顥《黄鶴樓》詩，歎服，不復作，而賦金陵鳳凰臺。其後，禪僧用此事作一偈曰：‘一拳搥碎黄鶴樓，一脚踢翻鸚鵡洲。眼前有景道不得，崔顥題詩在上頭。’原是借此一事設詞，非太白詩也。流傳之久，信以爲真。宋初有人僞作《太白醉後答丁

---

① 君平：漢高士嚴遵的字。隱居不仕，曾賣卜於成都。

② 丁令威：傳説是漢遼東人，學道於靈虚山，後成仙化鶴歸來，落城門華表柱上。時有少年，舉弓欲射之，鶴乃飛，徘徊空中而言曰：“有鳥有鳥丁令威，去家千年今始歸。城郭如故人民非，何不學仙冢累累。”見晉陶潜《搜神後記》卷一。

十八》詩一首，樂史編《太白遺詩》，遂收入之。”《楊升菴外集》

唐顧況字逋翁，海鹽人。至德二年進士。德宗時官秘書郎，遷著作郎，貶饒州司户參軍。晚年退居茅山，自號華陽真逸。集有《皇甫湜序》三十卷，今存者《華陽集》三卷。

黄鶴樓歌送獨孤助

故人西去黄鶴樓，西江①之水天上流，黄鶴杳杳江悠悠。黄鶴徘徊故人别，離壺一作堂酒盡青絲絶。緑嶼没餘烟，白沙連曉月。本集

唐白居易字樂天，下邽人。貞元中擢進士第。初補校書郎，元和初召爲翰林學士、左拾遺。穆宗初徵爲主客郎中，歷杭、蘇二州刺史。文宗立，遷刑部侍郎，俄移病，除太子賓客，分司東都，拜河南尹。開成初，改太子少傅。會昌初以刑部尚書致仕，卒贈尚書右僕射，謚曰文。自號醉吟先生，亦號香山居士。著有《白氏長慶集》。

赴黄鶴樓盧侍御宴

一作“盧侍御與崔評事爲予於黄鶴樓置宴，宴罷同望”。

江邊黄鶴古時樓，勞一作旁置華筵待我遊。楚思淼茫雲水冷，商聲清脆管絃秋。白花浪濺頭陀寺，紅葉林籠鸚鵡洲。總是平生未行處，醉來堪賞醒一作亦堪愁。本集

唐杜牧字牧之，京兆萬年人。太和二年登進士第，官至中書舍人。著有《樊川集》。

寄牛相公赴黄鶴樓崔侍御宴

漢水横衝蜀浪分，危樓點的拂孤雲。六年仁政謳歌去，柳繞春堤處處聞。本集

---

① 西江：唐人多稱長江中下游爲西江。

唐李羣玉字文山，澧州人。赴舉一上而止，裴休觀察湖南，延致之。大中八年詣闕進詩，授弘文館校書郎。著有《李羣玉集》。

黄鶴樓

江上花樓灝氣閒，滿簾春景見羣山。青嵐緑水將愁去，深入吴雲暝不還。《全唐詩》

唐羅隱字昭諫，餘杭人。本名横，十上不中第，遂更名。累官錢塘令、鎮海軍掌書記、節度判官、鹽鐵發運副使、著作佐郎，奏授司勳郎。後羅紹威推爲叔父，表薦給事中。著有《羅昭諫集》。

黄鶴樓

野雲芳草繞籬邊，勿向東流倚少年。秋色未催榆塞雁，客心先下洞庭船。高歌酒市非狂者，大嚼屠門亦偶然。車馬同歸莫同恨，古人頭白盡林泉。本集

唐盧郢里居、仕履未詳。

黄鶴樓

黄鶴何年去杳冥？高樓千載倚江城。碧雲朝卷四山景，流水夜一作空傳三峽聲。柳暗西州①供寫望，草芳南浦徧離情。登臨一向須回首，看卻鄉心萬感生。《江夏志》

宋張詠字復之，濮州鄄城人。太平興國五年進士，歷樞密直學士，出知益州。真宗初入爲御史中丞，出知杭州，再知益州，進禮部尚書。卒謚忠定。自號乖崖。著有《乖崖集》。

---

① 西州：古城名。東晋置爲揚州刺史治所。故址在今江蘇省南京市。

登黄鶴樓

重重軒檻與雲平，一度登臨萬想生。黄鶴信移烟樹老，碧雲魄亂晚風清。何年紫陌紅塵息？終日空江白浪聲。莫道安邦是高致，此身終約在蓬瀛。本集

宋蘇軾字子瞻，眉山人。嘉祐二年進士乙科，對制策，除中書舍人、翰林學士，歷端明殿學士、禮部尚書。紹聖初，坐訕謗，安置惠州，徙昌化。徽宗立，赦還，提舉玉局觀。建中靖國元年卒於常州。高宗朝贈太師，謚文忠。著有《東坡前後集》《和陶集》《應詔集》。

李公擇求黄鶴樓詩，因記舊所聞於馮當世者

黄鶴樓前月滿川，抱關老卒飢不眠。夜聞三人笑語言，羽夜著履響空山。非鬼非人意其仙，石扉三叩聲清圓。洞中鏗鈜落門關，縹緲入石如飛煙。鷄鳴月落風馭還，迎拜稽首願執鞭。汝非其人骨腥羶一作未堅，黄金乞得重莫肩。持歸包裹敝席氈，衣穿茅屋光射天。里閭來觀已變遷，似石非石鉛非鉛。或取而有衆忿一作嚚諠，訟歸有司今幾年？無功暴得喜欲一作莫顛，神人戲汝真可憐。願君爲考然不然，此語可信馮公傳。本集

宋蘇轍字子由，與兄軾同登進士，舉制科。哲宗朝代軾爲翰林學士，累拜尚書右丞，進門下侍郎。自紹聖初至崇甯再被謫貶。晚罷祠居許州，復大中大夫致仕。自號潁濱遺老。卒追復端明殿學士，淳熙中謚文定。著有《欒城前集》《後集》《應詔集》。

賦黄鶴樓贈李公擇

公擇時知鄂州

前年見君河之浦，東風吹河沙如霧。北潭楊柳强知春，樽酒相攜終日語。君家東南風氣清，謫官河壖不稱情。一麾夏口亦何有？高樓黄鶴慰平生。荆江洞庭春浪起，漢沔初來入江水。岸頭南北不相知，惟見風

濤湧天地。巫峽瀟湘萬里船，中流鼓楫四茫然。高城枕山望如帶，華榱照日光流淵。樓上騷人多古意，坐忘朝市無窮事。誰道武昌岸下魚，不如建業城邊水？本集

宋范成大見卷五。

黄鶴樓

誰家玉笛弄中秋？黄鶴飛來識舊游。漢樹有情横北斗，蜀江無語抱南樓。燭天燈火三更市，摇月旌旗萬里舟。卻問鱸鄉垂釣客，武昌魚好便淹留。本集

宋王十朋字龜齡，樂清人。紹興二十七年進士第一。孝宗朝累遷起居舍人、侍御史，改吏部侍郎。歷四郡守，以龍圖閣學士致仕。謚忠文。著有《梅溪集》。

黄鶴樓

雲鎖吕公洞，月明黄鶴樓。抱關非故卒，誰見羽衣游？《宋詩紀事》

宋陸游見卷五。

黄鶴樓

手把仙人緑玉枝，吾行忽及早秋期。蒼龍闕角歸何晚？黄鶴樓中醉不知。江漢交流波渺渺，晉唐遺跡草離離。平生最喜聽長笛，裂石穿雲何處吹？《劍南集》

宋游儀字伯莊，長平之勝士。早游京師，自北方縱覽名山，已而浮洞庭，歸隱武溪之上。

黄鶴樓

長江巨浪拍天浮，城郭相望萬景收。漢水北吞雲夢入，蜀江西帶洞庭流。角聲交送千家月，帆影中分兩岸秋。黄鶴樓高人不見，卻隨鸚鵡過汀洲。《宋詩紀事》

宋**劉鑑**字清叟，號立雪，江西人。少年才氣卓犖，運蹇不第，中更世故，蹙頞悲吟。年踰七十卒。著有《立雪藁》。

登黄鶴樓

西風吹我登黄鶴，白雲半在闌干角。題詩不見舊時人，惟見青山俯城郭。萋萋芳草鸚鵡洲，江水滾滾無時休。歲月俯仰成春秋，古人今人無限愁。本集

宋**張俞**字少愚，益州郫人。屢舉不第，用薦除祕書省校書郎，願以授父顯忠，而自隱於家。文彦博治蜀，爲築室青城山白雲溪以處之，號白雲先生。有《白雲集》。

楚中作

渺渺洞庭野，蕭蕭黄鶴樓。水通雲夢浦，人渡沔陽舟。廣澤侵吴壤，孤城接郢邱。山分三楚[1]斷，溪入九江流。寂寞休兵月，紛紜戰國秋。吴生來赤壁，魏武定荆州。六代憑形勢，羣雄死寇讎。淒涼帝子宅，浩蕩禰衡洲。萬里浮雲暮，千年故國愁。武昌宫不見，麋鹿自羣游。《宋詩紀事》

宋**高似孫**字續古，餘姚人，文虎子。淳熙十一年進士，歷官校書郎，守處州。著有《疏寮小集》。

---

① 三楚：泛指長江中游以南，今湖南、湖北一帶地區。

答武昌吴廣文[1]

平生不識武昌樓，官柳青青好在不？庾亮笛吹黄鶴月，簡棲碑駁碧苔秋。山横赤壁含情斷，水出瞿唐快意流。何處叫君同一醉？並舟秦女擘[2]箜篌。《宋詩紀事》

宋羅與之字與甫，螺川人。著有《雪坡小藁》。

黄鶴樓

翬飛棟宇據城端，車馬塵中得異觀。雙眼莫供淮地濶，一江不盡蜀波寒。老仙横笛月亭午，騷客懷鄉日欲殘。獨撫遺踪增慨慕，徘徊不忍下層欄。本集

宋周弼見前。

晚登黄鶴樓

戚戚登臨地，凄凄欲暮天。相看數株柳，不聽一作盡一聲蟬。山冷雲生絮，江空月上弦。無緣捨塵事，閒對白鷗眠。《端平詩雋》

春暮登黄鶴樓

欲盡殘春酒，登臨事已違。聽殘懷舊笛，添盡禦寒衣。鳥向青山没，人來赤壁稀。最憐城側樹，無可作花飛。同上

---

① 廣文："廣文先生"的簡稱。明、清時對教授、教官的别稱。
② 擘：撥彈琴弦的指法。用拇指抬弦稱擘。引申爲彈奏。

黄鶴樓歌

城上危樓高縹緲，城下澄江復相繞。有時漾影入中流，俯看遊魚仰飛鳥。近樓多少未行舟，滿江落花灑汀洲。人同江狎不怕浪，登樓對酒彈箜篌。大别山頭白雲起，金口渡頭雨如洗。半鉤新月上孤城，還照江樓與江水。晴江依舊瀉潯陽，黄鶴無由歸故鄉。一聲玉笛起何處？燕撲闌干花影長。同上

按：此詩《湖北舊聞録[①]》誤作夏竦詩，今据《端平詩雋》更政。

宋岳珂字肅之，號倦翁，彰德人，霖子。甫十齡，隨父帥廣。開禧初爲鎮江鑲幕庾吏，嘉熙初除户侍總鑲，歷寶謨閣直學士，提舉太平興國宫，以恩封鄴侯。著有《玉楮詩藁》《金陀粹編》。

黄鶴謡寄吴季謙侍郎，時季謙自德安入城，予適以使事在鄂

廬山白鶴歸來雙，縞衣素袂玄爲裳。翅如車輪夜横江，風聲曾走淮淝羌。戛然長鳴下柴桑，芝田[②]啄粒遥相望。何人網羅倏高張？上抶雲漢旁八荒。一隨鵬鶡鶩遠翔，低頭不肯謀稻粱。一罹罝弋沮澤旁，局身笴籠翅摧藏。鸚鵡洲畔葭葦鄉，水雲蒼蒼江茫茫。九皋[③]欲聞聲不揚，回顧鷗鷺羞顔行。忽聞緱笙[④]度宫商，紅塵俯視有底忙？磯頭刷羽今正黄，欲搥此樓呼酒狂。《宋百家詩存》

元陳孚字剛中，台州臨海人。以布衣上《大一統賦》江浙行省，聞於朝，署上蔡書院山長。後朝臣交薦，授翰林院編修官。出使安南還，除翰林待制，調建德路。治中秩

---

① 録：底本誤爲“緑”。
② 芝田：傳説中仙人種靈芝的地方。
③ 九皋：指鶴。
④ 緱笙：仙人的笙。緱，緱山，相傳王子喬於緱山乘鶴成仙。

滿，復請典鄉郡，授台州路。治中卒，謚文惠。著有《玉堂》《交州》《桐江》《柯山》等稿。

登黄鶴樓

黄鶴樓前木葉黄，白雲飛盡岸茫茫。櫓聲摇月歸巫峽，燈影隨潮過漢陽。庾令有塵[1]污汗簡，禰生無土葢文章。闌干空有當年柳，留與行人説武昌。《交州集》

黄鶴樓歌

巢巢乎黄鶴之樓兮，突起乎天之東南。吾不知其幾百尺兮，踞石磴而仰望，眩金碧之耽耽。手捫星漢如可近，但見天飈吹髮寒鬖鬖。瞿唐三峽之波濤，洶涌訇擊而下兮，雷聲怒撼乎江潭。忽繞城以北滙，浄若萬頃之青藍。楚山數點鸞騰蛟躍兮，碧影倒浸乎烟嵐。殘霞似落未落兮，蒲獵獵以風偃，柳裊裊以露含。武昌亭臺一十萬，瓦光参差浮楩楠[2]。下視十二之衢兮，袨服士女，東西行者，藐蠕蠕之吴蠶。黄鶴之仙人，霓歌青瑶簪，御絳旌於列缺倒景兮，偶見我以大笑，欲駐我以征驂。攀東溟之博羅曜[3]，折西極之優缽曇[4]，飲我以葡萄鴨頭[5]之緑酒兮，侑我以洞庭之蒼柑。洞庭帝子鼓軒轅之瑟兮，舞干戚而撞宫函。白也挾赤鯨以旁睨，崔顥怩縮而不敢以談。浩浩乎萬丈之氣兮，長虹横空，夭矯而

① 庾令有塵：南朝宋劉義慶《世説新語·輕詆第二十六》："庾公權重，足傾王公。庾在石頭，王在冶城坐，大風揚塵。王以扇拂塵，曰：'元規塵污人。'"元規，庾亮字。王導惡亮權勢逼人，故發此語。後以"庾公塵"喻權貴的氣焰。

② 楩楠：黄楩木與楠木。皆大木。借指高大的屋宇。

③ 博羅曜：即濯耀羅，指太陽。

④ 優缽曇：梵語。即優曇缽花。

⑤ 鴨頭：鴨頭色緑，形容緑色。

方酣。下蟠黄之輿，上斡玄之堪。安得挽招摇以酌元氣兮，妙太極而函三①？慨彼在晉如焚如惔，陶司馬之狂悖，庾大令之貪惏。鸚鵡之洲何罪而戮？赤壁之磯何功而戡？吾豈若二三子，斲崑崙之璞兮，輕蹈夫太阿之鐔②。飛來兮黄鶴，跨汝從兮彭聃。同上

元馮子振字海粟，攸州人。仕爲承事郎、集賢院待制。自號瀛洲客。著有《海粟集》。

題黄鶴樓詩

鶴樓千尺倚一作俯晴闌，大别山頭舞峻鸞。昨日英雄無問處，依然江漢湧波瀾。本集

元丁鶴年以字行。其先西域人，父職馬禄丁，徙居武昌，因以丁爲氏。省臺交薦，凡九上皆不就。著有《海巢集》。

黄鶴樓

半空金碧何代樓？仙人鶴駕曾一遊。雕檻看雲楚天曉，珠簾捲月湘江秋。樓前雲月長無恙，禰賦崔詩一作禰崔詩賦角清壯。西風忽動庾公塵，仙人仍歸九天上。本集

元劉詵字桂翁，廬陵人。江南行臺屢以遺逸薦，不就。至正十年卒，年八十三。謚文敏。著有《桂隱集》。

和龍麟洲《題黄次翁〈黄鶴樓圖〉》

孫曹百戰何在？大江千載狂瀾。誰倚樓頭呼鶴？秋風落日危闌。《歷

① 函三：謂包含天、地、人三氣。

② 鐔：劍柄末端的突起部分，狀如蕈類，中空，上有孔，吹而有聲。也稱劍首、劍珥、劍鼻。文中借代指劍。

代題畫録》

元余闕字廷心，一字天心。色目，世居武威，以父官合肥，遂家焉。元統元年進士，累官淮南行省左丞，分守安慶。陳友諒陷城，自刎死。贈行省平章，謚忠宣。著有《青陽集》。

黄鶴樓

崔嶤黄鵠嶺，巋巍構楚材。澄江還畫楯，連城抗鉛階。雕衡朱雀峙，淵井緑荷開。隱見長沙渚，想望陽雲臺。晴霄一仰止，輪奂信美哉。淮南儻好道，日夕化人來。本集

元郝經字伯常，其先潞州人，徙澤州之陵川，遂家焉。累薦召赴闕廷，官翰林侍讀學士，充國信大使使宋。卒贈昭文館大學士，資善大夫，謚文忠。著有《郝文忠公集》。

黄鶴樓

江漢天西傾，斷岸蹙寒雪。石城踴高樓，瞰臨勢縣絶。雲夢吞八九，沅湘在眉睫。層軒掩石鏡，更欲壓大别。千帆落山巔，萬檣擁舟楫。中天卷晴嵐，不與人世接。縹緲多飛僊，超摇有遺跡。前缶黄鶴來，重與添顔色。丹梯插青空，萬丈生金碧。聞説吕洞賓，題詩滿新壁。至今起香霧，怪字人不識。仙語龍蛇亂，醉墨江山溼。有時横長笛，吹落漢陽月。洞庭與彭蠡，一聲忽穿徹。我方溷戎馬，對面兵塵隔。焉能載酒上，雲閒覓仙客。當年秃髪翁，幾度唤李白。不見狂處士，亦爲重嗟惜。高賢共長往，矯矯不可得。落日聽江聲，西風冷蕭索。

元釋大圭字恒白，姓廖氏，晉江人。至正閒居泉州之紫雲寺。著有《夢觀集》。

題《黄鶴樓圖》

仙樓縹緲隔蓬萊，黄鶴西飛竟不回。倚遍闌干秋水闊，征帆一葉漢陽來。《歷代題畫録》

黄鵠山志卷七終　男宗廉校字

黄鵠山志卷八目録

---

① 實二首。

鄒迪光一首
郭正域二首
毛一公一首
張鳳翼一首
鄧原岳二首
袁宏道一首
袁中道一首
龔三益一首
萬爆一首
嚴首昇一首
錢澄之四首
蔡道憲一首
江瓘一首
邢昉一首
陶汝鼐一首
陶汝鼒一首
施均一首
國朝四十五人
彭而述一首
劉子壯一首
王孫蔚一首
許虬二首
陳廷敬一首
楊大鯤一首
趙士麟一首
陶之典一首
程封一首
吴綺二首

釋戒顯一首
胡鳴臯一首
禪岱一首
佟世思四首
施世綸一首
潘耒一首
朱彝尊一首
金德嘉一首
張希良一首
顧景星七首
阮玉堂一首
石嵋森一首
陳確一首
易最一首
陳一揆二首
王敔一首
張文炳一首
簡能一首
陳之駓一首
陳大章一首
魏坤一首
李爲霖一首
夏嘉瑞一首
張連登六首
涂天相二首
沈國梓一首
楊紹奇一首
李東白一首

汪文孫一首

張若衡一首

張鵬翀一首

周廷贊一首

朱倫瀚一首

熊賜履一首

劉統勳一首[1]

① 實二首。

黄鵠山志卷八

永康胡鳳丹月樵編纂

藝文 古今體詩

明楊基字孟載，嘉州人。大父仕江左，遂家吴中。洪武初，知滎陽縣，歷山西按察副使。著有《眉菴集》。

雪中登黄鶴樓

黄鶴樓前水平岸，春雪當空水撩亂。東風知我欲登樓，助以瓊瑶作奇觀。昔人黄鶴去不回，我騎白鳳横江來。遥看歷歷漢陽樹，一色盡是梨花開。人間何處最奇絶？百尺闌干滿江雪。氣壓滕王閣下雲，興高庾亮樓中月。瀛洲咫尺非難到，鶴背琪花落烏帽。載酒誰能問謫仙？題詩未必無崔顥。江上一作山得此情一作清無敵，頃刻銀蟾蕩瑶碧。更着仙人紫衣一作綺裘，卧聽吕巖吹鐵笛。本集

雪中再登黄鶴樓

平生不願萬户侯，亦不願識韓荆州。但願武昌連日雪，日日醉登黄鶴樓。樓前絶景冠今古，況有繽紛雪花舞。玉樹參差認漢陽，銀洲浩蕩迷鸚鵡。江頭兒女走欲顛，謂我自是騎鶴仙。白雲飛盡黄鶴去，此景不見三千年。我拍闌干爲招手，世上神仙果何有？桃李非無頃刻花，江湖

亦是逡巡酒①。他日重來五百春，樓前花草一番新。相逢不識純陽子，何用重尋同道人？同上

明管訥字時敏，華亭人。洪武中以秀才任楚府長史。子孫皆仕於楚，今爲楚人。著有《蚓竅集》。

黄鶴樓

黄鶴西飛去不回，青山高棟自崔嵬。當年賣酒人何在？今日題詩客又來。舟繫城邊官柳發，笛吹江上野梅開。白雲只在闌干外，安得乘之徧九垓②？《松風餘韻》

明王偁字孟揚，東阿人。永樂改元，聘至京，待以殊禮，授檢討，充大典副總裁。著有《孟揚集》。

登黄鶴樓

迢迢江上樓，飛構梯層穹。黄鶴何年來？結巢白雲中。仙人整羽蓋，一往無遺踪。瑶笙紫河車③，瀟洒餘天風。至今敞重關，呵守虎豹雄。雕簷敞白日，闌檻標晴虹。我因駐旌節，登攀興何窮。神行萬物表，目送雙飛鴻。依依烟際帆，遠落三湘東。霜清楚天碧，樹盡荆門空。長辭愧禰生，高興懷庾公。落日下樓去，烟水青濛濛。本集

明李東陽見卷六。

寄題黄鶴樓簡秦開府

扁舟我憶江頭泊，曾上高樓訪黄鶴。仙踪恍惚不足論，俯視淵澄仰

---

① 逡巡酒：傳説中神仙釀造的頃刻即成之酒。也稱“頃刻酒”。

② 九垓：中央至八極之地，謂全幅土地。

③ 紫河車：道家稱修煉而成的仙液。色紫，謂服之可長生。

寥廓。石根嵯岈若天鑿，棟宇參差連地絡。斷岸秋横赤壁磯，驚流夜濺觀音閣。衡岳雲開鴻雁峯，洞庭水落魚龍宫。使槎賈舶日來往，其上或與雲漢通。鵠飛已識員方勢，鵬擊似起扶摇風。舊遊髣髴不再到，前日少年今老翁。江東才子中臺[①]彦，萬里乾坤跡應半。碧嵩青岱幾停車，楚水荆山一揮翰。登斯樓也記須成，望美人兮君不見。晝日偏明豸繡[②]衣，炎天不改冰霜面。憑將激濁揚清手，坐使澄江浄如練。歸雲倦鳥亦何心？目送高飛入霄漢。《懷麓堂藁》

明陸淵之字克深，上虞人。成化丙戌進士，官至河南布政使。著有《東臯集》。

黄鶴樓

落日江流帶女牆，飛樓百尺俯蒼茫。筵前卻怪當年事，鸚鵡何緣滯楚鄉？本集

明秦金字國聲，無錫人。弘治癸丑進士，授户部主事，歷郎中，初遷河南提學副使，改右參政。歷山東左右布政使，擢右副都御史。巡撫湖廣，官至禮部尚書，轉工部尚書。卒贈少保，謚端敏。

黄鶴樓次李西涯閣老韻見寄

黄鶴枕江江外泊，樓外横空有孤鶴。萬里乾坤一望中，景象蒼茫胸次廓。古洞崯岈猶鬼鑿，朱簾斜映青絲絡。鸚鵡洲寒月滿臺，漢陽樹暝雲連閣。烟嵐紫溼芙蓉峯，蓬萊飛墮神仙宫。繙書無塵白日静，乘槎有路青霄通。神遊八極匪汗漫，毛骨颯爽淩天風。瀟湘逶迤悲帝子，樊口幽絶留坡翁。題名總見金閨[③]彦，箇中風月平分半。雲鶴誰降絶代詞？龍蛇或出驚人翰。旬宣蹇我來何遲，突兀燕樓駭新見。憂樂常關范老懷，

① 中臺：即尚書省，爲中央執行政務的總機構。
② 豸繡：古時監察、執法官所穿的繡有獬豸圖案的官服。借指監察、執法官。
③ 金閨：指金馬門。亦代指朝廷。

霜鐵甯改趙公面①？天開畫圖真奇哉，失卻丹青披素練。北望君門思渺然，萬古朝宗此江漢。《江夏志》

明唐錦字士綱，上海人。弘治丙辰進士，官至兵科給事中，再督江西學政。卒年八十。著有《龍江夢餘録》。

題黄鶴樓次李西涯少師韻，寄鳳山院長

扁舟鄂渚連宵泊，一尊聊伴樓頭鶴。月光照人如鏡明，水色涵空更澄廓。樓背小亭白石鑿，裂處似有藤蘿絡。欲將勝致付毛生，掌中杯酒且權閣。淩晨歷覽周遭峯，村童野曲鳴商宫。官清萬口詫奇遇，民隱九重偏易通。戰馬千羣卧芳草，山川百二皆春風。瀕江小歉亦偶爾，全活正賴青州翁。中臺大夫南國彦，胸中石渠②有其半。經綸餘滴灑秋風，流水行雲看染翰。名樓秀句兩争雄，千載題詩今再見。憑欄獨把廟堂憂，舉頭懶識江山面。酒酣擕笛傍梅花，吹徹楚雲飛碎練。不須高語驚星辰，聲名久已登霄漢。《松風餘韻》

明顧璘字華玉，號東橋，吴縣人。弘治丙辰進士，由廣平知縣擢南京吏部主事。出爲開封府知府，歷浙江左布政、山西湖廣巡撫，官至刑部尚書。著有《國寶新編》。

按：《明史》作“上元人”。

題黄鶴樓

黄鶴仙人身姓誰？空傳崔顥舊題詩。雲荒赤壁周瑜壘，江繞青山夏禹祠。浮世古今空灑淚，高臺歌舞幾銜卮。天寒月白孤鴻遠，徙倚闌干送目遲。《湖北舊聞録》

---

① 范老：指范仲淹。霜鐵趙公：指宋殿中侍御史趙抃，因不避權貴，人稱鐵面御史。趙抃後任右諫議大夫、資政殿大學士，晚年執越州政務，在越州治績卓著。

② 石渠：即石渠閣，閣名。西漢皇室藏書之處，在長安未央宫殿北。

明王守仁字伯安，號陽明，餘姚人。弘治己未進士，官至兵部尚書，封新建伯。著有《王陽明集》。

夢遊黄鶴樓奉答鳳山院長

扁舟隨地成淹泊，夜向磯頭夢黄鶴。黄鶴之樓高入雲，下臨風雨翔寥廓。長江東來開禹鑿，巫峽天邊一絲絡。春陰水瀾洞庭野，斜日帆收漢陽閣。參差遥見九疑[1]峯，中有巀嶪重華宫[2]。蒼梧雲接黄陵[3]雨，千年尚覺精神通。忽聞孤雁叫湖水，月明鐵笛横天風。丹霞閃映雙玉童，醉擁白髮非仙翁。仙翁呼我金閨彦，爾骨癯然仙已半。胡爲尚局風塵中？不屑刀圭[4]生羽翰。覺來枕簟失煙霞，江上清風人不見。故人仗鉞鎮湖襄，幾歲書來思會面。公餘登眺賦詞葩，醉墨頻勞寫緗練。寫情投報愧瓊瑶，皜皜秋陽濯江漢。《江夏志》

明楊慎字用修，新都人。正德六年賜進士第一，授修撰。嘉靖甲申兩上《議大禮疏》，廷杖，謫戍雲南永昌衛。天啟初，追謚文獻。著有《升菴集》。

登黄鶴樓

江上危樓海内名，登臨不盡古今情。風前估客蒲帆影，夜半仙人玉笛聲。春水雪消巴子國，煙波晴接漢陽城。東南暇日多嘉會，笑指浮雲望太清。本集

明夏言字公謹，貴溪人。正德十三年進士，授行人，擢兵科給事中，官武英殿大學

① 九疑：即九嶷，山名。在湖南寧遠縣南。
② 重華：虞舜的美稱。重華宫，虞舜的宫殿。
③ 黄陵：地名。在湖南省湘陰縣北，濱洞庭湖。傳説舜二妃墓在其上。有黄陵亭、黄陵廟。
④ 刀圭：中藥的量器名。詩中借指能成仙的藥物。

士。卒謚文愍。著有《桂洲集》。

秦鳳山招飲黄鶴樓，次西涯公韻

武昌樓頭畫船泊，城上高樓起黄鶴。銀牓孤懸逼太清，朱甍下瞰臨寥廓。參差石勢傍巖鑿，控帶城闉連井絡。磯下潭深鮫杵鳴，檻前水落漁舠閣。青天飛來鳳凰峯，赤霞掩映仙人宫。煙濤微茫溟海接，雲氣翕忽蓬萊通。四時簾捲楚天雨，萬里帆開巫峽風。仗鉞欣逢鳳山老，題詩共憶西涯翁。春日登臨盡才彦，授簡揮毫酒行半。自慚銜命事奔走，敢爲升堂埽詞翰？白雲黄鶴向來聞，晴川芳洲今始見。天開壯觀自千古，地擁雄都當一面。已看黎庶樂昇平，近喜强兵休訓練。多暇來時又一時，轉見高情屬江漢。本集

登黄鶴樓

黄鶴仙人載鶴飛，白雲樓閣枕漁磯。烟波風日無今古，城郭人民有是非。題詩崔顥不可作，芳洲之樹仍依依。鄉關戎馬堪流涕，獨倚朱欄送落暉。同上

明廖道南字鳴吾，蒲圻人。正德辛巳進士，官至翰林院侍講學士。謫徽州府通判，尋復舊官。著有《楚紀》《詩文集》等編。

黄鶴樓留别許督學伯誠

千仞飛樓淩紫煙，重城閣道入青天。樽前日月低紅樹，檻外星辰拂綺筵。石鏡秋懸黄鶴夢，金沙風起白龍眠。已從北極瞻南斗，更望中臺接上元。《江夏志》

題黄鶴樓小景

黄鶴飛來淩紫烟，漢江春水碧連天。懸知仙子登樓興，多在紅雲帝

座邊。同上

登黄鶴樓寄童太史士疇

有樓崫嵂兮江之陽，檜楣芝榜兮星河光。穹窿頫顠挂飛蜺兮絡天梁，綺疏朱綴兮敞都房，鵠山巃嵸以連蜷兮大别對峙，峌蜺岂巀而環障。江漢沅澧沱潛洞湘走其下兮，風霆怒號而熻張。噫吁嘻，黄鶴來翔兮歲之暮。吾欲高駝而軒翥兮天之路，招禰衡於鸚鵡兮歌桂樹，桂樹枝繚兮蚴蟉，明河燭湍兮牛女綢繆，仙人不來恾侘傺兮恨彌留。噫吁嘻，黄鶴欲去奈爾樓。同上

明王格字汝化，京山人。嘉靖丙戌進士，改庶吉士，出爲分巡河北道按察司僉事。隆慶初，授太僕寺少卿，致仕。著有《少泉集》。

夢登黄鶴樓有作，寤而續成六首之三

武昌城外漢江頭，萬古乾坤萬古流。可笑孫郎魚不食，年年血戰取荆州。

清江泚泚石粼粼，月照當頭幕府賓。誰向胡牀説一作詩興廢？西風塵起卻污人。

鸚鵡洲前草色青，白頭浪裏見揚舲。請看石郭何人骨，夜夜江聲打不醒。《江夏志》

明羅洪先字達夫，吉水人。嘉靖己丑進士第一，官至贊善。隆慶初贈太常寺少卿，謚文恭。著有《冬游記》《羅念菴集》。

望黄鶴樓

黄鶴樓前秋水長，江天北望遠蒼蒼。白雲千載歸何處？此日孤吟自夕陽。蘋蓼已圍新睥睨，汀洲猶見舊艅艎。誰家短笛城頭起？不爲烟波

有故鄉。本集

明王世貞字元美，太倉人。嘉靖二十六年進士，歷官刑部尚書。著有《弇州山人稿》。

登黄鶴樓

縹緲高憑崔氏樓，依微西眺禰生洲。天容孤鶴排空上，水合雙龍抱郡流。一代真成春雪偈，千年誰識歲星愁？老夫聊翫人間世，任遣浮雲黯不收。本集

明張居正字叔大，江陵人。嘉靖丁未進士，官至太師、吏部尚書、中極殿大學士。謚文忠。著有《書經直解》《太嶽集》。

舟泊漢江望黄鶴樓

楓林霜葉浄江煙，錦石遊魚清可憐。賈客帆檣雲裏見，仙人樓閣鏡中懸。九秋槎影横清漢，一笛梅花落遠天。無限滄洲漁父意，夜深高詠獨鳴舷。本集

明徐學謨字叔明，嘉定人。嘉靖庚戌進士，萬厤中爲湖廣左布政使，官至禮部尚書。著有《春明稿》。

將適郢城，飲餞黄鶴樓

兹樓匪往覯，冉冉驚代移。黄鶴戀舊渚，飛甍復参差。予亦縻尺組，歷稔欣來斯。山川曠疇昔，超忽舒襟期。於時及春霽，澄景麗以披。英僚集時彦，芳宴挹華滋。迢迢漢陽郭，隔岸紛旌麾。雲水入夕陰，遲我以驅馳。眷焉蒙惠盼，扳賞未云疲。班馬方蕭蕭，沆漭臨路陂。猥忝旬宣寄，空藉歲月私。悠悠逐物役，未遑詢愶嫠。本集

明吴國倫字明卿，興國人。嘉靖庚戌進士，授中書舍人，擢兵科給事中，遷貴州提

學副使，河南參政。著有《明卿集》。

登黄鶴樓

黄鶴仙人去不回，海濱樓閣迥崔嵬。千帆雨色當窗過，萬里江聲動地來。雲夢天低湘女怨，洞庭葉下楚臣哀。當時玉笛今寥落，獨有梅花照客杯。《明百卅家詩選》

明林章字初文，福清人。萬厤元年舉於鄉，累上春官不第。嘗走塞上從戚大將軍。著有《林初文集》。

登黄鶴樓作

望裹山川是楚鄉，美人何處水茫茫？禰衡作客留江夏，趙壹辭家出漢陽。鶴去未知芳草暗，雁來先覺白雲涼。倚樓無限西風意，堪與千秋一斷腸。《明百卅家詩選》

明蕭良有字以占，號漢沖，漢陽人。萬厤庚辰進士，國子監祭酒。著有《玉堂遺稿》。

望黄鶴樓，用太岳韻

黄鶴樓前擁暮烟，白雲深處動人憐。雙江送浪波光湧，萬井浮空塔影懸。芳草千年鸚鵡賦，落梅五月鷓鴣天。浮沈漫問人間世，回首西風獨扣舷。本集

明鄒迪光字彦吉，無錫人。萬厤甲戌進士，官至湖廣提學副使。年四十即罷歸，築室惠山，多與文士觴詠。著有《鬱儀樓集》。

登黄鶴樓

憑陵矯首大荒浮，萬里蒼梧接漢邱。夜氣半銜三楚濶，天風長帶九

嶷愁。虚聞仙子乘雲去，似有靈均鼓瑟遊。最是晴川煙水滑，片帆漠漠下揚州。本集

明郭正域見卷六。

黄鶴樓二首

樓閣重開一作重重上女牆，昔人曾此醉爲鄉。烟横巫峽千山遠，雨過瀟湘一水長。依舊空中雲盡幻一作白，不聞市上鶴曾黄。從教玉笛頻吹徹，只恐神仙亦渺茫。

黄鶴高飛去不留，丹梯縹緲鎖丹邱一作丘。遥連瀛海三千界，似接神仙十二樓。滿眼帆檣飛一作雲漠漠，一天烟樹晚悠悠。卻嫌李白少情思，不肯一作敢題詩在上頭。《黄離草》

明毛一公字震卿，遂安人。萬厤己丑進士，官至給事中。著有《歷代内侍考》及詩文集。

登黄鶴樓

十里江城入望來，晴川煙樹面江開。等閒折盡寒堤柳，此際何堪更落梅?《江夏志》

明張鳳翼。

按：張鳳翼，代州人。萬厤四十一年進士，授户部主事，官至兵部尚書，詳見《明史》。一云字伯起，長洲人，嘉靖四十三年舉人，見《明詞綜》。一云字九苞，江夏人，萬歷辛卯舉人，見《江夏志》。

題《黄鶴樓圖》

一聲長嘯向蓬山，千歲桃花好駐顔。只合獨騎黄鶴去，誤留仙蹟在人間。《歷代題畫詩類》

明鄧原岳字汝高，閩縣人。萬厤壬辰進士，官至湖廣按察司副使。著有《西原集》。

黃鶴樓二首

高樓突兀倚層顛，漢沔豪華在目前。山引鳳凰①雲漠漠，洲迷鸚鵡草芊芊。帆檣出没烟波外，鈴鐸依稀霄漢邊。果有真人吹鐵笛，不妨參駕學神仙。

形勢分明控楚都，天中鶴馭遠相呼。江山勝概還今古，詞賦風流更有無。郢樹曲連雲夢澤，漢川遥接洞庭湖。凭欄一望生惆悵，零落當年笑霸圖。本集

明袁宏道字中郎，公安人。萬厤壬辰進士，官吏部郎中。與兄宗道、弟中道有才名，時稱“三袁”。著有《袁中郎集》。

偕王章甫、陳公弼登黃鶴樓，時章甫子宜卿及兒子二仲皆從

江流千頃蹙雲烟，樓閣雖高不似前。畫板朱簷遮取盡，争教容納好山川。本集

明袁中道字小修，公安人，宏道弟。十餘歲作《黄山雪賦》五千餘言，以文名。萬厤三十一年舉於鄉，又十四年成進士。由徽州教授歷國子博士、南京禮部主事，天啟四年進吏部郎中。著有《珂雪齋集》。

再登黃鶴樓

買看山水興猶清，閒逐兒童樓上行。窗外鐘聲大别寺，杯中堞影漢陽城。峯連建業何曾斷？浪接瀟湘總未平。小艇犯濤如履地，果然水戰

---

① 山引鳳凰：句中鳳凰指黃鵠山山北不遠處的鳳凰山。

利南兵。本集

明龔三益字□□①，武進人。萬厤甲午解元，辛丑進士。官湖廣参政。

登黄鶴樓次李西涯相國韻

仙人到處堪棲泊，幻出白雲與黄鶴。鶴去樓空事若何？江天一望成寥廓。蛇蟠龜鎖誰開鑿？鳳凰鸚鵡相纏絡。戛羽迴翔仙棗亭，振衣俯視晴川閣。隔江大别起孤峯，蛟龍跋浪馮夷②宫。帆檣遠自五湖至，烟霞暗與三湘通。襟帶高深浩無極，凭闌颯颯生雄風。屈原宋玉久不作，獨有崔顥稱詩翁。朝來銜命羅羣彦，棘闈深鎖秋過半。藠草千齡伴藥籠，丹砂五色凝柔翰。物色由來重楚材，江山隱隱菁華見。白華聊辭瞇目譏，熊湘倘復開生面。兹辰把臂共登臨，願借并刀裁匹練。釃酒還招跨鶴人，冉冉乘雲下霄漢。《湖廣通志》

明萬爆字闇夫，南昌人。兵部侍郎恭孫也。萬厤四十四年進士，授刑部主事，遷屯田郎中。崇禎初贈光禄寺卿，賜謚忠貞。

黄鶴樓

我欲乘黄鶴，飄然物外遊。檻前懷古淚，且爲禰衡收。《江夏志》

明嚴首昇字平子，一名頤，字解人，華容縣諸生。著有《瀨園集》。

黄鶴樓遇程子源

不料君逢此，倉皇答問多。隔年書到否？近日事如何？登閣聲通市，憑闌影動河。斂清相視寂，如在聽漁歌。本集

---

① 底本爲空格，占二字。

② 馮夷：傳説中的黄河之神河伯。泛指水神。

明錢澄之字飲光，初名秉鐙，桐城人。著有《田間集》。

黄鶴樓同左子直、孫威公、鄧斯及夏振叔諸子即事四首

萬鵠磯頭四望開，登臨千古客心哀。山迴大别横江抱，水過巴陵折地來。帝子騎龍終不返，仙人跨鶴幾時回？憑高莫話一作問興亡事，白首青天酒一杯。

鄂渚逢秋秋早清，登樓面面見空明。磯邊日落千帆渡，樹裏湖通九派平。坐對晴川虚閣敞，喧連漢口曉煙横。昔年仙客經過地，夜半時聞鐵笛聲。

三楚風煙此最佳，客來空憶昔豪華。漢陽樹盡餘衰柳，鸚鵡洲沈長白沙。故國妝樓歸道院，異時宫闕建軍牙①。擬將遺跡詢沽叟，無復臺邊舊一作賣酒家。

自昔臺邊酒味醇，吕公買醉往來頻。笛從竊换仙音杳，枕到眠酣世界真。伐去棗一作草枯根不朽，擲來桃一作果爛蹟如新。相逢指點多靈異，游客還疑哂道人。本集

明蔡道憲字元白，晉江人。崇禎十年進士，長沙府推官。張獻忠陷武昌，直犯長沙，被執不屈，遂自刎，時年二十九。贈太僕寺少卿，謚忠烈。著有《蔡忠烈公遺集》。

黄鶴樓夜飲惜别

緑蘋鸚鵡認何洲？有酒便澆黄鶴樓。縱説相逢無舊約，何能别去不生愁？似遲明月來深夜，已老江濤動晚秋。欲進一杯君徑醉，隔檣自望水西頭。本集

---

① 軍牙：軍中大旗。

明江瓘字篁南，新都人，自稱江山人，又曰霞石山人。諸生，幼習舉子業，工詩、古文辭。著有《江山人集》。

黄鶴樓圖

我昔遊鄂渚，訪古黄鵠磯。夏登江山樓，玉麈①翩翩揮。翬簷淩天風，六月無炎曦。西瞻雪嶺寒，東攀若木枝。青蓮居士曾搥碎，黄鶴仙人安所之？横吹玉篴招子安，逢逢鼉鼓來馮夷。别來塵埃近十載，衹今夢寐猶瑰奇。海陽汪翁隱淪者，日披緗素流杯斝。開軒邀我觀此圖，恍惚乘風到江夏。蛇山何崔嵬，飛樓俯空闊。鸚鵡悲禰衡，高才多夭閼。九疑屏障叠連綿，七澤波濤拍遠天。朱簾繡柱層霄上，芳樹晴江禹廟前。回首風光如舊觀，不須倚劍驚流年。何當再鼓三湘棹，騎鶴憑虚控紫煙？本集

明邢昉字孟貞，高淯人。明末詩人。著有《石臼集》。

登黄鶴樓故址

昔人乘雲在何所？即此江上黄鶴樓。樓前江漢勢澒洞，二水匯合成交流。交流東入海，白雲儼相待。誰道雲中樓，一朝無復在。武昌楊柳摇葱蒨，翬飛翼翼波光炫。佳麗常憐漢女遊，繁華易逐江雲變。江雲來去只悠悠，畫棟丹甍不可留。崔嵬一炬隨飛電，黄巾之賊令人愁。我向城頭履殘址，閒尋片碣榛叢裏。湧月臺書斷石蒼，仙棗摩挲長不死。仙翁吹笛玉參差，春草偏傷崔左司。笛聲杳絶蘼蕪盡，況復樓空意轉悲。楚塞茫茫空四顧，對岸晴川已非故。蕭條更有漢陽城，落日離離幾江樹。本集

明陶汝鼐字仲調，號密菴，甯鄉人。初貢成均，崇禎癸酉舉人，丁丑、癸未兩中會

① 玉麈：鑲玉的麈尾。

試副榜，授翰林院待詔，陞檢討。著有《榮木堂詩集》。

黄鶴樓酬郭無傷 戊辰

明月澹方舟，幾來泊江夏。黄鶴與晴川，屢得亦苟且。見子不習氣，香豔窺班馬。瑯嬛[1]祕笈書，而況皆弓冶[2]。微名賺我來，良晤若天假。雖則茗椀間，静心各已瀉。高不攖世情，熱亦歸風雅。久無崔顥吟，思君同白也。新思怨落花，畏向春光灑。紅樹若爲思，憑樓緑飛瓦。本集

明陶汝鼐字幼調，甯鄉諸生，密菴先生母弟。

計部郭無傷招同周伯孔、劉猶伯飲黄鶴樓

江寫秋容澹一亭，高人偶聚只如星。雲浮忽度晴川雨，日落猶生芳草青。選句已成山水勝，懷騷誰占楚湘靈？空天鶴路忘歸去，何處吹簫月滿庭？《沅湘耆舊集》

明施均爵里未詳。

登黄鶴樓

鸚鵡洲邊倚客舟，憲[3]君邀我上高樓。胡床老子三更月，鐵笛仙人一曲秋。流水白雲吴夏口，西風黄鶴晉磯頭。如今盡屬王孫草，添得江南幾許愁。《江夏志》

國朝彭而述字禹峯，鄧州人。前明崇禎庚辰進士，授曲陽知縣。入國朝，官至貴州巡撫，終於雲南布政使。著有《讀史亭詩集》。

---

① 瑯嬛：神話中天帝藏書處。瑯，同嫏。
② 弓冶：謂父子相承的事業。
③ 憲：舊指朝廷委駐各行省的高級官吏，引申爲對上司的尊稱。

再登黄鶴樓

飛樓縹緲著江干，霜髩[1]登臨記往年。隔岸春城來檻外，亂帆斜日到尊前。山連秦蜀開荆甸，水下東南盡楚天。回首滄桑生感慨，孫劉興廢幾茫然。《湖北舊聞録》

國朝劉子壯字克猷，號稚川，黄岡人。明崇禎庚午舉人，順治己丑進士第一，翰林院修撰。著有《屺思堂詩集》。

黄鶴樓

晴川與黄鶴，氣勢遥縱横。静見水聲合，空疑山勢争。三洲秋色遠，萬樹午風清一作烟晴。帆影中流處，遥遥江漢情。本集

國朝王孫蔚字□□[2]，臨潼人。順治壬辰進士，官湖北提督學政，旋授按察使。

黄鶴樓

獨立飛樓尺五天，緫環平野入樽前。長江曉結千峯雨，大别晴開萬樹煙。紫雁北來迷楚浦，白雲西去認秦川。憑闌愁看陶公柳，舞卻春風又一年。《江夏志》

國朝許虬字竹隱，長洲人。順治癸巳舉人，戊戌進士，官至思南府知府。著有《萬山樓詩集》。

登黄鶴樓二首

黄鶴仙人不少留，洲名鸚鵡更堪愁。三湘登眺還吾輩，千古江山獨

---

① 髩：同“鬢”。

② 底本爲空格，占二字。

此樓。漢口夕陽銜遠岫，武昌寒郭浸春流。燒痕滿地閒生感，回首烽煙野戍秋。

攜壺憑檻塞雲橫，懷古荆門鎮重兵。春柳久荒陶侃壘，寒潮直上吕蒙營。滄桑盡付邯鄲枕，烟月全消玉笛聲。惟有芳洲春草色，年年還傍大江生。本集

國朝陳廷敬字子端，號説巖，澤州人。順治戊戌進士，由檢討官至大學士。謚文正。著有《午亭文編》。

黄鶴樓歌送魏使君

我初旅食京華遊，結髮願識韓荆州。掖梧蕭蕭苑花寂，憶昨含香[①]西殿頭。是時武英數奏事，九重動色親嗟異。驄馬朝回白玉鞍，銅龍夜直青綾被。使君幾載爲清郎，我朝文采争輝光。宣武水樓烟柳碧，城南古臺野菊黄。聯翩不誤尚書期龔宗伯芝麓，婉孌能傾翰墨場。即今會合亦何有？汪王程董仳離久苕文、西樵、阮亭、湟榛、玉虬[②]。别夢初驚朔塞鴻，離筵又醉都亭酒。青霄使者下南雲，翼軫星文拱北斗。使君家世清忠臣，步武流風應絶塵。要與丹青争氣象，足令琬琰[③]重嶙峋。江表人才席上珍，驊騮造父遇有神。送君車騎翩然行，仰視白日霜天清。秋色已老漢陽樹，春風空憶武昌城。我聞崔顥詩中語，黄鶴長江萬里情。白雲縹緲楚天外，黄鶴飛去樓空在。使君登樓黄鶴來，烟波渺渺心悠哉。本集

國朝楊大鯤字九摶，武進人。順治己亥進士，官湖北分巡下江防兵備道。康熙二十一年此缺裁。

---

① 含香：古代尚書郎奏事答對時，口含鷄舌香以去穢，故常用指侍奉君王。

② 苕文、西樵、阮亭、湟榛、玉虬：此即汪、王、程、董四姓之人，苕文，即汪琬，字苕文；西樵，即王士禄，號西樵；阮亭，即王士禛，號阮亭；湟榛，即程可則，字彦揆，又字湟溱；玉虬，即董文驥，字玉虬。

③ 琰：同“琰”。

重登黄鶴樓

樓前風月一作物亦何常？湧月臺連太白堂。自古神仙多嗜酒，幾人登眺不懷鄉？橘衣誰見蹮蹮舞，棗實何時纂纂香。閲盡孫劉無限事，不如對景一飛觴。《江夏志》

國朝趙士麟字玉峯，河陽人。順治庚子舉人，康熙甲辰進士，官至浙江巡撫。著有《讀書堂文集》。

南還黄鶴樓被火

客歲登臨欲覓仙，無端劫火忽燎然。樓憑翠嶂阿房焰，檻對晴川祆廟[①]延。黄鶴遠翔蒼靄外，白雲還鎖碧峰前。可憐興廢茫無定，獨有江流不記年。本集

國朝陶之典一名大雲，字五徽，號澹菴，甯鄉人。順治間爲安親王府教習，授内閣中書，不就。著有《冠松崖集》。

辛酉中秋登黄鶴樓作九老會

幾年松桂傍林邱，難得憑高一散愁。客棹送來黄鶴月，詞場擢入白雲秋。天空煙露飛無際，人集江山氣滿樓。此會吴剛先捉斧，不教崔顥句當頭。本集

國朝程封字伯建，號石門，江夏人。順治間拔貢生，任按察司經歷。喜吟詠，與王阮亭、吴梅村、杜茶村諸公相唱酬，著有《山雨樓集》。

---

① 祆廟：指祆教亦即拜火教之廟。拜火教，相傳爲公元前六世紀瑣羅亞斯德所創，波斯薩珊王朝奉爲國教。其教創善、惡二元論，以火爲善神的代表。南北朝時傳入中國後又稱“火祆教”或“祆教”。

喜黄鶴樓新成

樓際重聽漢水聲，四窗依舊白雲生。當年玉笛重吹徹，此日朱甍又落成。江上渺茫仙子路，山前荒廢楚王城。登臨不禁悲今古，猶見晴川樹影横。本集

國朝吴綺字園次，其先由歙徙廣陵，遂爲江都人。順治間以明經薦入都，應詔授祕書院中書舍人，掌制誥，遷兵部主事員外郎，調工部屯田郎中。康熙丙午出知湖州府事。晚年自號聽翁。著有《林蕙堂集》。

黄鶴樓

天地寥寥賦遠遊，此間樓接大江浮。濤聲直下三千里，雲氣遥連十五州。霞表仙踪疑遠鶴，河邊客舫泛羣鷗。那堪陵谷無長處？鸚鵡難容碧草秋。

黄鶴磯頭有所思，檻前帆帶夕陽遲。當年吕叟曾吹笛，何處崔郎更賦詩？夾岸江城多事後，倚欄山水欲歸時。楚王宫闕荆榛裏，只許朝雲暮雨知。本集

國朝釋戒顯字悔堂，順治間居杭州靈隱寺。著有《現果隨録》。

登黄鶴樓

誰知地老天荒後，猶得重登黄鶴樓。浮世已隨塵刼换，空山一作江仍入大江流。楚王宫殿銅駝[①]卧，唐代真仙一作仙真鐵笛秋。極目蒼茫渺何處？一瓢高卧亂雲頭。本集

國朝胡鳴臯字雲翥，江夏人。父德園，潛心理學，爲楚名儒。臯受庭訓，康熙己酉

---

① 銅駝：銅鑄的駱駝。多置於宫門寢殿之前。

舉人，庚戌進士。任河間青縣事，被議罷官，旋開復，補汶川令，擢代州刺史，調補臨清知州。見《江夏志》。

招鶴謡

誰云世上無神仙？縹緲當年幻化間。試看武昌城中辛氏樓，橘皮畫鶴何翩翩？拍手向君舞乘雲，忽飛去，雲去還復來，鶴歸向何處？吁嗟黄鶴胡不歸？黄鶴之樓復崔巍，下有浩渺不斷之江水，上有嶙峋湧月之高臺。鸚鵡迷離，鳳凰徘徊，吁嗟黄鶴胡不歸？《江夏志》

國朝禅岱字静齋，滿洲人。由内翰林祕書院侍讀，累官吏部侍郎。

同陶五徽、劉爾俊乘月登黄鶴樓

幾度瀟湘百戰回，一尊攜處一徘徊。横江鶴影千年斷，隔岸鐘聲半夜來。芳草未窮詞賦恨，白雲消盡古今才。登臨懷抱仍愁絶，浩浩烟波蕩未開。《熙朝雅頌集》

國朝佟世思字儼若，一字葭沚，漢軍人。兵部尚書國正子，官廣西思恩知縣。著有《與梅堂集》。

登黄鶴樓四首

高樓面面簇芙蓉，好景真如畫裏逢。大别横空開一鏡，小孤逆浪鎖千峯。山中繁露垂仙棗，地上秋風亂古松。對此長江見晚照，憑闌西望水溶溶。

魏武曾書湧月臺，磯頭流水尚縈洄。澄江鼓吹淩空發，落日旌旗捲地來。烏鵲聲喧愁野燒，東南風起慟雄才。至今片石亭亭立，憔悴寒花土一堆。

江樹青青壓萬株，年時兵住洞庭湖。飢烏失隊飛難定，戰骨沈江浸已枯。燐火漁燈紛上下，寒濤秋雨遠模糊。如今且喜妖氛浄，獨立危樓許腐儒。

漢口滔滔一水流，千年財貨甲皇州。兩江日影明魚網，十里風檣聚客舟。去國何人新墮淚，入秋此地最生愁。鷓鴣聽罷山將雨，惆悵誰能不白頭？《熙朝雅頌集》

國朝施世綸字文賢，漢軍人。靖海侯烺子，襲爵官漕運總督。著有《南堂詩鈔》。

登黄鶴樓

縱目江山了，芳洲黯淡容。風雲飛燕雀，雷雨壯蛟龍。詞賦空千古，烟波浩萬重。危樓看百尺，縹緲挹仙蹤。同上

國朝潘耒字次耕，號稼堂，吴江人。康熙己未召試博學鴻詞，授翰林院檢討。受業於顧炎武。著有《類音》八卷、《遂初堂詩文集》。

武昌三面臨江水，横山如屏亙城裏①。西風蜿蜒欲入江，壓以高樓半天咫。三層迥與三霄鄰，八面平當八風起。遥看縹緲接一作浮蜃樓，近睇峥嶸叠霞一作斜綺。仙人遠自清都來，下視塵土驚崔嵬。江山清曠殊可樂，停鸞駐鶴相徘徊。草没高唐觀，水浸章華臺。六朝興廢漚起滅，人民城郭都可哀。世人擾擾風中絮，真仙對面何由遇？但聞笛聲嘹喨松聲寒，月白江空杳無處。刻像標名兩渺茫，食棗得仙何荒唐。但須浄埽胸中塵萬斛，濯纓萬里臨滄浪。庾亮不堪弔，禰衡何足傷？白雲飛來勸一觴，拍手共入無何鄉。本集

國朝朱彝尊字錫鬯，號竹垞，秀水人。康熙己未以布衣召試博學鴻詞，授檢討。著有《曝書亭集》。

---

① 本詩底本無標題。

聞鶴樓成，賦寄楚中一二知己

平生未鼓湘江柁，萬里投詩黄鶴樓。壯觀百年今在眼，異時獨上迴含愁。碧窗下湧樊山月，紅葉斜連鄂渚秋。爲報故人多釀酒，飛筵真作漢南遊。本集

國朝金德嘉見卷七。

黄鶴樓即事

高樓自古足登臨，此日逢君載酒尋。花信正來梅落後，春光漸入柳絲深。江山並是樽前客，風月誰知醉裏心？仙子有時還弄笛，願將幽感託清音。《江夏志》

國朝張希良見卷五。

九日登黄鶴樓

一上丹梯人境外，秋高霜潔大江空。洲沈鸚鵡波猶緑，山冷臙脂樹半紅。辭賦豈能經浩劫？樓臺不斷有雄風。與君醉把茱萸酒，鶴渚龍峯興亦同。《江夏志》

國朝顧景星見卷五①。

答王黄湄黄鶴樓夜坐見柬二首

鸚鵡洲前百尺磯，晴江空鏡落斜暉。形同北斗城三面，烟繞浮圖樹一圍。旋放釣筒先待月，倦飛好鳥蚤知歸。此生自合漁樵伴，不是山中戀布一作白衣。

---

① 五：底本誤爲“六”。

丈人堅坐更何之？日暮樓頭有所思。自愛振衣招白鶴，誰家吹管亂黄鸝？空留歲月憐雙鬢，敢向乾坤數二兒。天壤王郎①原不俗，筆牀茶竈肯相隨。本集

黄鶴樓夜眺

暝色動巍峩，江聲萬井多。烟生渾陸海，燈出倒星河。舊鬼猶聞哭，軍謡不似歌。鄖鄉西去路，在在有横戈。本集

黄鶴樓弔古

城上樓臺接渺漫，半空笑語俯闌干。烟光鼎足三分立，帆影波心一羽看。閲世豈須乘鶴老？生涯擬截釣魚竿。愁邊江水無情極，獨自朝宗急下灘。本集

秋盡獨登黄鶴樓，望見經略相公回京

鶴山秋盡俯晴空，百里雲濤在眼中。櫺檻長開三面水，塔鈴不斷四時風。扁舟何處閒漁父？汗馬南來擁相公。耳熱忽思王粲輩，無聊流滯賦江東。本集

黄鶴樓寄懷岳州王户曹判官前吴江教諭、國子助教

東吴洞庭名具區②，岳陽洞庭天下無。羡君作吏濱兩湖，清聲在楚

---

① 天壤王郎：天壤，指天地之間，即人世間。王郎，指晋王凝之。語出南朝宋劉義慶《世説新語·賢媛》："不意天壤之中，乃有王郎。"謝道韞不滿意丈夫王凝之，故有此言。

② 具區：古澤藪名，即太湖。太湖的别名也叫洞庭。

如在吴。橋門①生徒良太迂，籯糧負笈羣追呼。柈中舊饌青苜蓿，幕下新種紅芙蕖。先生有時乘板輿，城南萬艦量軍儲。歸來閉閣一事無，移床清論同誰與。洞庭水起君山没，千里余舟易超忽。夢騎黄鶴攜子安，一夜横飛洞庭月。明月照我還照君，晴川遥望岳陽雲。樓頭橘潘無憑寄，笛裏梅花可得聞？本集

黄鶴樓寄紀伯紫

憶昔孝侯臺上客，一時文采擅揚州。廿年江畔離愁老，六月樓高烟雨秋。宰相白衣原自好，故人青眼可能留。即看翼際山頭水，朝夕還經幕府流。翼際即大别，幕府山在金陵城西。 本集

國朝阮玉堂字履庭，號琢菴，江都人，占籍儀徵。康熙辛卯武舉人，乙未進士，授三等侍②衛官，湖北興國營參將，以孫元貴誥贈資政大夫。著有《珠湖草堂詩集》。

黄鶴樓

鄂渚聳仙樓，奇觀一望收。八窗接雲影，萬派滙江流。崔顥詩稱絶，禰衡怨未休。梅花銷玉笛，黄鶴付悠悠。《淮海英靈集》

國朝石嵋森字天半，號迂叟，湖南湘潭人。諸生。著有《桐廬詩鈔》。

黄鶴樓

秋色空濛古鄂州，蒹葭如雪抱江流。誰招黄鶴乘雲下？指點當年舊酒樓。《沅湘耆舊集》

---

① 橋門：太學。古代太學周圍環水，有四門，以橋通，故名。
② 侍：底本誤爲“待”。

國朝陳確字繹思，長沙人。

黄鶴樓聽友人吹笛

樓中題額有“天下江山第一樓”，此米海岳句也。

輞口①詩人鷗渚遊，酒酣逸興横滄州。憑將梅柳無雙管，吹向江山第一樓。隔岸雲峯生莽莽，遠天帆影去悠悠。青蓮漫道無佳句，萬古荒涼鸚鵡洲。同上

國朝易最字爾眉，湘鄉人。諸生。有《杏園集》。

黄鶴樓

總角初登眺，於今四十秋。江聲仍遠渚，月影尚危樓。老病荒年劇，蹉跎壯志休。長安何處是？明發一扁舟。同上

國朝陳一揆字宅衡，一字孟巖，龍陽人。康熙中拔貢生。著有《瓿餘集》。

黄鶴樓

不復登樓四十年，滄桑人老鶴應憐。磯頭爲問辛家酒，爛醉誰家不索錢？

鸚鵡嘶殘芳草洲，鳳凰棲老碧山頭。輸他無盡登臨客，一片白雲秋復秋。同上

國朝王敔字虎止，衡陽人。康熙朝貢生。著有《蕉畦存稿》。

---

① 輞口：地名。唐詩人王維藍田别業所在地。用以借指退隱之地或退隱之人。

黄鶴樓

昔聞黄鶴樓，今極清江目。昨夕生秋風，蕭條景相屬。偓[①]醉甯有蹤？士醒良勿告。長湍激鸚鵡，小渚聞鸝鴣。大别映遠清，寒光淒以肅。暝色生荻洲，餘情眷芳陸。同上

國朝張文炳字質夫，號南麓，湘潭人。康熙丁卯舉人，累官仙居、文登知縣。著有《隣嶽堂集》。

黄鶴樓

最是牢騷難遣處，浩然江上一登臺。連天雲氣雙峯合，動地濤聲七澤來。賦就浪傳鸚鵡手，詩窮誰識鳳凰才？鄉園南望無多路，歸去黄花次第開。同上

國朝簡能字坤若，湘鄉人。康熙甲子舉人，官徐溝令。著有《帶江堂集》。

黄鶴行

黄鶴黄鶴何時來？赤鳳西走金烏[②]催。仙翁愛酒煙霞開，黄鶴一騎駿雲雷。鐵笛横吹壯士哀，積風負翼孤徘徊。我聞鷹獻楚王臺[③]，鵬雛毛血如雲堆。仙翁招手呼天台，黄鶴黄鶴何時來？同上

---

① 偓：指偓佺，古代傳説中的仙人，詩中指代神仙。

② 赤鳳：傳説中的神鳥。金烏：古代神話傳説太陽中有三足烏，因用爲太陽的代稱。

③ 鷹獻楚王臺：事見唐歐陽詢《藝文類聚》所引《幽明録》："《幽明録》曰：'楚文王時有人獻一鷹，俄而雲際有一物凝翔鮮白，鷹便竦翮而升。須臾羽墮如雪，血下如雨，有大鳥墮地，兩翅廣數十里，衆莫能知。時博物君子曰此鵬雛也。'"

國朝陳之駓字桃文，攸縣人。康熙中貢生。著有《島孫詩文鈔》。

黄鶴樓漫成

樗里①骨銷宮闕聯，嶙峋鈴塔俯江煙。仙人騎鶴歸何處？大别如龜相對眠。望氣栖遲悲故國，吹風指畫亂青年。我行一下玄祠去，問有楚封香火錢。同上

國朝陳大章字仲夔，號雨山，黄岡人。康熙戊辰進士，改庶吉士。著有《玉照亭詩鈔》。

同張宏蘧登黄鶴樓

平楚風煙莽四圍，醉舒望眼欲無依。人當元氣中間立，鳥向孤雲盡處飛。酒肆浪傳辛氏法，羽流閒著洞仙衣。上樓腳力休誇健，更躡危亭坐翠微。本集

國朝魏坤字禹平，浙江嘉善人。康熙己丑舉人。著有《倚晴閣集》。

登黄鶴樓作

江聲已吞大别口，束之不住復東走。怒濤萬頃天風號，沙岸日斜鼉②欲吼。一葉翦過煙波灣，登樓憑徧十二欄。忽飛涼雨濺衣溼，白浪高於黄鵠山。山川滿眼來蕭索，吟髩互垂且孤酌。青蓮畢竟非仙才，崔顥題詩不敢作。醉擬横將鐵笛吹，歸向仙人借黄鶴。本集

國朝李爲霖爵里未詳。

---

① 樗里：樗里疾的省稱，戰國秦惠王的异母弟。居於樗里，亦自號樗里子。善言辭，多智慧，秦人號爲“智囊”。代稱多智的人或出衆的智慧。

② 鼉：揚子鱷。也稱鼉龍、猪婆龍。

黄鶴樓

蛇山之首漢江尾，危樓巀嶪奇且偉。勢如鳥革如翬飛，上去青天咫尺幾。風雨户牖臨空開，簷牙八面生莓苔。直指青霄燕影落，倒入長江蛟陣回。晴川高閣遥相峙，芙蓉花外漢陽市。賈客操舟逐逝波，望中有若軒與輊。巍峩大别踞其西，東接高觀烟樹齊。更上層樓窮醉眼，置身天際衆山低。俯睇江河日東下，千里帆檣怒濤瀉。一聲欸乃起汀洲，幾點漁燈明子夜。夜深有客獨凴樓，明月飛來樓上頭。金楹斜出天河近，皙皙簷前星欲流。武昌城裏十萬户，烟火霏微難指數。迷離不辨楚王宫，波明疑是滋陽渚。南樓勝事不可追，七重九柱亦何爲？玉笛飛聲到樓角，江淮人動楚天悲。爛漫題詩滿亭側，誰云有景道不得？嘯歌忽覺天地寬，泠然欲生乘風翼。鸚鵡洲沈古渡前，黄鵠磯頭酒旆懸。安得歸來同白鶴，吹笙重見緱山巔。《湖廣通志》

國朝夏嘉瑞字人淑，孝感人。諸生。著有《松雲詩草》。

登黄鶴樓

天風四射作孤吹，甲馬江聲雲陣披。鼓角蕭閒新度曲，樓臺鼎易再留詩。白沙窟宅神黿守，赤幟風騷我輩支。卻望楚宫寥落盡，倚空長嘯欲何之？同上

國朝張連登見卷七。

登黄鶴樓二首

千秋一勝巋然高，喜御天風攬繡袍。遠岫煙浮争拱翠，大江練浄不飛濤。猶憐芳草催新賦，直取梅花補楚騷。何羨昔人來控鶴？昇平歌吹是仙璈。

敕書再建壓蓬萊，十二紅窗碧霧開。代遠何妨鸚鵡去？時清定有鳳

凰來。煙霞不盡摇詩筆，形勢長宜對酒杯。好接九天霖雨近，萬家齊□□①春臺。《江夏志》

九日同人登黄鶴樓晚歸四首

木落江城菊已黄，漢南煙景又重陽。湖湘晝夜東歸海，鴻雁飛鳴北去鄉。一路芙蓉侵劍佩，半山嵐翠上衣裳。閒來爲問庾開府，何處風流勝武昌？

從來勝地喜登臨，不厭苔階屐齒侵。江漢路分平楚濶，魚龍秋老暮濤深。一川雲氣争消長，五夜鐘聲變古今。欲折黄花尋故事，蕭蕭短髮未須簪。

落日蒼茫下鄂州，長空依舊大江流。阿誰待月閒吹笛？有客看山獨倚樓。蘆葦白摇寒鷺影，蓼花紅綻滿湖秋。莫辭躑躅歸來晚，更向雲霄最上頭。

一層松影一梯雲，黄鵠磯頭望已曛。疊石不教鯨作浪，到山應許鶴爲羣。真人手授茱囊古，仙樂親從紫府聞。今日高朋稱滿座，閒偷醉眼看參軍。同上

國朝涂天相字燮菴，號存齋，一號迂叟，孝感人。康熙癸未進士，官至工部尚書。著有《静用堂偶編》。

鶴樓望雨

楚天昨夜舞商羊②，帆落江干萬里忙。望斷衡山秋色晚，窗迎漢水客心涼。風翻雪浪驚鸕鶿，煙鎖晴川隱鳳凰。巾角折來猶載筆，重添墨霧灑瀟湘。同上

① 底本爲二空圍。
② 商羊：古人傳説中的一種鳥，能預知大雨。

鶴樓早望

鵲噪深林客枕斜，晴樓初曙映一作靄餘霞。南薰吹落江梅冷，西爽迎來石鏡華。朝露溼雲晴帶雨，曉風逐水浪翻花。黄粱不解人間夢，日映千村户半遮。同上

國朝沈國梓字濟川，仁和人。

黄鶴樓用崔司勳詩爲首句八首　録一

此地空餘黄鶴樓，身閒竟日坐樓頭。山林落葉參差舞，客棹驚風次第收。玉笛已無仙子曲，水花猶漾洞庭秋。長江形勝真天塹，自是羣雄據上游。《杭郡詩續集》

國朝楊紹奇字大可，錢唐人。

黄鶴樓同沈濟川作

昔人已乘黄鶴去，此日空懷黄鶴仙。縹緲不隨江月到，風流應逐楚雲傳。杯銜落日臨城北，樓鎖飛濤繞檻前。形勝巍然何處好？碧山紅樹總無邊。同上

國朝李東白京山人，見“祥異”。

游黄鶴樓

西望家山一改容，白雲飛盡楚江空。興饒老子胡牀上，秋在仙人鐵笛中。鄂渚霜花沿岸白，漢陽楓樹隔江紅。倚闌拍手招黄鶴，千古登臨感慨同。《漁洋詩話》

國朝汪文孫字孝猷，錢唐人，汝謙孫。著有《羃音集》。

同錫山侯駿聲、吕恂令飲黄鶴樓即事

尊酒翻於客路開，相從良友共徘徊。江寒十月無梅放，日暮孤洲有雁來。黄鶴空留磯上跡，白雲時覆掌中杯。情深何忍輕歸去？偏恨斜陽樹樹催。《杭郡詩續輯》

國朝張若衡字□□①，江夏人。康熙丙戌進士，官雅州知州。

步撫軍晏一齋《登黄鶴樓》韻

舊識司勳賦擅場，後先輝映並汪洋。域中形勝推江夏，眼底風光盡漢陽。澤國哀鴻思輯翼，野田孤鶴望飛翔。登高作賦等閒事，極目芸芸紀奏章。《江夏志》

國朝張鵬翀字天扉，嘉定人。雍正丁未進士，授編修，官至詹事府詹事。著有《南華詩鈔》。

渡江登黄鶴樓

鄂渚雲陰撥不開，一帆飛雨過江來。樓頭有客吟芳草，笛裏何人怨落梅？陳蹟漫尋鸚鵡渡，歸心先指鳳凰臺應試金陵。題詩閣盡千秋筆，空倚寒流酹酒杯。本集

國朝周廷贊字賓朝，一字河邊，沙富人。好古樂，善史學，貫通易理精粹，工吟咏。著有《河邊集》。

① 底本爲空格，占二字。

登黄鶴樓

落日高樓萬里寒，浮生多故獨憑欄。雲連五嶺江流暗，雪滿三湘雁影殘。夏口棲皇悲異國，武昌牢落恥儒冠。傷心忍向晴川水，朝夕南來掩袂看。《續圖册遺稿》

國朝朱倫瀚字涵齊，一字亦軒，漢軍人。康熙壬辰武進士，累官副都統。著有《間青堂詩集》。

武昌秋興

黄鶴高樓聳碧空，晴川傑閣漢陽東。雲吞夏口三秋雨，帆挂天門半夜風。城郭夾江懸一鏡，山川分勢走長虹。遥憐赤壁煙波外，落日寒沙照眼紅。《熙朝雅頌集》

國朝熊賜履字敬修，孝感人。康熙戊戌進士，官至大學士。著有《閑道録》《學統經義齋集》。

黄鶴樓

勝蹟争傳黄鶴樓，莎場灰劫幾經秋。魚龍出没千峰亂，烟雨迷離一水收。芳草至今連郢樹，西風何處問蘆洲？雲山隱隱空岑寂，涙盡寒江未肯流。本集

國朝劉統勳字延清，諸城人。雍正甲辰進士，官至大學士。謚文正。

淩琢臣學使招登黄鶴樓四首　録二

霸國雄風舊所聞，憑欄空闊出塵氛。寒潮近挾晴川雨，暖氣高連大别雲。關塞萬重迷楚望，舳艫千里會江濆。時清不用誇形勝，坐看平波接綺紋。

昇平景物自繁華，緑樹紅牆照水涯。楊柳春風人顧曲，高樓明月客思家。中流簫管飛銀榜，舊苑簾帷隱絳紗。翠羽明珠通市舶，蠻烟猶送日南花。《卧園詩話》

黄鵠山志卷八終　男宗廉校字

黄鵠山志卷九目録

① 因底本目録漏録一人，實四十九人。

龔大萬一首
童堦一首
鄒緗一首
周錫溥二首
舒正載二首
舒正增七首
張九鐔二首
李鼎元一首
吴省欽二首
吴烔一首
潘國祚一首
劉鳳誥一首
葉廷芳一首
洪亮吉一首
周系英三首
王守正一首
張克謀一首
釋覺慧二首
龔立海一首
郭祖翼一首①
姚學塽一首
宋湘一首
吴榮光一首②
陶澍二首
張履信三首

① 底本未録，據正文補。
② 實二首。

蔡復午一首

王慶麟一首

周泗一首

閨媛鍾令嘉一首

黄鵠山志卷九

永康胡鳳丹月樵編纂

藝文 古今體詩

國朝劉宗賢字次頤，江夏人。雍正丙午舉人，庚戌進士，官四川滎縣知縣，國子監博士。

九日偕崔拙圃、李蒼巖登黄鶴樓

勝地秋光滿，良辰雅饌開。仙風瑩橘柚，江氣麗樓臺。花綻新醅動，松青老鶴迴。達生多妙理，何用避桓災？

羽觀淩霄漢，飈臺次水門。江空虹欲飲，風静雁無言。瘦菊真如我，秋雲可細論。漫持陶令盞，攜手探靈根。《江夏志》

國朝桑調元見卷七。

黄鶴樓

黄鶴飄飖不可留，淩虚長嘯此登樓。禰衡文字真爲累，陶侃功名亦是浮。帆影帶囬湖口月，笛聲催散漢陽秋。扶筇獨往平生願，是處江山作勝游。《衡山集》

浩歌行，夜登黄鶴樓作

客言漢江宵景好，鼓勇復登黄鶴樓。重雲如墨蔽皓魄，對岸燈火明星稠。遥知管絃市樓沸，吴商蜀估傳觥籌。大别山頭雜樹暗，夕嵐暝漲寒悠悠。江光一溜白滉瀾，漁榔已息聞清謳。仙人乘鶴去不返，三層危搆馮虚浮。羽流對客把玉笛，崩雲逸響鳴高秋。横空霳霸倏鮮駁，吹開白月懸當頭。卻看水天色飛動，蟄龍吐珠光不收。慌惚煙中漢女出，微步縹緲淩波游。洞庭瀟湘一氣接，驚寒遠去鴻聲遒。八十八窗大開闢，空明如在蓬萊洲。我爲浩唱元雲曲，飄飄短袂攜浮邱。南城咫尺庾公榻，亦有人舒清嘯不？凭高四顧有餘興，還思鄂渚移扁舟。同上

黄鶴樓疊昨題《浩歌行》韻

武昌柳迓重來客，輟棹起登磯上樓。江天空闊豁曙色，霞暾倒影朱氛稠。天公景物多變幻，兩重新綺争頭籌。叢桂初含秋氣爽，流萍習□[①]川涂悠。洞庭彭蠡此吞吐，快意不作商聲謳。白波如山大激蕩，塵心滌盡浮名浮。去年高踞祝融頂[②]，囬帆直下瀟湘秋。逆溯襄河鼓今棹，一筇拄到恆山頭。南北山川萬餘里，煙嵐盡向囊中收。豪興由來喜獨往，盧敖若士[③]甯同游？百年乘化任歸盡，冥搜未覺流光遒。一日可當一百日，此閒本是神仙洲。尋恆誰識羽衣過？笙鶴下自崑崙邱。後來登臨萬萬輩，亦話五嶽詩人不？三層檻上重吟拍，逍遥眇比坳堂舟。《恆山集》

黄鶴樓

飄飄黄鶴去，樓勢鬱巉巖。欄楯淩清旭，階基甃白瑊。高城跨巖岫，遠岸列松杉。煙艇商歌杳，塵闤楚語諵。沔陽流水滙，夏口夕陽銜。世代俄成古，仙踪迥隔凡。柳條寒盡秃，棗實吏空饞。絳節胎禽駕，黄庭

① 底本爲一空圍。
② 祝融頂：衡山的最高峰。據《路史》云，祝融葬衡山之陽，是以名之。
③ 盧敖：盧敖是求仙的凡人。

内景函①。遥遺漢皋佩，疾下洞庭帆。亭湧團團月，波澄上下巖。狂吟聊自適，縱酒不勞監。解渴邀桑苧②，當風擘阮咸③。青瞳雙炯炯，白髮亂髟髟。翠石摩挲滑，無須姓氏劖。同上

國朝張映辰字星指，號藻川，錢唐人。雍正癸丑進士，官至兵部右侍郎，歷典楚、豫、陝、甘學政。著有《露香書屋遺集》。

遊黄鶴樓

適大中丞崔公招飲，即席賦呈四章，兼以誌别。并呈制府德濟齋先生、學使開敬菴前輩。

黄鶴樓前俯大荒，憑闌一望迥蒼蒼。萬家煙井沿江渚，百戰山河付夕陽。唱晚漁舟藏葦荻，排空雁字去瀟湘。我來恰值清秋候，木落天高露氣涼。

方城漢水見雄深，極目滔滔亙古今。三楚人材多磊落，九秋煙景記登臨。西風簾捲花應瘦，東閣筵開酒共斟。一曲繞梁音未斷，隔江嵐翠護遥岑。

喜逢賢主媿嘉賓，授館傳餐意倍親。麈尾頻揮珠滿座，萸房試插酒沾巾。輕裘緩帶推羊叔，雅詠投壺有祭遵。南國從來多聖化，一時民氣總如春。

星言乘傳到雄封，沅芷湘蘭勝地逢。傑閣千尋喧鳥雀，長波萬里見魚龍。清秋風月元無價，高會江山孰繼蹤？不是登臨歸思切，簡書堪畏少從容。本集

國朝沈德潛字確士，號歸愚，長洲人。乾隆丙辰薦舉博學鴻詞，己未成進士，官至

① 黄庭内景函：即《黄庭内景經》，道教的經典著作。
② 桑苧：陸羽的别號，詩中代茶。
③ 阮咸：撥弦樂器。古琵琶的一種。形狀略像月琴，柄長而直，四弦有柱。相傳晋阮咸創製并善彈此樂器，因而得名。

禮部侍郎，加尚書銜。贈太子太師，謚文慤。著有《歸愚集》。

黄鶴樓

鶴去樓空事渺茫，楚雲漠漠樹蒼蒼。月隈酒酌三杯曉，江水清流萬古長。不遇謫仙吹玉笛，曾聞狂客坐胡牀。登臨此地懷京國，也似金臺①望故鄉。本集

國朝袁枚字子才，號簡齋，錢唐人。乾隆丙辰薦試博學鴻詞，己未進士，官江南江甯知縣。卒年八十二。著有《小倉山房詩集》。

黄鶴樓

萬里青天月，三更黄鶴樓。湘簾才手捲，漢水拍天流。山影如争渡，漁歌半入秋。深宵無鐵笛，空自泊孤舟。本集

黄鶴樓看雪

漢水茫茫摇白浪，一樓高踞浪花上。相傳黄鶴此間飛，至今猶畫仙人像。仙人一來不再來，我竟兩次騰麻鞋。更值天公張玉戲，雪花片片飛瑶臺。鸚鵡洲，漢陽樹，遠望迷離一疋布。妙手描成白澤圖，長江化作銀河渡。卅年看雪俱在家，今年看雪天之涯。達人行樂足向神仙夸，可奈想殺小倉山裏千梅花。長揖與仙約，借我黄仙鶴。騎上鶴髮翁，鶴翅休毶毴。趁此高樓西北風，送我連夜還山中。一天明月一枝笛，踏破瓊瑶萬萬重。本集

國朝孫良貴字隣初，號麓門，善化人。乾隆己未進士，歷官常德府教授，甘肅安化縣知縣。著有《麓門文續》《墨樵詩鈔》。

---

① 金臺：指古燕都北京。

黄鶴樓雜感

寥落中原大旆寒，幾人拔戟可登壇。續騷自古歸蘼澤，操律何人笑楚冠①？北地蚍蜉空撼樹，虞山②蕭艾久充蘭。横流滄海知何極？直下澄清江漢瀾。自注：袁小修云："北地出西涯之門而操戈。"又牧翁《列朝詩選》多可指駁，故有五六語。

迴看九澤接崚嶒，題徧江樓十二層。牛首山前虚夜月，龍蟠關外踏寒冰。自注：杜茶村、黄景虞俱寄居金陵虎踞關外。百年心事違王粲王一翥子雲，一代龍門誤李膺李以篤雲田。黄鶴不教故國返，亂鴉無數侶秋鷹。

郎官湖上白雲閒，西望秦山阻七盤。北海幽人空種樹，南樓老子健加餐。誰吹羌笛愁如沸？自握冰桃實似丹。菊井蒼顏渾見慣，伽山鐵嶺聽初闌。自注：樓下有百四十三老人湯雲山③言勝國熊、賀諸公事，娓娓鑿鑿，令人雪涕。

馮郎曾不負科名，幻入金光夙世情。自注：雜志載京爲金光洞主。長劍秋風馳素志，自注：京未遇，題詩樓上云："韓信棲遲項羽窮，手提長劍喝秋風。"澶淵孤注恥前盟。英雄自古憑推轂，儒雅於今孰請纓？盡埽白雲西極落，蒼蒼鬱鬱拱神京。

荆門九塞控三巴，蜀棧秦盤詎足誇？如此江山雄地肺，況來郢雪豔天葩。百年已盡嘑鵑憾，萬里齊開麗日華。莫倚桂珠同土價，側聞旰食望謀嘉。《沅湘耆舊集》

國朝陳栴字東麓，號脊齋，仁和人。乾隆戊辰一甲第二名進士，官編修。

---

① 楚冠：《淮南子·主術訓》："楚文王好服獬冠，楚國效之。"高誘注："獬豸之冠，如今御史冠。""楚冠"即指此冠，後御史、使節及執法者皆戴之。

② 虞山：指錢謙益（1582—1664），字受之，號牧齋，晚號矇叟、東澗老人，江蘇常熟人，明末清初散文家、詩人。

③ 湯雲山：《大清一統志》第二百六十卷："湯雲山，江夏人，年一百四十一歲。緘默寡言，人謂其得内養之術。"乾隆十一年請旌，御賜"再閲古稀"匾額，尚書汪由敦奉敕書。

按《輶軒録》，錢唐人，上虞籍，《題名碑録》及《府志》皆不云上虞籍，或是上虞人，仁和籍，俟考。

登黄鶴樓

獨上危梯倚絶巔，遥臨大别對晴川。兩崖煙火樓臺外，萬里雲嵐几席前。粉壁尋碑詩尚在，羽衣吹笛跡空傳。江山俯仰成今古，目送斜暉意惘然。《杭郡詩續集》

國朝譚尚忠字誨亭，一字薈亭，號古愚，南豐人。乾隆辛未進士，官吏部左侍郎。著有《紉芳齋詩集》。

登黄鶴樓

浣塵初下漢陽舟，挺立江山是此樓。仙笛已隨黄鶴去，晴川猶湧白雲流。炊煙萬户看無際，滯穗千畦喜有秋。南望瀟湘凝紫氣，妖氛會見一時收。

曾聞此地曳仙裾，五十年來縱目初。頓覺此身能遠俗，幾忘高閣是淩虚。蕭山九日馨叢桂，鄂渚三秋足膾魚。名勝忝陪高會後，黄花肯放酒杯疏。

高樓俯瞰景無邊，但得登臨便是仙。一帶疏林明遠水，半規斜日滿前川。漢陽城外舟如屋，鸚鵡洲中草似煙。遥指鄉關二千里，碧雲無盡暮江天。

雲移西日注波紅，野闊天垂眼倍空。雙節來朝仍向北，大江終古自流東。長天寥迥横孤雁，遠岸分明間晚楓。重憶瓊樓寒更早，授衣應已進《豳風》。《蘭言二集》

國朝陳淮字望之，商邱人。乾隆癸酉拔貢，累官湖北布政使，擢江西巡撫。

月夜登黄鶴樓

丹樓天外峙，皓月空中行。銀濤與玉魄，相迸出光明。樹暗漢陽渡，雲低鄂渚城。不知何處笛，解作落梅聲。《隨園詩話》

國朝慶玉字兩峯，滿洲人。乾隆丙子舉人，累官布政使。著有《錦繡段詩集》。

抵武昌

吴楚山川百戰場，太平風景易巖疆。連天草色迷鸚鵡，隔水煙光辨漢陽。鄂渚秋高風淅瀝，庾樓人散月蒼凉。閒情弔古休惆悵，幾見雲中駕鶴翔。《熙朝雅頌集》

國朝舒才博字遜文，號約齋，溆浦人。乾隆丁酉選拔，朝考第一，授湘鄉縣教諭，兩任襄陽府教授。著有《信手拈詩文集》。

黄鶴樓春望

春城扶杖任逍遥，鵠立危樓眼界超。太岳①即太和山連雲屏北極，長江入海帶南條。風同皇世人煙静，日麗中天物色饒。龜息蛇蟠鸚鵡伏，儼乘黄鶴上青霄。本集

國朝王文治字禹卿，號夢樓，丹徒人。乾隆庚辰進士，殿試第三人及第，官翰林院侍讀，出爲歸安府知府。著有《夢樓詩草》。

冬日登黄鶴樓次素溪韻

岷峨東下勢平臨，萬里風煙此暢襟。雲去人間成往古，江流天塹到如今。亂山積雪寒森玉，疏樹迴晴遠漏金。獨向飛樓高處立，還疑仙笛

① 太岳：即武當山，初名仙室山，又名太和山、參上山。在湖北省丹江口市南。

有遺音。本集

國朝趙翼字雲崧，一字耘崧，號甌北，陽湖人。乾隆辛巳進士，殿試第三人及第，官貴西兵備道。著有《甌北集》。

題黄鶴樓十六韻

傑構依天塹，登臨氣象千。危磯黄鶴浦，重鎮赤烏年。勢控荆襄下，兵從晉宋前。舟車當四達，海寓扼中權。勝槩斯稱最，名區久未湮。樓真千尺迥，地以一詩傳。百級旋螺上，重簷亂鼠穿。憑欄俯斜日，挂檻豎長川。遠挹庾樓月，高淩郢樹煙。江吞沔口闊，城對漢陽堅。估舶如浮鴨，漁槎有縮鯿。陸放翁《入蜀記》："過武昌買得縮項鯿，重十斤。"洲猶芳草色，笛正落梅天。事往皆成古，吾來倘遇仙。鴻泥留笠屐，鯨浪少戈鋋。燈火沿流滿，魚鹽入市闐。翻疑騎鶴客，多半在腰纏。本集

國朝李義賢字芝庭，江都人。熟於唐人詩集。著有《秀谷集》。

題黄鶴樓集唐人句

江邊黄鶴古時樓白居易，崔顥題詩在上頭李白。雲静獨看秦塞雁上官儀[①]，日高遥望洞庭舟趙嘏。岸南岸北往來渡崔魯，烟淡烟濃遠近秋杜光庭。行子不須愁夜泊武元衡，碧山重疊水長流孟賓子。 《淮海英靈集》

國朝姚鼐字姬傳，號惜抱，桐城人。乾隆癸未進士，官刑部郎中。著有《惜抱軒集》。

登黄鶴樓次補山韻

夷陵西望巴山連，大江出空如墮懸。奔流一抹蹙滄海，大别黄鵠横

① 上官儀：底本誤爲"上儀儀"。

障天。導江至此一夾束，瀠洄衣帶高樓前。憶昔赤烏始築邑，馮軒雷鼓空江填。此間開勢自明遠，釣臺樊口誰能賢？一朝金雁瘞吴郡，何殊繐帳臨漳川？高樓千載幾興復，傳芭①士女徒哀憐。因山命名義自當，俗説詎可丹青傳？虞翻地下應大笑，孰逢黄鶴騎飛仙？我聞譙郡戴仲若，往往野服從斂畋。仙人毋乃即此是？惜哉林壑空蒼煙。農部腹中有武庫，瘴鄉幕府嘗周旋。采入深穴縛虎子，欲效左手如羊牽。正當千里縱黄鵠，豈將一渚從棲鳶？嗟余年往道亦廢，顧思暇豫偷安便。陪君欲鼓瀟湘柁，湖南未到秋雲邊。漢口暮見樓雉影，江風曉踏蛟龍涎。晴空孑孑上反宇，天幕澹澹垂重淵。無心坐見白雲滅，屹立惟有蒼山堅。人間萬事不須説，跂足當樓聊醉眠。本集

國朝何人鶴字鳴九，號雪浦，綿州人。乾隆時諸生。著有《臺山詩集》。

黄鶴樓

黄鶴樓頭望故鄉，東川門户接荆湘。苗民那敢窺巫峽，教匪訛聞近武昌。制府雅歌揮羽扇督臣畢沅統兵圍當陽賊匪，將軍談笑埽欃槍福大將軍征苗。天家委任勳名重，莫待秋風冷戰場。本集

國朝蔣業晉字紹初，號立厓，長洲人。乾隆丙子舉人，丙戌揀發湖北知縣，擢同知。著有《立厓詩鈔》。

登黄鶴樓

飛樓控天險，百尺聳江上。鈴語半空聞，鵠舉層霄狀。四面開窗櫺，諸天現色相。我來一再登，極目神忽旺。檻外仰奔雲，足底踏駭浪。萬瓦城闉列，千檣沙渚傍。晴川犄角勢，相雄不相讓。萋萋鸚鵡洲，弔古增悽愴。是時夕照沈，煙波互迴盪。馮夷儼欲出，湘妃宛在望。作氣吞

① 傳芭：古代南方祭祀時，舞者手執香草，相互傳遞。

全楚，憑欄浩歌放。題詩憶李白，乘興追庾亮。敢云曠士懷，對景抒雅尚。仙踪殊渺茫，江形實保障。盤桓皓魄升，隔浦起漁唱。本集

和曹雲瀾《登黄鶴樓》原韻

春深佳氣鬱層城，縹緲飛樓接上京。黄鶴不來空弔古，白雲猶在迥含情。難從夢境尋仙境，怕聽濤聲挾雨聲。我倚丹梯閲塵界，江天斜照倍分明。同上

國朝伍秉鏞號東坪，南海人。官湖南岳常澧道。著有《淵雲墨妙山房詩鈔》。

登黄鶴樓

一聲玉笛起龍湫，吹徹江天韻欲浮。仙馭偶停猶昨日，鵠磯雄峙倏千秋。瞰當逝水朝西北，氣已淩空接斗牛。極目征帆過萬點，好風時帶片雲流。本集

國朝鄧石如字頑白，皖江人。

登黄鶴樓

江邊傑立此名樓，乘興東來豁醉眸。三峽波濤天半落，九疑雲物望中浮。晴川白颭梅花水，芳樹青圍杜若洲。正是青陽好風日，鶯花無際楚江頭。《蘭言集》

和畢秋帆制府《黄鶴樓》詩

磯邊鵠去蘚蒼蒼，磯上飛樓金碧光。丹磴迹留仙費老，滄流績仰夏先王。寰中歲月濤頭白，檻外風沙鶴背黄。玉笛一聲江漢曉，平頒春色遍遐荒。同上

國朝張九鉞見卷七。

蔡芷衫邀登黄鶴樓，同楊永思、彭思贊兩世講

古今浩浩一元氣，樓上司勳偶得之。寒日照人老又上，白雲待子來何疑？放歌楚國江山大，送客揚州雨雪遲。爲語同遊少年者，有才鸚鵡莫題辭。《國朝正雅集》

大雪獨登黄鶴樓作短歌

風雄雄，雪寘寘，岷江駭浪流洞庭。漢水大别隨東征，黄鵠不可騎，鐵笛不可聽。左不見鸚鵡之洲，右不見卻月之城。樓蒼茫，雪縱横，李白一去三千齡。誰能當此江山兮，有酒吾欲與之同傾。同上

黄鶴樓笛

江清霜白塞無邊，山湧高樓笛倚天。更有秋聲傳别調，不知還客繫孤船。西風黄鶴心千里，明月梅花夢幾年？莫使蛟龍愁入破，英雄末路是神仙。同上

國朝龔大萬字體六，號荻浦，武陵人。乾隆辛卯進士，改庶吉士，授檢討，充武英殿、國史館纂修。典試廣東大考，休致。純廟東巡，召試行在，授中書，補内閣典籍，假歸，不復出。有《賜扇樓草》《再游粤西草》。

和畢秋帆制軍《登黄鶴樓》原韻

仙客何年去碧蒼？樓高莽蕩接曦光。荆襄直控三巴國，江漢争趨百

谷王[1]。萬户曉煙孤岫白，一川晴樹野雲黄。登臨不盡千秋感，鸚鵡洲前草自荒。《沅湘耆舊集》

童堦字巨川，號鹿菴，錢唐諸生。著有《鹿菴吟藁》。

訪友楚中不遇，問渡黄鶴樓還里

高標負郭枕洪流，共説仙人在上頭。兩月關津初問渡，一天風雨未登樓。懷中刺滅[2]禰衡字，江畔春寒季子裘[3]。回望斷雲煙樹外，擁書空作漢南游。本集

國朝鄒緗字雲芬，新化人。乾隆戊子舉人，繁昌知縣。著有《惜餘齋小草》。

黄鶴樓

城上層樓聳碧空，迢迢直起五雲中。地爲全楚江山助，人望遠天星斗通。斷岸西來春漲緑，連檣東下夕波紅。憑欄無限登高意，可奈煙霞到眼窮。本集

周錫溥字麓樵，號半帆，湘陰人。乾隆乙未進士，官甘肅甯朔縣知縣。著有《安愚齋詩文集》。

登黄鶴樓

雲篆丹爐劫火沈，尚餘樓閣此憑臨。乾坤漭漭浮江漢，城郭纍纍閲

---

① 百谷王：指江海。《道德經》："江海所以能爲百谷王者，以其善下之，故能爲百谷王。"

② 懷中刺滅：《後漢書・文苑傳下・禰衡》："建安初，來游許下。始達潁川，乃陰懷一刺，既而無所之適，至於刺字漫滅。"刺，名片。

③ 季子裘：季子的貂裘，指戰國時蘇秦入秦求仕，資用耗盡而歸之事。代指旅途或客居中處境困頓。

古今。幾處布帆催曉發，四山涼雨作秋深。嗟余家住清湘浦，只隔湖雲一片陰。《沅湘耆舊集》

黄鶴樓小飲至暮

青梅作弄晚鴻前，碧玉枝輕手帶煙。水闊荆吴供遠眺，夜寒星斗入高眠。同渠一醉樽中酒，從此忘機地上仙。且欲扣舷江北路，風清月朗不論錢。同上

國朝舒正載字伯厚，號西樵，溆浦人。乾隆丁酉選拔，任湖北荆門州州判，歷雲夢、漢陽、武昌、潛江知縣，著有《竹根齋詩文集》。

重陽和友人“九日同登黄鶴樓”之句二首

九日同登黄鶴樓，樓高百尺俯江流。此鄉此會頻爲客，無酒無花不稱秋。鄂渚斜陽芳草暮，楚天終古白雲浮。延齡何處覓仙棗？短髮羞聽玉笛謳。

九日同登黄鶴樓，崔生詞氣倒江流。如斯風景如斯客，幾度黄花幾度秋。芳草欲隨寒露歇，遠煙長共暮山浮。分題怕值雍邱尉①，倒寫新詩作舊謳。本集

國朝舒正增字仲華，號碧樵，溆浦人。廩貢生，肄業成均，選授綏甯縣訓導。著有《松心書屋文鈔》《戛柯堂詩集》。

小憩黄鶴樓偶成三十韻

麗景江城市，危樓鄂國濱。天空開眼界，地迥滌心塵。蛇蜕盤何穩，

① 雍邱尉：指唐代人雍丘尉魏奉古記憶力超群事。事見明徐應秋《玉芝堂談薈》：“魏奉古授雍丘尉，嘗日公宴，有客草序五百言。奉古言：‘此舊文。’援筆倒疏之。草序者默然自失。奉古徐笑曰：‘適覽記之，非舊習也。’由是知名。”

龜棲息自勻。諒哉玄武境，悲矣老聃身。徙倚淩雲檻，低徊駕鶴賓。僊從花裏出，師本世間因。木母還宗子，黄婆締好姻。五千尋妙倈，三十覓芳辰。順逆交離坎，迴環制汞銀。静參玄牝[1]竅，廣挹洞庭春。德孕方成果，功高乃飲醇。斷壺儲密祕，長劍斬貪嗔。百種潛降伏，纖芽漸引伸。珠探三昧得，壁面九年純。大道歡登岸，羣生好問津。逍遥甯自了，紛騖更誰親？看到滄桑屢，遊經楚漢頻。行行騰兩屩，去去控雙輪。憶昔嘗搜異，猗予亦邁倫。訣從私淑得，書足累編陳。鑰發盧兼吕，筌忘費與荀。耐將求鼎器，翻自敝精神。豈曰儒林誚，非云世路迍。理原争造物，機實閟蒼旻。幸也踰顔短，蕭然守憲貧[2]。形骸虚戊己，踪跡坦庚申。曉露濡顛顈，高風落醉巾。朱顔歡且駐，紫綬盼將新。借枕情知厚，炊粱夢亦真。莫將羌笛引，吹醒武昌人。本集

九日黄鶴樓獨眺

白雲樓外大江天，獨立嵯峨思悄然。風雨不來晴浦樹，帆檣時繞鄂州烟。難將醒眼逢開口，空賦新詩憶昔賢。嘹嚦霜鴻何日到？洞庭木葉自翩翩。本集

望黄鶴樓進沌口

鶴渚經年别，招摇咫尺間。迴舟三十里，不下鸚鵡灣。本集

晝鄂州城

鶴去蛇盤雉堞高，江天風物上秋毫。縱横闤闠千檐瓦，縹緲煙波萬

---

① 玄牝：道家指孳生萬物的本源，比喻道。

② 顔、憲：指孔子弟子顔回、原憲。

里艘。仙客重來雲渺渺，英雄一去浪滔滔。記得頻年鴻爪迹，晴川閣下泝襄皋。本集

武昌城黄鶴樓上觀上元放燈

遊人徹夜踏江天，錦樣燈光照眼前。火樹齊開春不覺，銀花乍放月初圓。奔騰白澤喧金鼓，隱起青龍簇管絃。定是金吾歡弛禁，頻調玉燭兆豐年。

萬里清光夜色開，江城市語晚潮回。沿街户列星三五，繞巷人隨月去來。斗極鼇瞻銀作甲，雲邊鳳集玉爲臺。歸時記得經行處，滴滴金錢點翠苔。本集

黄鶴樓

百尺高樓黄鵠磯，神仙常在鶴常歸。遊行日到人間世，争奈紅塵遇者稀。本集

國朝張九鐔字竹南，號蓉湖，湘潭人。乾隆戊戌進士，改庶吉士，授編修。著有《笙雅堂集》。

江上望黄鶴樓、漢口諸勝懷古一章，上唐中丞

大江從岷峨，千里來奔馳。其東合九江，漢水南注之。會於大别山，眾派共一支。偉哉神禹力，底定天南陲。漭瀁積元氣，萬頃青玻璃。迢迢西樓上，影落寒江湄。臨風輒引去，坐與三山期。黄鶴一高舉，仙侶知爲誰？下視郡邑浮，雲樹何離披？荆楚峙城郭，吴魏陳旌旗。羣雄昔割據，蠻楚徒爾爲。我來埽陳跡，愧乏瓊琚詞。周文化南國，此地最先施。喬木蔭千年，遊女安可思？中興逮宣王，召虎帥其師。經營武功成，餘烈垂蠻夷。異代有同軌，上開明堂基。英靈耀日月，波濤浄神祇。方

舟聊擊楫，欲濟懷明時。願以繼風雅，作爲江漢詩。本集

夜泊漢上望黄鶴樓

又是城頭黄鵠磯，年來去住忍相違。醉中不記江南别，夢裏何曾冀北歸？紅葉夕陽波欲下，青霜斜月雁還飛。洞庭雲水方千里，一上高樓詠翠微。同上

國朝李鼎元字和叔，一字味堂，號墨莊，綿州人。乾隆戊戌進士，由翰林改中書，官至宗人府主事。著有《師竹齋集》。

雨霽登黄鶴樓

黄鶴孤樓壓渚宫，滿城煙景接長空。無邊楚色瀟瀟雨，不斷江聲浩浩風。鸚鵡洲連春草緑，鳳凰山帶夕陽紅。白雲靄靄仙人去，萬古愁銷一笛中。本集

國朝吴省欽見卷六。

黄鶴樓

南紀滔滔極望恢，樊山鄂渚境全開。白雲客見樓興廢，丹路人騎鶴去來。三峽風濤浮露檻，兩城煙樹入春杯。樓空鶴去非佳句，心折青蓮賞别裁。

豁達雲衢逼太清，楚天無際八窗明。招摇翠被孤舟影，縹緲梅花一笛聲。烏鵲南飛初月上，大江東去晚潮生。雄風易散仙蹤杳，萬里空餘濯足清。《白華前稿》

國朝吴炯字秋陽，自號睡庵，武陵人。著有《古香園詩草》。

黄鶴樓

黄鶴樓頭秋日陰，客中扶病强登臨。東南野色分吴楚，江漢濤聲自古今。澤國秋高紅葉少，鄉關天遠白雲深。仙人玉笛無消息，但聽蕭蕭萬户砧。本集

國朝潘國祚字東柳，上虞人，隨兄永祚僑居江夏，以嘉魚籍貢太學。工書法、詩文。著有《東柳全集》。

黄鶴樓

飛棟岧嶤迥不羣，危巒依舊倚斜曛。誰能畫壁招黄鶴？我欲乘風問白雲。夾岸樓臺芳樹盡，萬家煙火一江分。向人莫話滄桑事，笛裏梅花可贈君。《江夏志》

國朝劉鳳誥字金門，萍鄉人。乾隆己酉進士，官至吏部侍郎。著有《存悔齋集》。

登黄鶴樓

東下萬里水，此山横一樓。岷峨大江塹，漢沔古時州。仙者已黄鶴，野人空白鷗。吾能攜鐵笛，吹破四天秋。本集

國朝葉廷芳見卷七。

同友人登黄鶴樓

當年曾訪晴川樹，此日才登黄鶴樓。玉笛不聞江水静，白雲常繞鄂城秋。辛家有酒泉空在，吕老無心跡尚留。我亦鳳凰臺上客，萍蹤四海漫遨遊。《花餘亭詩存》

國朝洪亮吉字君直，一字稚存，號北江，陽湖人。乾隆庚戌進士，殿試第二人及

第，官翰林院編修。著有《鮒鮚軒》《蕃葹閣》《更生齋》等集。

月夜登黄鶴樓憶尚書師荆州

上城已有角聲催，矄黑窗櫺信手開。十月魚龍先入定，三更烏鵲自飛來。巴人路向雲邊出，楚國天從溢口開。誰敞庾公樓畔月？不勝清興待銜杯。《鮒鮚軒集》

國朝周系英字孟才，號石芳，湘潭人。乾隆庚戌進士，改庶吉士，授編修，官至户部右侍郎。

丙子十二月二十八日大雪，登黄鶴樓，簡筠圃中丞及鼎圃學使

老夫乘興劇清狂，獨上危樓涷欲僵。放眼重教開境界，此身真覺立蒼茫。落梅風細飛仍急，爆竹聲多溼不妨。且喜連雲饒宿麥，江流漫把客愁量。

款關驚起道童眠，自注：是日游人絶跡，叩門良久始得入。狂客真成謝俗緣。何處淺斟歌對酒，幾家高卧突無煙。當年鶴駕憑誰問？此日鴻泥只自憐。莫漫倚欄頻嘯詠，恐人傳説是神仙。

龍公手熟倍精神，自注：今年第三雪矣。一色迷漫望不真。界畫屋山開粉本①，堆成巖壑失鱗皴。兩京賦就應霏雪，自注：謂筠圃中丞。八詠才高正賞春。自注：謂鼎甫②學使。可惜良辰都不管，憑教白戰屬羈人。《沅湘耆舊集》

國朝王守正字繩齋，江夏人，廩貢生，沔陽訓導。

---

① 粉本：畫稿。古人作畫，先施粉上樣，然後依樣落筆，故稱畫稿爲粉本。詩中説江山如畫。

② 鼎甫：本詩標題作“鼎圃”。

黄鶴樓玩月歌

黄鵠山頭高硉矹，黄鶴樓頭尤峭崒。樓頭秋夜寂不喧，碧空高掛一輪月。乘興來遊静領之，皎如水鏡懸貝闕。旁無浮雲三五點，中有桂花影突兀。月白晴煙横大江，月明山壁森見骨。江月白兮漁火青，山月明兮鵲聲發。倚欄惟有清風生，當年長笛吹已歇。興酣搖筆飲且歌，淩虚一嘯神仙窟。《江夏志》

國朝張克謀字松山，華容人。監生。著有《僅可齋詩鈔》。

登黄鶴樓

木落滿天秋，秋高黄鶴樓。白雲飛不盡，日暮大江流。本集

國朝釋覺慧字滌塵，别號湘嵐，湘潭吕氏子。有《茸香詩草》五卷。

登黄鶴樓

黄鶴不可見，白雲空自悠。欲吞江漢水，直洗古今愁。落日關山遠，西風鴻雁秋。憑闌懷往事，吟罷幾回頭。《沅湘耆舊集》

黄鶴樓

白雲尚賸當年蹟，黄鶴猶名此日樓。不信神仙歸渺渺，本來江漢自悠悠。晴川楓葉霜千樹，鄂渚蘆花雪一洲。千古英雄千古憾，幾回憑眺幾回愁。同上

國朝龔立海字柱君，號雲濤，巴陵人。貢生。著有《垂雲山房詩集》。

黄鶴樓

撫劍忽不懌《正雅集》作“一清嘯”，來登黄鶴樓。文章公等在，今古大江流。戰地餘荒壘，雄關扼上游。西風楊柳盡，愁見武昌秋。同上

國朝郭祖翼字芑泉，善化人。廩生。著有《雨福山房賸草》。

黄鶴樓

對酒忽不樂，言尋黄鶴樓。乾坤元氣合，今古大江流。詞客終相妒，神仙安可求？何當擕玉笛，吹散故園愁。同上

國朝姚學塽字鏡塘，歸安人。嘉慶丙辰進士。著有《竹素齋遺詩》。

題陳大雲侍御《重游黄鶴樓圖》

謫仙曾擬碎高樓，爲妒崔詩壓上頭。何似先生持使節，重經故土豁吟眸。壬午典試粤西，歸途登此。雲山漠漠長天晚，江漢茫茫大地秋。此去儻逢黄鶴在時方乞假歸，還應騎向帝城游。本集

黄鶴樓題壁①

笛聲吹裂大江流，天上星辰歷歷秋。黄鶴白雲今夜别，美人香草古時愁。我行何止半天下，此去休論八督州。多少煙雲都過眼，酒盃還置五湖頭。《沅湘耆舊集》

國朝吴榮光字殿垣，一字荷屋，南海人。嘉慶己未進士，官湖南巡撫，左遷四品京堂，旋擢福建布政使。著有《石雲山人詩稿》。

---

① 此詩爲宋湘所作。底本詩前漏作者小傳，此處據目録出注。

登黄鶴樓

好風吹送我登樓，何事仙人不暫留？雲影古今過鄂渚，江聲日夜走黄州。極天波浪誰同濟？異地烟花我欲愁。西去荆門聞戰壘，幾家漁網夕陽收。

我欲仙人跨鶴回，手吹玉笛暮雲開。依然城郭三春日，如此江山幾代才。鸚鵡洲荒名士盡，桃花宫冷美人哀。惟餘大别山頭月，照徹滄桑夜夜來。本集

國朝陶澍字子霖，號雲汀，安化人。嘉慶庚申舉人，壬戌進士，翰林院編修，官至兩江總督。卒謚文毅，贈太子太保，入祀賢良祠。著有《陶文毅公全集》。

舟至江夏

洞庭片席乘風下，放眼蒼茫快此行。雨氣欲沈雲夢澤，江聲直上武昌城。濛濛芳草洲邊合，歷歷青山閣外横。便合攜壺黄鵠岸，登樓一嘯一杯傾。本集

重登黄鶴樓

又趁湖天萬里晴，落帆高上武昌城。乾坤不老風雲色，今古長流江漢聲。山對鳳凰猶在眼，波翻鷗鷺舊同盟。紅闌十二吟題徧，誰識當時振策行？同上

國朝張履信字雲池，一字復言，湘潭人。嘉慶辛酉舉人，補邵陽訓導。著有《二雲書屋詩集》。

壬戌下第南歸，登黄鶴樓感賦三首

昔人此地建高樓，振策登臨最上頭。雲鶴只今陳迹杳，風濤終古大

江流。遊仙有夢虛三島，落木無邊下九秋。回首長安天萬里，倚欄凝望不勝愁。

文章契合豈無神？振古仙才思不羣。真賞一時逢太白，高名千古擅司勳。晴川芳草猶依舊，玉笛梅花可復聞。此日登臨空作賦，茫茫百感對斜曛。

軒窗面面俯虛空，小憇招邀有道童。萬里輪蹏行役倦，百年日月逝波同。荊襄征戍嚴烽火，風雨鄉關滯雁鴻。樓上仙人應笑我，到來底事去匆匆。《沅湘耆舊集》

國朝蔡復午號仡蘭，吴縣人。嘉慶辛酉舉人。

重登黄鶴樓

六載羅平妖鳥鳴，烽烟靖後此重經。予己未自長沙歸，正當教匪滋事。浮雲不盡長江白，曉日仍銜大别青。地控郧襄連左輔，天迴楚粤接南溟。憑闌欲擫梅花笛，驚起蛟龍出水聽。《蘭言集》

國朝王慶麟字希仲，一字時祥，華亭人。嘉慶癸酉舉人。著有《洞庭集》。

黄鶴樓圖

黄鶴樓高高無極，黄鵠磯頭浪不息。何代來游駕鶴賓，至今雲氣猶五色。傳是當年荀叔偉，早受壺符餐白石。絳雪丹成時未來，蘋花谿上尋常憶。登樓西望彩雲生，一物飄然墮其側。賓主留歡出玉書，黄紙新除上清職。臨風自整紫荷巾，青絲角髻桃花色。舉袂翩翩謝世人，戚友欲留留不得。樓下兒童拍手笑，雲中騏驥風生翼。昨日同游市井間，今晨便領神仙伯。烟霄瞬息杳無蹤，地上諸君萬古隔。芳草萋萋自古今，何年復下淩霄翮？本集

國朝周泗字未詳，重慶人。諸生。李雨村云："泗詩從高白雲先生處採得，頗有奇

氣。”泗爲諸生時，年纔弱冠，授館土酋，恃才玩侮，後竟遇害，“鸚鵡”“梅花”實先讖也。

黄鶴樓 九歲作

吾蜀青蓮曾閣筆，今朝黄口敢能詩。長江日月滔滔去，大野風雲漠漠馳。鸚鵡竟成才子恨，梅花久斷玉人吹。徘徊閣影樓頭我，全不思鄉淚已垂。《蜀雅》

國朝閨媛鍾令嘉字守箴，晚號甘荼老人，江西餘干縣人。贈君蔣堅室，編修蔣士銓母。著有《柴車倦遊集》。

黄鶴樓

誰見鶴飛去，神仙不再過。招魂才士盡，遺韻酒人多。文字風猶霸，江山氣不磨。南朝資鎖鑰，天險究如何？本集

黄鵠山志卷九終　男宗廉校字

黄鵠山志卷十目録

藝文古今體詩

黄鶴樓

國朝五十二人

王廷偉一首

黄承吉一首

姚覲闓一首

鄧顯鶴一首

喻文鏊一首

程懷璟一首

邵墪八首

謝菼五首①

蔡顯原一首

馬功儀二首

劉開二首

吴清鵬一首

黄釗一首

袁渭鐘一首

吴文鎔一首

周樂清一首

楊季鸞一首

官文一首

陳瑞琳二首

宗稷辰二首

---

① 實七首。

徐榮一首

劉湉二首

張維屏四首

彭崧毓二首

方濬頤一首

楊澤闓一首

黄燮清一首

樊雨一首

葉名澧一首

張際亮一首

張開霽一首

徐瀛一首

徐儒楠一首

何國琛二首

王柏心二首

陳濬二首

張炳堃四首

伍肇齡二首

釋量雲一首

彭瑞毓二首

李樹瀛六首

車元春五首

徐同善一首

譚溥二首

恭釗二首[①]

程之楨十一首

---

① 實三首。

張杲二首

胡志章一首

陳建侯一首

王家仕一首

錢桂林一首

胡鳳丹三首

黄鵠山志卷十

永康胡鳳丹月樵編纂

藝文 古今體詩

國朝王廷偉字毅山，太倉人。嘉慶甲子明經，官浙江石門知縣。著有《毅山詩集》。

黄鶴樓

未識蠶叢路，先登黄鶴樓。八窗三楚月，半壁大江秋。鞭指晴川閣，燈連杜若洲。何人吹玉笛，使我不勝愁。本集

國朝黄承吉字謙牧，號春谷，江都人。嘉慶乙丑進士，官廣西知縣。著有《夢陔堂詩集》。

登黄鶴樓

高影控城頭，雄標壓郡樓。風光全楚入，春色大江流。客意空霄漢，吾鄉自斗牛。崔郎題筆處，千古一羈愁。《蘭言集》

國朝姚覲闇字伍祺，號卿門，桐城人。增貢生，官兵部武庫司郎中。

黄鶴樓和張竹樓太守韻

樓頭崔顥題詩處，二十年來别楚遲。終古白雲無盡意，何時黄鶴有歸期？月明釃酒人千里，花落横江笛一枝。依舊汀洲自春色，裙腰芳草緑離離。《蘭言集》

國朝鄧顯鶴字子立，號湘臯，新化人。嘉慶庚午舉人，官教諭。著有《南村草堂詩集》。

月夜陪座主韓樹屏先生登黄鶴樓

那能鶴背恣遨遊？且向磯頭共泊舟。老子興來乘月往，大江波静際天流。烽煙楚蜀新消後，雨雪關河欲暮秋。滿眼窮閻無限感，荆門郢樹不勝愁。本集

國朝喻文鏊字石農，黄梅人。恩貢生，竹谿縣教諭。著有《紅蕉山館詩集》。

王西園鴻典大令招飲黄鶴樓

木落江深鴇鶂哀，江頭片月湧孤臺。百年賓主同今夕，幾處悲歌對酒杯。笛冷梅花隨鶴去，潮吞大别捲秋來。横空雁唳清霄迥，九辨誰憐宋玉才？《卧園詩話》

國朝程懷璟字玉農，雲夢人。官至布政使。

黄鶴樓

黄鶴自高翥，往來人倚樓。天光涵水氣，山勢鎖江流。詩擱千年筆，仙吹一笛秋。梅花寒不落，古韻訪磯頭。《卧園詩話》

國朝邵鏊字冶塘，四明人。廩貢生。著有《冶塘詩文集》。

黄鶴樓集唐句

昔人已乘白雲去崔顥，兄事安期[1]弟葛洪崔郾。齋沐暫思同静室盧綸，湖山翠欲結蒙蘢杜牧。眼前俗物關情少姚巖傑，象外煙霞有句通黄滔。黄鶴樓中吹玉笛李白，十洲三島逐仙翁李商隱。

此地空餘黄鶴樓崔顥，江漢還繞石城流胡宿。但留海外三山宅王駕，不羡人間萬户侯胡曾。蕩漾雲帆連楚峽杜牧，微茫煙樹向巴邱李山甫。欲拈霜管題詩句郎士元，崔顥題詩在上頭李白。

黄鶴一去不復返崔顥，再來相見更無緣沈警。門前山色能深淺秦系，林畔鶯聲似管絃張泌。吴國地遥江接海韓偓，洞庭春盡水連天柳宗元。飈輪送我登仙府韋蟾，多被人呼作散仙白居易。

白雲千載空悠悠崔顥，遥指白雲天際頭吕巖。惟恨仙桃遲結實李仲，不如庭草解忘憂李建勳。傷心自比籠中鶴元稹，回首更慚江上鷗趙嘏。漢口夕陽飛鳥度劉長卿，境非吾土倦登樓杜甫。

晴川歷歷漢陽樹崔顥，古木惟多鳥雀聲劉滄。返照入江翻石壁杜甫，殘霞散綺映山城高駢。芳樽細浪傾春醁温庭筠，紅蠟香煙撲畫楹李白。縱在人間爲第一歐陽詹，不妨高處便題名朱慶餘[2]。

芳草萋萋鸚鵡洲崔顥，攜觴並上木蘭舟章碣。簾前春色應須惜岑參，檻外長江空自流王勃。黄鵠有心多不住李端，白雲何事欲相留劉長卿？分明記得曾行處方干，鶴引神仙出月遊李白。

日暮鄉關何處是崔顥？行人猶念舊鄉關錢起。川原繚繞浮雲外盧綸，臺榭参差積翠間薛逢。遁跡豈勞登遠岫許渾，忘名何必入深山白居易？惟教鶴探丹邱信褚載，沆瀣爲餐久駐顔李邕。

---

① 安期：仙人名。秦漢間齊人，一説瑯琊阜鄉人。傳説他曾從河上丈人習黄帝、老子之説，賣藥東海邊。秦始皇東游，與語三日夜，賜金璧數千萬，皆置之阜鄉亭而去，留書及赤玉舄一雙爲報。後始皇遣使人海求之，未至蓬萊山，遇風波而返。

② 朱慶餘：底本誤作“朱餘慶”。

煙波江上使人愁崔顥，愁殺煙波隱畫樓顧嶠。山色遥連秦①樹晚韓翃，水聲空傍漢宫秋鄭谷。世間甲子須臾過許渾，壺裏乾坤只自由吕巖。此地四時抛不得方干，應陪秉燭夜深遊曹松。

國朝謝荚字惕夫，黄岡人。嘉慶癸酉拔貢。著有《惕夫詩鈔》。

柏坪同年招遊黄鶴樓即賦

古今一石才，子建得八斗。古今一枝筆，獨在青蓮手。自從擱向黄鶴樓，紛紛兒子不足數。季常意氣何淩雲，高摘星辰懸兩肘。幾從天半問黄鶴，忘卻文偉是誰某。拍肩挹袖四五人，雄文一一擬韓柳。就中謝客興更豪，狂歌不必飲多酒。時或填詞學柳七，不肯讀書學歐九。量材自謂靈運翁，清發又説宣城守。得來奇句可驚人，合教太白再低首。臨風高唱壁上詩，虚無帝座能通否？此樓不止百尺高，俯瞰大江東去波濤走。本集

大風偕紫庭同年登黄鶴樓望江

白浪排半空，勢欲挾江走。一葉忽飛來，起伏波中久。傾側時見底，篷檗更何有？性命等鴻毛，鴻毛尚輕否？旁觀坐歎息，欲語還緘口。

地以上皆水，水以上皆天。天水渾一色，微微劃蒼煙。鳥從煙雲出，飛渡何翛然？人生無羽翼，心往足不前。

我年過三十，所歷皆坦途。力薄膽未堅，往往多疏虞。壯哉晉宗慤，萬里能長驅。修短不足計，竟自忘江湖。以此策勳名，矯矯真丈夫。

風從空穴來，遇物物皆損。孤塔矗江邊，微蕩波中影。塔如啞然笑，客容何太猛？静以鎮羣動，於焉發深省。迴首望同遊，危坐衣冠整。同上

① 秦：底本誤作“泰”。

和周芸皋師《雪後登黄鶴樓》韻

大江盪胸臆，殘雪煮茶紅。幻影尚摹鵠，新詩還印鴻。神仙霄漢近，懷抱古今同。欲擬梁園賦①，含豪矚遠空。

萬瓦砌瓊玉，紅霞流斷紅。炊煙横去鳥，雪影戀歸鴻。筆擱肯相讓，吟成難與同。梅花飛已盡，把笛寄遥空。同上

國朝蔡顯原字蒙泉，香山人。嘉慶丙子舉人，大挑教諭。著有《銘心書屋詩鈔》。

黄鶴樓

黄鵠磯上黄鶴樓，翼翼勢與青冥浮。左挾洞庭右彭蠡，横空東南五千里。長江西下流滔滔，岷山積雪飛銀濤。附庸漢水並東去，蹴天浪與帆檣高。欲雪不雪天乍暝，雲夢荒荒盪秋影。西塞山前霜氣深，黄軍浦上滄波迴。與誰鐵笛倚雲限？梅花吹落匡廬頂。本集

國朝馬功儀字棣原，江甯人。貢生。

黄鶴樓用壁間韻

百鍊修成九轉丹，靈珠慧劍共披肝。幾人霄漢逢仙易，如此江山屬句難。棗樹排雲蝴蝶睡，梅花噴雪玉龍寒。我來逕欲乘風去，一瓣心香薦石壇。《蘭言集》

李惠甫觀察招同人登黄鶴樓聽琴

飛樓縹緲矗雲深，碧漢清湘夜氣森。千里舳艫排夏口，一天風月颯

① 梁園賦：梁園爲西漢梁孝王劉武在都城睢陽（今河南省商丘市睢陽區）城内所營建的游賞延賓之所，枚乘爲辭賦大家，所作《梁王菟園賦》爲時人所稱贊。

秋心。山盤蛇徑争趨壑，人倚雕闌慶盍簪[1]。重款危亭仙棗下，暫抛鐵笛撫瑶琴。同上

國朝劉開字明東，一字孟塗，又字方來，桐城人。諸生。著有《劉孟塗集》。

題　樓

長江日夜争東流，勢合漢水吞中州。蒼茫一片煙波色，齊赴雲中黄鶴樓。樓中仙去已千秋，白雲終古爲誰留？地臨南楚當空起，人立西風最上頭。濤聲忽湧蛟龍怒，寒煙隔斷漢陽渡。欲題數字付南天，只恐地下崔郎妒。崔郎縱妒何爲哉？精靈久已歸山隈。江天留此舊名勝，待人再展淩雲才。左列麒麟之玉筆，右陳鸚鵡之酒杯。銜杯舉筆對明月，天風忽落座中來。借問鶴飛幾時回，遨遊玉宇又金臺。何不載將仙子返，相與逐日鞭風雷。坐使樓中顔色開，興酣萬斛泉盡瀉。上抗風騷下宋賈，壁上詩句胡爲者。才名自昔推青蓮，甘讓他人詩占先。世人才氣非謫仙，乃欲琢句追前賢。追前落後終何益？虚埽鸞箋劈素帛。願公手挹江漢波，一洗古今之陳迹。芳洲飄緲水澄清，側身天末懷禰衡。高才摧折秋風裏，芳草萋萋無限情。武昌城外春煙緑，樓上笛寒空斷續。不須更聽落梅花，一夜春心滿江曲。《孟塗前集》

月夜重登黄鶴樓

黄鶴飛難覔，碧天懸舊名。樓空留有迹，我見不勝情。此笛已千古，何人聞一聲？衹應江上月，重照客心明。同上

國朝吴清鵬字程九，號西穀，晚號笏菴，浙江錢唐人。嘉慶丁丑進士，殿試一甲第三名。由翰林御史歷官順天府府丞。著有《笏菴詩集》。

---

① 盍簪：指士人聚會。

和《黄鶴樓》詩

崔李不可作，何人復此樓？如聞玉笛弄，令憶錦袍①游。渺渺雲過渚，蕭蕭月映洲。惟應千載後，猶是昔時秋。本集

國朝黄釗字穀生，一字香鐵，鎮平縣人。嘉慶己卯舉人，官内閣中書。著有《讀白華草堂詩鈔》。

登黄鶴樓

漢水自東流，天光四面收。乘雲空際想，繫日古時愁。才子何嘗歇，神仙似可求。羽衣吹玉笛，前夜夢黄州。《篤舊集》

國朝袁渭鐘字介菴，丹徒人。官梧州知府。著有《郵程吟草》。

登龜山望黄鶴樓

雄關遥指武昌門，屹立危樓閲曉昏。不識何人吹玉笛，梅花未落已銷魂。《蘭言二集》

國朝吴文鎔字□□②，號甄甫。道光□□③進士，官湖廣總督。謚文節。著有《吴文節遺集》。

---

① 錦袍：指李白。語本宋歐陽修《新唐書・文藝中・李白》："白自知不爲親近所容，益驁放不自修，與知章、李適之、汝陽王璡、崔宗之、蘇晋、張旭、焦遂爲'酒八仙人'。懇求還山，帝賜金放還。白浮游四方，嘗乘月……著宫錦袍坐舟中，旁若無人。"

② 底本爲兩墨丁。

③ 底本爲兩墨丁。

題黃芳谷至棠《黃鶴延秋圖》

江空樓矗壯且陡，縮入生綃倩子久①。畫中幾輩寫詩人，叔度汪汪②風雅首。登樓上挹騎鶴仙，遥向雲中爲拍手。浮邱結侣洪崖友③，詩成百篇酒一斗。吟眸忽縱吟思深，睥睨塵寰皆下走。翩然已欲淩虚空，況復颯爽當秋風。蒲帆低曳天蒼茫，雁行斜破煙冥濛。秋色涵來波渺渺，秋稜瘦出山重重。四圍貯入虚窗間，一時得句恣豪雄。我來吹笛落梅裏，披圖急欲相追從。玉梯十丈拾級往，巨練一幅聲流淘。對此鄙吝藉開拓，雲夢八九吞諸胸。柔毫三寸一饞吻，且隨詩虎與酒龍。本集

國朝周樂清字文泉，海甯州人。以父廕，由州判累官湖南、山東知縣，陞同知。著有《静遠草堂集》。

黃鶴樓

明月渾無恙，青山一色秋。斯人久不作，今我獨登樓。蹟認黃初舊，身從碧落游。舉杯酹狂士，鸚鵡有荒洲。本集

國朝楊季鸞字紫卿，甯遠人。國子監生，咸豐元年舉孝廉方正，主講永州濂溪書院。著有《春星閣詩鈔》。

黃鶴樓

豈徒黃鶴乘雲去，不見崔郎與謫仙。今古登臨同悵望，後先憑弔一茫然。但聞江上數聲笛，吹落梅花何處邊。我欲飛觴盡高興，醉呼明月照晴川。《篤舊集》

---

① 子久：黃公望（1269—1354），字子久，號一峰、大痴道人。元代大畫家。
② 叔度汪汪：稱贊他人氣度寬弘儒雅有如東漢名士黃憲。叔度，黃憲字。
③ 浮邱、洪崖：浮邱與洪崖都是傳説中的仙人。

國朝官文見卷六。

題黄鶴樓

費公過此已昇仙，百尺樓高海内傳。鸚鵡洲連京口樹，晴川閣對漢江煙。山河襟帶三分國，翼軫星躔半壁天。千載白雲踪跡杳，名流黄鶴鄂城邊。《敦教堂詩鈔》

國朝陳瑞琳字九香，羅田人。貢生，官河南府經歷。有《食古研齋詩集》。

十六夜偕陶笵之金冶，張角山其英，劉莘農天民，王子壽柏心，舍弟竹坪、兩玉登黄鶴樓望月

鳳凰山上月，忽照鶴樓前。萬古此明鏡，團圞在碧天。羽衣何處笛？白浪一江煙。大醉向空嘯，無人知謫仙。本集

黄鶴樓獨坐得句，柬熊兩溟國博丈士鵬

樓上仙人去不回，樓前終古白雲堆。無聊且作千秋想，有用方爲一代才。斜日遠浮襄樹出，大江横截蜀山來。詩成欲寄蒓灣老，浩浩天風又落梅。本集

國朝宗稷辰字滌甫，一字滌樓，會稽人。道光辛巳舉人，官至山東運河道。著有《躬恥齋詩鈔》。

初登黄鶴樓

跨鶴羣真駕屢迴，文禕仙去叔禕來。瓊樓高處飛明月，玉笛聲中按落梅。我欲排雲翔六翮①，誰還把酒酹重臺？勝區獨被回翁占，孤負當

① 六翮：謂鳥類雙翅中的正羽。用以指鳥的兩翼。

年李與崔。本集

按：費禕字文偉，荀瓌字叔偉，此作均作平聲，似誤叶，再考。

登黄鶴樓有懷，蔡黄樓已還荆州，悵然寄别

一歲此重遊，懷人獨上樓。雲中望孤鶴，江上繫扁舟。久與班生别，難禁杜老愁。七年同首迴，詩夢在蠻州。

曾讀雲中子，荆南薦士書雲中薦君於光栗原分巡。君才誰不識，時命竟何如？家難悲初定尊甫、令兄連年俱喪，音郵望久疎。寒天唳歸雁，渺渺目愁予。同上

國朝徐榮原名鑑，字南榮，一字鐵孫，漢軍正白旗人。駐防廣州，道光丙申進士，官至福建汀漳龍道，未赴任，卒於軍。著有《懷古田舍詩鈔》。

黄鶴樓放歌

天蒼蒼，雲浪浪，八百里湖波渺茫。英雄割據事反覆，壁赤洲青吁可傷。陶庾風流又衰歇，黄鶴一聲煙水長。黑貂之裘白接䍦，我來欲和崔公詩。菜傭屠酤盡白眼，惟有樓上同仙知。勸我以酒我醉不能持，授我以笛我懶不能吹。青天白日不覺遠，仰視高空雲氣晚。不知何意戀紅塵，璇室瑶房不思返。前水後水相續流，南樓月色何悠悠。詩情寂寞桃花廟，書札荒唐橘樹洲。君不見白銅鞮[①]中花滿頭，漢江壘土成糟邱。詩成擲筆水雲裂，驚破萬頃琉璃秋。本集

國朝劉淯字孝長，天門人。嘉慶丙子舉人，官教諭。五上公車不第，雄才博學，閉鍵著書，海内知名士争相見之。著有《雲中集》。

---

① 白銅鞮：在襄陽。也作“白銅蹄”“白銅堤”。李白《襄陽歌》：“襄陽行樂處，歌舞白銅堤。江城回緑水，花月使人迷。”《襄陽府志》：“銅鞮坊，在府城隍廟西……楚人好唱白銅鞮，因以名坊。”

登黄鶴樓放歌，贈别馬柏坪大令

鴻翼摧折龍門死，孤舟來泊秋煙裹。武昌何人識俊雄？惟有吹笛之仙柏坪子。吹笛仙人淩九霄，尚有幻影留纖毫。數百年來擅此地，不減靈山法座高。其上飛樓百尺亂雲日，其下長江萬里生波濤。此翁睡倒不復問，焉知人世有二豪？長嘯登樓開碧牖，吞若雲夢者八九。興發欲問費道人，低眉不肯一開口。神仙能鍊丹砂成黄金，不能分靈氣與土偶，如此仙人安用哉？邯鄲夢熟何時回？久溷黄塵豈無累，没盡鞭霆逐電之奇材。索莫無言舍之去，走尋柏坪閉關處。柏坪作吏屢摧藏，意氣如前不可當。縱談十二萬年事，酣飲三千六百場。王蔡都是入幕賓，脱手千金贈故人。解組蕭然只琴鶴，朝衣典卻甘長貧。故將軍恆不快意，醉後難恕灞陵尉。憶君天末爲君愁，忽慢相逢心已慰。英雄不遇終飛昇，旦夕榮落何足計？費仙或恐非真仙，仙者心清骨自異。諛頌紛紛聒耳繁，此中豈是久留地？我若得道深入十洲三島間，安能復爲兒童刻畫作游戲？柏坪聞此歎未終，又聞我當之江東，慷慨氣欲成白虹。海上釣鰲遠相寄，君勿蹉跎憂患中。本集

黄鶴歌送陳仲久

君昔探勝香爐峯，腳踏片片青芙蓉，歌成飛出雙白龍。豫章諸子盡傾倒，至今秀色羅胸中。歸來笑傲江城裏，高揖吾黨二三子。黄州冲逸荆州豪，走蝨其間奉牛耳。十上空隨計吏車，羨君南訪武陵花。我轅始南君又北，風流雲散天之涯。司空持節臨天台，妙選英翹幕府開。得君雙眸炯巖電，搜出東南金箭才。千里飛瀑石梁落，八月驚潮海上來。遊盡天下奇山水，交盡天下奇男子。咳唾珠玉不自矜，擁鼻①行爲蒼生起。

---

① 擁鼻：即擁鼻吟。借指雅聲吟咏。《晋書·謝安傳》："安本能爲洛下書生詠，有鼻疾，故其音濁。名流愛其詠而弗能及，或手掩鼻以效之。"

黄鵠磯頭雪亂飛，樓上仙人横笛吹。我乘扁舟破巨浪，仙人招手雲中歸。飲一斗，歌一曲，六逸①不能如我狂，三公不能使我屈。送君匹馬之長安，朔風蕭蕭天苦寒。舊遊憶我如相問，萬里滄波一釣竿。本集

國朝張維屏字子樹，號南山，番禺人。道光壬午進士，官黄梅知縣，調補廣濟。丁外艱歸，服闋，需次江西，以郡丞權知南康府事，未一載乞歸，年八十餘卒。著有《松心集》。

秋夜登黄鶴樓

萬古碧天月，三秋黄鶴樓。仙人不可見，江水自東流。玉笛吹何處，風帆去未休。浮雲與孤客，身世兩悠悠。本集

重登黄鶴樓

昔年樓上客，天外忽飛來。江水去不盡，仙人安在哉？晴川芳草合，鄂渚曉煙開。回首動離思，笛聲聞落梅。本集

黄鶴樓

仙人去後詞人去，但見長江日夜流。江上白雲應萬變，樓前黄鶴自千秋。滄桑易使乾坤老，風月難消今古愁。惟有多情是春草，年年新緑滿芳洲。本集

① 六逸：指竹溪六逸。《新唐書·文藝中·李白》："〔李白〕更客任城，與孔巢父、韓準、裴政、張叔明、陶沔居徂徠山，日沈飲，號'竹溪六逸'。"

李藩、張德昉兩孝廉，余楚闈分校所得士也，是日觴余於黄鶴樓，即席詩

頭陀寺外轉風輪，鸚鵡洲邊幾度春。一去仙乘何代鶴，十年吾是再來人。滄桑過眼談塵劫，雲水浮蹤悟客身。且喜提壺逢舊雨，此間三醉亦前因。本集

國朝彭崧毓字于蕃，號漁帆，江夏人。其先世溧陽人，幕游楚北，僑居會城。道光壬辰舉人，乙未進士，改庶吉士，散館知縣，揀發雲南。官至永昌府，署迤西道，乞歸，現年七十二。著有《求是齋集》。

重建黄鶴樓落成有作

眼底居然突兀成，雲窗霧瑣費經營。鳳皇天半翔應下，蛟蜃江心見亦驚。幕府不勤陶侃甓，梯航争識鄂州城。仙人比歲遊何處？騎鶴歸來倍有情。

不堪回首憶前遊，風月依然聚一樓。但使淩虚闕象緯，都難忘遠廢邊籌。荆襄自古高瓴建，江漢於今順軌流。帆楫往來無慮險，仗他雄傑壓潮頭。本集

國朝方濬頤字子箴，定遠人。道光甲辰進士，授編修，現官兩淮鹽運使。著有《二知軒詩鈔》《續鈔》。

黄鶴樓 用少陵韻聯句

神仙那在塵寰外謙齋？狂士難留宇宙間子箴。一笛梅花辭漢渚叔平，孤洲芳草怨荆山燕昭。才生亂世終何補謙？羽化雲霄竟不還箴。勝地於今息烽火叔，高樓依舊峙津關燕。　本集

國朝楊澤闓一名濬，字白民，號石汸，甯遠人。道光甲午舉人，景山官學教習，山

東知縣。著有《石汸詩畧》。

登黄鶴樓題吕仙睡像

昔年夢到黄鶴樓，大江東去雲西流。置身天半俯無地，斗牛光激風飀飀。騎鶴仙來拍掌笑，兩人相隔千餘秋。朗吟飛去久不返，年年湖畔多句留。手把鸕鷀杓，足踏鸚鵡洲。人生衹有消閒好，爲君吹笛空牢愁。君不見，邯鄲枕，洞庭舟，霜寒一劍酒百榼，昔日少年今白頭。我飲君當醉，我詩君應酬。世人於我既無與，我於人世復奚求？笛聲吹罷梅花落，波光月色相沈浮。我時睡覺紅塵際，仙凡境界畫鴻溝。欲插兩翅奮天表，眼底紛紛無與儔。今年浪迹過湖口，身閒如鶴輕如鷗。飛甍縹緲高百丈，重來此地澄雙眸。江城歲晚多風雪，我方豪興君鼾齁。能詩莫學襄陽隱，能畫莫學少文遊[1]。青蓮低首崔顥句，才氣空夸横九州。前有古人後作者，誰能袖手窮雕鎪？氣吞江湖動星斗，醉餘一夢六合周。夢中來，夢中休，仙乎仙乎抑夢爾，兹樓萬載依山陬。本集

國朝黄燮清字韻珊，一字韻甫，海鹽人。道光乙未舉人，官湖北松滋、宜都知縣。著有《倚晴樓詩詞集》。

俞叟石庵老而健畫，以二丈餘紙寫梅一本，爲黄鶴樓補壁，乞予題之

江上老龍怒起蟄，化作蟠柯勢騰擲。墨鱗散落萬梅花，一夜東風滿雪壁。高城俞叟老益健，生無他好惟畫癖。解衣磅礴好意興，縱筆淋漓

---

① 少文遊：像宗炳那様躺着欣賞畫圖以代旅游。少文，宗炳字。梁沈約《宋書·宗炳傳》："有疾還江陵，嘆曰：'老疾俱至，名山恐難遍睹，唯當澄懷觀道，卧以游之。'凡所游履，皆圖之於室。"

動心魄。紙二丈餘墨一斗，目無全牛矜腕力。元章冬心[1]高格韻，若論雄奇或未敵。横斜疏影妙入神，來與江樓鬬日色。此花不落春四時，一任仙人吹玉笛。本集

國朝樊雨字古香，南昌人，其先世浙江秀水人，客遊南昌，愛東湖之勝，遂家焉。著有《五之草堂詩稿》。

登黄鶴樓

但聞仙人騎鶴去，不見仙人騎鶴來。仙人一去杳難覯，高樓十丈何雄哉！平生不信神仙事，楚水吴山恣遊戲。東西奔走豈憚勞，風塵磨盡縱横志。偶上兹樓望太清，樓頭鐵笛無餘聲。夕陽遠挂晴川樹，白雲天上作煙霧。野風吹酒正未醒，不見神仙獨來去。本集

國朝葉名澧字潤臣，漢陽人。道光丁酉舉人，由内閣侍讀官浙江試用道。著有《敦夙好齋詩集》。

送人之武昌

明月烏啼黄鶴樓，蕭蕭殘柳渚宫[2]秋。扁舟一笛横江去，好趁西風下鄂州。

國朝張際亮字亨甫，一名亨輔，建甯人。道光乙未舉人。著有《松寥山人初集》《婁光堂稿》《南來詩録》。

---

① 元章：米芾，字元章，北宋書法家、畫家、書畫理論家。曾任校書郎、書畫博士、禮部員外郎。冬心：清代書畫家金農。金農（1687—1763），揚州八怪之首。字壽門，號冬心先生。

② 渚宫：春秋楚國的宫名。故址在今湖北省江陵縣。詩中指代明代楚王在武昌的故宫。

黄鶴樓

日落楚雲白，天清江漢秋。千帆出樊口，萬里盡滄洲。我欲乘黄鶴，重尋崔李游。風塵更無地，獨醉此高樓。《篤舊集》

國朝張開霽見卷七。

黄鶴歸來未有期，凭欄正值峭寒時①。城頭雪色千帆映，江上梅花一笛吹。芳草空埋名士恨，晴川不入謫仙詩。客懷欲寄今何處？雲樹陰邊颭酒旗。本集

國朝徐瀛字海年，黄陂人。道光戊戌進士，翰林院庶吉士，散館改廣東英德令。累浙江温州嘉興知府，被議，左遷江西同知。以年老乞歸，今官候選道，現年八十有二。著有《藤薇室詩文稿》。

夢遊黄鶴樓

仙人何時乘鶴來？黄鵠磯頭古城隈。一曲玉笛天地曉，酒樓酣飲三百杯。仙人何時乘鶴去？十洲三島不知處。萍蹤或似踏雪鴻，塵心不同沾泥絮。仙人已去此樓存，窗前大江雪浪翻。千里山水一望盡，永奠南紀作屏藩。登臨好攜碧玉杖，羽翼飛騰扶摇上。俯視煙波兩茫茫，尚有詩人頻來往。本集

國朝徐儒楠字香石，蘄水人。諸生。著有《望雲閣詩集》。

登黄鶴樓

絶頂樓荒幾度秋，吹來鐵笛楚江頭。風清月朗邀紅友②，江色湖光

---

① 本詩底稿無標題。
② 紅友：酒的别稱。

壓白鷗。四面雲煙通隴蜀，千年壁壘想曹劉。青蓮畢竟非才子，崔顥題詩在上頭。本集

國朝何國琛字白英，海甯人。道光辛丑進士，官湖北候補道。著有《白英遺稿》。

鄂城懷古

翼軫分躔枕上流，熊渠[1]錫爵冠通侯。當年歌舞横江出，是處樓臺載酒遊。龍角峰高天外削，虎頭雲起坐中收。興亡自昔無成局，畢竟英雄讓仲謀。

舳艫千里已消沈，鐵板銅琶思不禁。黄鵠摩空春雨瞑，白羊來下暮煙深。更無人物誇吴蜀，只有江山自古今。醉後獨看《鸚鵡賦》，一輪明月滌煩襟。本集

國朝王柏心字子壽，晚號薖叟，監利人。道光甲辰進士，官刑部主事。以母老乞歸，主講荆南書院。著有《樞言漆室吟》等編。

舟望黄鶴樓，時重建甫落成

高樓拔起倏崔嵬，傑構重收杞梓材。平楚江山隨鏡湧，中天闌檻倚雲開。三淪凶窟[2]悲焦土，百戰湘軍挺異才。城郭人民還似昔，故應黄鶴再歸來。

山城秋色俯蒼茫，天塹依然帶楚疆。自是清時銷戰伐，可無雄略固金湯。丹梯迴拓風雲氣，朱拱森垂翼軫芒。欲倚危闌愁極目，浮天何策靖懷襄？本集

---

① 熊渠：春秋時楚國諸侯。周夷王時，王室衰微，楚熊渠在諸侯中最先自稱爲王。

② 三淪凶窟：指太平軍三次攻占武昌屠城事。

國朝陳濬字心泉，閩縣人。道光丁酉舉人，丁未進士。翰林院編修，官至湖北鹽法武昌道。著有《心泉詩鈔》。

鄂城懷古

錦帳牙旗據上游，雄藩形勝拱神州。雙流水滙雲濤壯，八字山分劍壁秋。半世勳名勞運甓，滿天風月快登樓。銅琶休唱江東曲，惹得周郎一顧愁。

楚澤行吟有瓣香，騷壇從古盛文章。禰衡作賦誇鸚鵡，崔顥題詩壓鳳凰。木葉亭邊山月小，梅花笛裏水風涼。仙人一去無消息，我輩登臨興更長。本集

國朝張炳堃字鶴甫，號鹿仙，平湖人。道光庚子舉人，丁未進士。翰林院編修，現官湖北補用道。著有《抱山樓詩鈔》。

鄂城懷古

舳艫千里勢方張，誰使曹瞞意沮傷？畢竟孫劉能得士，東風原不與興亡。

晉代衣冠久寂寥，欲將何物認前朝？南樓北渚都消歇，惟有城西柳萬條。

黄鵠磯頭載酒頻，江山如舊客愁新。龍洲①一曲無人和，寂寞騷壇七百春。

宗臣遺像肅清高借杜句詠胡文忠公祠，日日靈風捲怒濤。爲報吴中殘寇盡，寒泉一匊薦溪毛。殘寇踞吴中，是先帝與藎臣彌留恨事。湘鄉使相挽文忠句也。

國朝伍肇齡字崧生，臨邛人。道光丁未進士，翰林院編修。

---

① 龍洲：南宋文學家劉過（1154—1206），字改之，號龍洲道人。少懷志節，屢陳恢復大計，與陸游、陳亮、辛棄疾等交游。著有《龍洲集》《龍洲詞》等。

初至武昌上小宋中丞

昔聞黄鶴樓頭勝，每憶風流在武昌。況近登臨三五夜，肯辜歡笑百千觴？庾公已約胡牀憩，謝客猶留鄂渚旁。引領氷輪佳夕滿，還攜玉笛縱清狂。

余屢登黄鶴樓，筱翁和詩，以道氣二字貺余，和之三疊前韻

自從鐵笛來仙侶，明月清風屬武昌。逸興超騰思控鶴，奇情鬱勃快銜觴。三庚①大伏不知暑，六甲②靈飛儼在旁。一笑斯樓搥碎後，未容崔顥減吾狂。樓燬惟遺址，故云。

釋量雲字蓮衣，漢陽人，工詩詞，善書法，卒年八十。

鄂城懷古

形勝東南説武昌，雄圖霸業幾稱王。三家③僅有楚人炬，九郡偏教吴氏强。赤壁風流猶未歇，西山亭館揔荒涼。今朝恰好團欒月，共上城樓一眺將。

國朝彭瑞毓字子嘉，號蕫畦，江夏人。其先世江蘇溧陽人，幕游楚北，遂家焉。咸豐辛亥舉人，壬子進士，二甲第一，翰林院編修，入直南書房。同治間官雲南鹽法道，年六十後歸居會垣。著有《賜龍堂詩稿》。

登黄鶴樓

春雨晚方霽，春山面面開。茶煙依鶴去，鈴鐵語風來。岸遠人都小，

---

① 三庚：夏至後第三庚。爲初伏之始。

② 六甲：道教神名，供天帝驅使的陽神；道士可用符籙召請以祈禳驅鬼。

③ 三家：三户人家。極言人數之少。《史記・項羽本紀》："自懷王入秦不反，楚人憐之至今，故楚南公曰：'楚雖三户，亡秦必楚也。'"裴駰集解引臣瓚曰："楚人怨秦，雖三户猶足以亡秦也。"

碑殘字待猜。江聲與笛韻，落盡嶺頭梅。本集

于蕃兄以《鶴樓又見》詩書盛恆山扇上，且跋云“持示家弟”，因次韻奉寄

堪笑仙人跨鶴遊，再遊應亦愧斯樓。空傳紫馭聞三扣，不救紅羊展一籌。大别幾經迷漢渚，長江依舊向東流。歸來未信滄桑事，但恨扶笻雪滿頭。本集

國朝李樹瀛見卷七。

西歸不果，夜登鶴樓

故鄉杳何處？相憶路漫漫。皓月當窗出，征人掩淚看。江光千里碧，秋色一樓寒。不作關山客，誰知跋涉難？本集

登黄鶴樓四首

危樓百仞立嵯峨，每到清秋輒數過。風雨半空排檻至，江山千載閲人多。壁間題詠都陳迹，客裏光陰感逝波。誰道謫仙曾擱筆？我來偏欲倚欄歌。

吴頭楚尾路如何？東去茫茫萬頃波。截水舟輕浮似鷁，滿城山碧小於螺。夕陽臺閣當窗見，遠岫風雲拂檻過。直到夜闌看不厭，一天星斗浸秋河。

隔江山欲渡江過，奈此層樓砥柱何？蜀楚帆檣金口下，東南天地水鄉多。洲邊芳草千年憾，笛裏梅花五月歌。愁絶畫欄憑弔處，幾朝宫殿鎖煙蘿。

檀板清箏唱奈何，樽前重聽雪兒歌。神仙愛向高樓住，風月端宜勝地多。千里河山供指顧，百年世事歎消磨。平生慣學嵇康懶，到此纔能

幾度過。本集

曉過鶴樓，兼訊堂兄曉樓及應耕、雲周、月峯來省消息

飛雁高樓過影忙，晴川山色曉蒼蒼。朦朧煙樹迷金口，歷亂風帆下漢陽。清磬一聲黄葉寺，懷人千里白鷗鄉。茶棚酒幔添多少？又是清秋選佛場[①]。本集

國朝車元春字竹君，儀徵人。咸豐時歲貢生，署江甯高淯縣訓導。著有《蔗餘軒詩鈔》。

登黄鶴樓故址有感

鵠磯扼江江怒吼，不使長江直東走。春撞搏擊聲成雷，倒擊驚濤奔夏口。我來一覽大江横，石磴孤蟠千尺陡。樓前昔日駛戈船，越甲吴犀好身手。碧眼孫郎一再傳，赤烏霸業今何有？齊梁六代遞消沈，倏忽浮雲變蒼狗。神仙從古好樓居，玉笛梅花傳不朽。莽莽紅羊劫火飛，春風不緑新蒲柳。破瓦黏苔血戰餘，女牆列戟烽煙後。即今痛定撫瘡痍，尚恐垂楊生左肘。隣境兵譁，餘氛未熄。十年重到感興衰，舊游振觸空回首。隔江傑閣對晴川晴川閣新落成，依舊煙嵐通户牖。手招黄鶴問前因，顧我鬚眉還記否？本集

黄鶴樓新修落成，作詩以告來者

中原掃蕩煙塵空，乾坤整頓欽膚功。餘力江漢標仙蹤，追摹宸翰光

---

① 選佛場：唐代天然禪師初習儒，將入長安應舉，途逢禪僧，謂選官不如“選佛”，“今江西馬大師出世，是選佛之場，仁者可往”。天然改變初衷，出家習禪。後因以“選佛場”指開堂、設戒、度僧之地。亦泛指佛寺。

熊熊。宫保爵相李秉節是邦，鶴樓觀成，故頌之。[①] 杶幹栝柏梓漆桐，蟠根錯節深山中。輪囷磊砢靈秀鍾，巖搜斫斷生蛟龍。九柯十匠勤磨礱，經營相度倕般工。四十八棟高崇隆，呼吸上與穹霄通。老鶴一聲零露濃，仙人來去蓬萊宫。排雲御氣光溟濛，頃刻變幻窺何從？回憶此樓摧兵烽，烈燄燒徹江波紅。即今啟闢荆榛叢，浩劫纔銷心忡忡。刮楹達嚮牕玲瓏，敢徒攬勝開心胸。達官高吏訏謨同，大恢仁宇矜愚蒙。慈航寶筏招哀鴻設局遣送散勇，苦無破屋遮秋風。帶牛佩犢[②]人歸農，熙熙皞皞登堯封。樂民之樂無給窮，乃不負此梅花玉笛吹下碧簾櫳。本集

黄鶴樓次彭漁叟原韻

紫府丹黄未易成，況於劫後苦經營。蟠空雕鶚天無際，倒影魚龍浪不驚。依舊攀援争捷足，任誇雄秀稱江城。青蓮一去騷壇寂，賴有新詩寄遠情。

楝花風裏記曾游，便抵神仙十二樓。大好憑軒談往事，那容借箸運前籌？隔江樹遠青仍合，排闥山多翠欲流。憐我登臨獨惆悵，鄉關遥在海西頭。同上

和胡月樵都轉《黄鶴樓落成》原韻

金科玉律歌陽春，江山文藻争鮮新。青蓮擱筆公握筆，拂袖不染元規塵。絲竹音諧叶匏土，提唱騷壇建旗鼓。名臣觸處寓深心，轉因豐樂思艱苦。此日蓬壺放鶴歸，此時楹桷羨翬飛。幾輩壺觴延夕月？幾人簾

---

① 這句注文指朝廷任命李瀚章任湖廣總督時黄鶴樓落成。

② 帶牛佩犢：使難民和兵勇回鄉務農。

幙敞朝暉？朝暉夕月煙波淼，無復鴞音空際擾。剥復①循環一刹那，機緘未許癡兒曉。公也恢恢智有餘，流丸自昔止甌臾。淩滄摇嶽豪情遠，獨立蒼茫一歎吁。吁嗟乎，德裕籌邊真有道，置身百尺元龍造。先生峻望與樓齊，憂盛危明急須早。憶我初登鄂渚山，頽垣廢址懶追攀。即今重展好圖畫，蘆雪蕭疏脱葉殷。神仙度世來何暮，下界蒼生勞眷顧。斯樓倘化千萬間，大庇中澤哀鴻住。時被水災，難民露處。誰歟當軸宏遠謨？螺旋百磴中縈紆。陽侯肆虐怒未已，高原大阜成江湖。江湖九月秋風起，攜句問天天尺咫。氣吞吴楚浪花渾，黯奪夔巫暮山紫。砥柱中流稱此邦，憑軒汩汩聽飛淙。驪珠獨得壓元白，愧煞巴人下里腔。同上

國朝徐同善字子取，一字公可，號季鐵，一號竹君，漢軍正黄旗人。駐防廣州，著有《小南海詩集》。

黄鶴樓

江樓玉笛倚雲吹，黄鶴重來未可知。洗盞無人能進酒，東流西日兩遲遲。本集

國朝譚溥見卷七。

過黄鶴樓廢址二首

皓月冷江風，蛇山嘯鬼雄。遺基空代謝，招鶴問窮通。謀醉知何地，興懷此鄂中。神仙不可接，搔首悵蒼穹。

此地曾逢黄鶴仙，樓高分據楚雲巔。蛇山沽酒負良約與王孝鳳約重遊未果，襄水迴舟空昔緣。萬古奇情銷漢月，百年清夢冷湖天。問誰更擫江城笛，吹落梅花何處邊？本集

① 剥復：《易》二卦名。坤下艮上爲剥，表示陰盛陽衰。震下坤上爲復，表示陰極而陽復。後因謂盛衰、消長爲“剥復”。

國朝恭釗字仲勉，號養泉，滿洲正黄旂人。由蔭生官户部郎中，授甘肅西甯道，現官湖北候補道。著有《酒五經吟館詩草》。

黄鶴樓

江山蒼莽闢神宫，樓閣巍峩接碧空。時有天風起蘋末，每疑黄鶴在雲中。晴川不斷煙波緑，夕照曾經劫火紅。懷古論文最高處，詩才崔李漫雌雄。

極目雲帆錦繡程，振衣濯足兩關情。荆門遠近螺鬟岫，漢水東西犄角城。桂露金莖流倒影，梅花玉笛變新聲。元龍[①]老去豪情減，縱上江樓意氣平。

草長平蕪岸脚低，城樓高與碧天齊。衹今冠蓋臨江閣，終古帆檣泊石隄。仙蹟往來湘水上，游人瞻望洞庭西。乘風我欲窺雲漢，安得淩霄百級梯？本集

國朝程之楨見卷七。

七月既望，偕春石、笛樓、仲雅三茂才登黄鶴樓，酒罷述懷六首

大江流不去，終古此高樓。浪打晴川閣，風號鄂渚秋。關山千里共，天地一尊浮。試聽梅花曲，飛鴻唳遠洲。

宿雨江城霽，登臨興有餘。櫓聲金口驛，潮信武昌魚。玉軫酬知己，黄粱悟子虚樓中有盧生像。白雲看不盡，千載渺愁予。

蕭蕭木葉下，莽莽夕陽屯。天曠秋鳴鶴，山寒夜叫猨。乾坤控巴蜀，波浪泝荆門。萬里浩無際，憑闌一舉樽。

---

① 元龍：指東漢陳登，字元龍，英武豪邁。許汜曾對劉備説："陳元龍湖海之士，豪氣不除。"見《三國志·魏志·陳登傳》。

峭峰層榭外，秋色古亭中。山鬼時吹火，江豚忽拜風。舳艫消戰氣，蘭茝弔孤忠。悵望天涯客，懷人此夜同。

長嘯天風壯，欄干北斗横。漢江一片月，飛渡岳陽城。老子胡牀夢，仙人鐵笛聲。何當重九日，攜手話平生。

安期不我遇，棗實老仙鄉。且盡一杯酒，高風千古狂。問天搔短髮，拂袖落新霜。賢宰籌飢溺，蒼生壽可望時秋潦盛漲。　本集

亂後還鄂尋黄鶴樓故址

倚棹重尋鄂渚津，夕陽高處幾堆塵。傍城鬼哭聲皆楚，賣酒人家舊姓辛。故老驚心看鬢雪，戰場積血亂秋茵。江南多少樓臺好，朱雀烏衣跡總陳。

畫檻雕欞俯大川，峩峩百尺控蠻煙。秦灰拉雜悲三户，銅狄[①]摩挲閲幾年？始信古今多浩劫，誰言天下有神仙？蒼茫玉笛知何處？欲聽梅花已惘然。

東征將帥肅龍旂，日月江頭試鐵衣。兵氣尚横威順塔，戰帆仍下禹功磯。榛荒金爵殘碑少，觜啄城烏落葉稀。記得倚闌話仙棗，西門楊柳緑成圍。

飲酒昔年樓上客，黄壚今日半蒿萊。禰衡作賦年方盛，季札還鄉意轉哀。月好不隨人散去，江空恐誤鶴歸來。登高欲叩蒼天問，再起乾坤作棟材。本集

---

① 銅狄：秦始皇所鑄銅人。《漢書・五行志下之上》："史記秦始皇帝二十六年，有大人長五丈，足履六尺，皆夷狄服，凡十二人，見于臨洮……是歲始皇初并六國，反喜以為瑞，銷天下兵器，作金人十二以象之。"後因稱"銅人"爲"銅狄"。

重九日登黄鶴樓感賦

獵獵驚風拂敝袍，登樓試俯漢江濤。寒催彭蠡千帆迥，秋老衡陽一雁高。城郭荒涼悲過客，朋儕零落怕題糕①。傷心買得黄花釀，酹爾詩豪並酒豪。本集

國朝張杲見卷五。

雪霽登樓及陪小鍾先生黄鶴樓之作二首

晚來新雪霽，獨客下西樓。遠樹嶺頭滅，長江天外流。風光異疇昔，身世感浮漚。佇望情何極？茫茫今古愁。本集

萬家日落上燈時，過雨尋秋景益奇。樓閣倚天争得勢，江山絶頂轉難詩。鶴飛夏口乘雲早，雁怯衡陽作陣遲。玉笛梅花常結憶，古懷一片有誰知？同上

國朝胡志章字稚楓，安陸人。優貢生，官江蘇知縣，改發安徽，署和州知州。

憶舊游行奉懷月樵都轉在皖卻寄

黄鶴樓前江水流，黄鶴樓上仙人遊。仙人騎鶴去不返，高樓矗立三千秋。青山歷歷漢陽縣，倒影江光如匹練。憶我登樓方少年，酒酣題句呼青蓮。卅年不歸今老矣，樓亦過眼空雲煙。鸚鵡洲，晴川樹，都是平生夢遊處。襟上猶題傾蓋名，卷中但有懷鄉賦。江山文藻須人傑，楚國風騷仰前哲。羡君三載駐襜帷，可有芷蘭供采擷？君詩神骨濯冰雪，君

---

① 題糕：典出宋邵博《聞見後録》卷十九："劉夢得作《九日》詩，欲用糕字，以五經中無之，輟不復爲。宋子京以爲不然。故子京《九日食糕》有咏云：'颸館輕霜拂曙袍，糗餈花飲鬬分曹。劉郎不敢題糕字，虚負詩中一世豪。'"

家世德光閥閲。想見騷壇莅敦槃[1]，定使羣材奉圭臬。坐上清言字貫珠，門前流水輪消鐵。擁鼻争爲謝傅吟，解頤又聽匡衡説。君不見楚地茫茫横天下，衹今三户遺民寡。但見青紅蜃結樓，誰憐雲夢鴻嗸野？持籌飲水知君才，召父杜母期君來。緑章早達通明殿，繡斧榮登御史臺。人生久客思鄉里，何況故鄉有知己！雁足頻傳錦字書，猪肝那及蒓羹美？仙人費文偉，詞客禰正平，精爽萬古長如生。我欲趁此江月明，布帆一葉秋風輕。與君仙棗亭邊路，共話傷今望古情。本集

國朝陳建侯字仲耦，閩縣人。咸豐乙卯舉人，現任德安府知府。

黄鶴樓小飲，月樵都轉以詩見贈，奉和呈政

黄鵠高飛志千里，燕雀樊籠安可擬？江上何年化作磯？白石巖巖呼不起黄鶴樓在黄鵠磯上。危城百雉居上游，虎踞龍蟠控九州。舊時豪傑今安在？披襟坐對湖山秋。湖光山色當樓好，羣仙雜遝來蓬島。略分渾忘雞鼠譏，争雄翻似蠻觸討。觥籌交錯聲模糊，醉後狂歌擊唾壺。昔人老去黄鶴杳，今我不樂胡爲乎？酒闌人散日將夕，楚水茫茫楚山碧。鸞箋一幅忽飛來，幻作佳章紀陳迹。不才强欲和君詩，愧乏江郎筆一枝。枯腸芒角不敢出，江上浮雲那得知？本集

國朝王家仕字信甫，監利人。柏心第三子，穎悟過人，有文名。以太學生兩應鄉舉不得志，得疾而没，年僅二十九，士論惜之。著有《彤雲閣遺詩》。

登黄鶴樓

斜陽江樹渺無極，鸚鵡年年芳草碧。危闌俯瞰藐塵寰，隱約梅花横玉笛。畫棟淩虚跨彩虹，般倕巧與神爲功。鳳翥龍騫出霄漢，呼吸已覺

① 敦槃：指玉敦和珠槃。古代天子或諸侯盟會所用的禮器。敦以盛食，盤以盛血，皆用木製，珠玉爲飾。後以“敦槃”指賓主聚會或使節交往。

太微通。興廢有時淚暗灑，况復當時躪銅馬①。飄零三户等晨星，天邊黄鶴飛難下。庾亮陶公事偶然，繁華電捲速江煙。江山文藻焕仍新，東海近已桑爲田。蜃窟蛟宫迷漢水，厝火積薪胡致此？眼前風景可憐朝，乾坤莽蕩悲歌裏。本集

國朝錢桂林字香一，號薌逸，江夏人。廩貢生，候選訓導。

初冬登鶴樓，見題詠殆遍，佳者寥寥，戲書樓柱，以博噴飯

今我不樂登鶴樓，坐看紅日銜山陬。乾清坤夷絶纖翳，金碧照曜滄江流。是時水落魚龍蟄，沙際但見翔羣鷗。盪胸湖海斂豪氣，舉目風景殊前游。憶昔樓成當盛夏，招攜攬勝歡朋儔。酒人一散各天末，太息蹤跡如雲浮。何物過客偏好事，紛紛疥壁不能休。匏宣瓦奏互響答，乃與崔李争千秋。我欲九淵召龍伯，怒鼓洪濤高山邱。一洗斯樓還真面，無令異代猶蒙羞。狂言逆知招眾吠，快論或點仙人頭。仰天大笑冠纓絶，干卿甚事胡吹求？且去江邊翫新月，沽取香醖銷閒愁。本集

國朝胡鳳丹

黄鶴樓赴飲

丙寅八月五日，涼風微扇，江水不波，牟皓升嗣龍、陳仲耦建侯兩太守招飲黄鶴樓之具美堂，李玉階明墀、何芷舠維鍵、楊笠生儷珍三觀察均在坐，王夢崧熙湘觀察因疾不至，即席賦贈同人。

我如倦鶴游天末，一飲一啄討生活。我本野鶴性未馴，翱翔江漢秋復春。牟陳二公招鶴侣，引我黄鶴樓頭看鶴舞。黄鶴一去幾千年，賸有危樓矗高渚。主人款客開瓊筵，鳳髓麟脂玉液泉。一杯一杯互酬勸，高

---

① 銅馬：銅馬軍，新莽末年河北的農民起義軍。詩中指代造反的“太平軍”。

談幽賞娱羣賢。謫仙才調冠千古，萬丈文光誰與伍？衡湘自昔爲屏藩，鶴有餘糧實天庾李玉階由湖南糧道晋署藩司。維揚何遜鶴丰姿，水部改爲農部司。今日持籌奠全楚，挽粟飛芻裕度支。何芷舠由户部改官楚北，現辦軍需局務。吏部文章中郎隸，淵源本出子雲系。清白傳家守四知，與我同舟期共濟楊笠生工詩善隸。王子養鶴緱山限，籠中枯坐招不來。餐粟不肥偏善病，同羣望鶴心徘徊謂王夢崧。吁嗟乎，羣鶴迴翔不常住，一舉冲霄來復去。當年黄鶴樓中棲，問鶴於今在何處。斯樓浩劫罹紅羊，鶴不歸來樓亦荒。世變滄桑百感集，疑有老鶴華表翔。羣公仙骨如鶴清，我不能飛復不鳴。安得一琴一鶴相與和聲競鳴盛，但願絃歌比户不聞風鶴聲。《退補齋詩存》

次稚楓舊游行原韻

樓上仙人第一流，仙人一去何人游？黄鶴不來玉笛咽，吹落梅花春復秋。江城如畫幾邦縣，武昌城外帆飛練。我來不是晋唐年，手持斗酒招青蓮。青蓮擱筆已千載，高樓灰燼埋荒煙。江東雲，渭北樹，雙鯉迢迢渺何處？芳草天涯客不歸，靈光古殿人誰賦？郢中自昔鍾靈傑，况復君才超往哲。曹倉鄴架[1]勤搜羅，宋豔班香恣采擷。我媿巴人君白雪，月旦[2]當年互評閲。同時健者推延陵，今擁節旄昔陳臬。詩牌酒盞相招邀，如漆投膠磁引鐵。吴竹莊中丞前任安徽臬司，時余與君先後游皖。别君容易見君難，項斯到處逢人説。君不見往古來今盛名下，能雪虚聲蓋亦寡。豈無游説傲王侯，那有勳名震朝野？江左夷吾天下才，一琴一鶴翩然來。來暮紛歌皖山麓，去思遠繫姑蘇臺。君初官江蘇，今改留皖省。老驥雄心日千里，好憑肝膽酬知己。冰銜皎映冰心清，史才詩才擅兩美。蒼茫吴水

---

① 曹倉鄴架：藏書處。曹倉，指曹家書倉。晋王嘉《拾遺記·後漢》載，曹曾書垂萬餘卷，“及世亂，家家焚廬，曾慮先文湮没，乃積石為倉以藏書，故謂曹氏為書倉。”鄴架，唐鄴侯李泌家藏書甚富，唐韓愈贊其家書架上積書數萬軸。

② 月旦：品評人物。

闊，縹緲楚山平，一夜相思白髮生。贈我新詩照眼明，何以報之瓊瑶輕。樓成寄語南飛鶴黄鶴樓現已鳩工，何日歸話平生情？同上

潁叔約張鹿仙、劉魯汀、陳伯雙及余游黄鶴樓，時將南歸，行有日矣，作此贈别

憶昔黄鶴馱君來，江城五月梅花開。今日黄鶴送君去，漢水湯湯流不住。瀕行招我登高樓，白蘋風起寥天秋。煙波浩渺莽無極，乾坤俯仰生閒愁。帆檣來去紛如織，對此難爲樓上客。浮鷗空有萬里心，飄泊爲家歸不得。看君指日乘長風，吴淞東下何匆匆！應須匏繫念吾黨，毋使目斷南飛鴻。呼僮煮茶沁肺腑，清談不辨誰賓主。坐中忽見斜陽頹，天上何時德星聚？君不見大别山小别山，山前柳色青可憐。物猶如此不忍别，爲君高詠河梁篇。同上

黄鵠山志卷十終　男宗彦校字

黄鵠山志卷十一目録

黄鵠山志卷十一

永康胡鳳丹月樵編纂

藝文 古今體詩

宋黄庭堅字魯直，洪州分甯人。庶子，舉進士，爲葉縣尉，歷祕書丞。紹聖初坐修《神宗實録》失實，貶涪州别駕，黔州安置。建中靖國初召還，知太平州。復除名，編管宜州卒。自號山谷道人。著有《山谷集》。

鄂州南樓書事四首

崇甯二年鄂州作

四顧山光接水光，凭闌十里芰荷香。清風明月無人管，併作南來一味涼。

畫閣傳觴容十客，透風透月兩明軒。南樓槊礴三百尺，天上雲居不足言。

勢壓湖南可長雄，胸吞雲夢略從容。北船未嘗覩巨麗，複閣重樓天際逢。

武昌参伍幕中畫，我亦來追六月涼。老子平生殊不淺，諸君少住對胡牀。《山谷集》

南樓畫閣觀方公悦二小詩戲次韻

十年華屋網蛛塵，大旆重來一日新。五鳳樓中修造手①，箇中餘刃亦精神。

重山複水繞深秋，一見高賢獨倚樓。手拂壁間留恨句，淩波微步有人愁。同上

南　樓

江東湖北行畫圖，鄂州南樓天下無。高明廣深勢合抱，表裏江山來畫閣。雪筵披襟夏簟寒，胸吞雲夢何足言？庾公風流冷似鐵，誰其繼之方公悦。同上

宋鄭震爵里未詳。

鄂州南樓

淯熙六年冬十月，我來獨自上南樓。曉霧江山都不見，霧收日出城東頭。照見漢陽樹，照見鸚鵡洲。浪濤江漢出岷峽，洞庭雲夢天共流。大船如龍捲雲碧，小船如葉飛鴻溝。湘靈霞珮跨黄鶴，洞庭玉笛横清秋。泬寥突兀不可狀，開闔風雨晴煙浮。空中一一都照見，今來古往絲粟無限愁。夜郎逐客心膽大，醉欲搥碎醒又休。此山此水長不老，英雄消盡山水留。何當大雪夜明月，摩挲老眼看九州。春風吹雪變紅錦，牛羊被野邊無憂。《清雋集》

---

① 五鳳樓中修造手：典出《新唐書・元德秀傳》。唐在洛陽建五鳳樓，玄宗曾在其下聚飲，命三百里内縣令、刺史帶聲樂參加。梁太祖朱温即位，重建五鳳樓，去地百丈，高入半空，上有五鳳翹翼。宋曾慥《類説》卷五三引《談苑》："韓浦、韓洎咸有詞學，洎嘗輕浦，語人曰：'吾兄為文，譬如繩樞草舍，聊庇風雨，予之為文，如造五鳳樓手。'"後喻文章巨匠爲造五鳳樓手。

再登南樓

客中南上倚層臺，天闊雲收四面開。雁帶岳陽秋曉過，浪涵巴峽影西來。諸營種柳今何在，老子登樓得幾回？自是江山雄壯處，興亡不必問寒灰。同上

宋范成大見卷七。

鄂州南樓

誰將玉笛弄中秋？黄鶴飛來識舊游。漢樹有情横北渚，蜀江無語抱南樓。燭天燈火三更市，摇月旌旗萬里舟。卻笑鱸江垂釣手，武昌魚好便淹留。《石湖集》

宋陸游見卷七。

南　樓

十年不把武昌酒，此日闌邊感慨深。舟楫紛紛南復北，山川莽莽古猶今。登臨壯士興懷地，忠義孤臣許國心。倚杖黯然斜照晚，秦吴萬里入長吟。《劍南集》

宋王十朋見卷七。

南　樓

江漢西來於此會，朝宗東去不須分。銀濤遥帶岷峨雪，烟渚高連巫峽雲。鸚鵡洲悲狂處士，蛟龍池化故將軍。登臨長願如今日，塵静元規楚不氛。《梅溪集》

宋戴復古字式之，天台人。嘗登陸游之門，以詩鳴江湖間。所居有石屏山，因以爲號，遂以名集。著有《石屏集》。

南　　樓

鄂州州前山頂頭，上有縹緲百尺樓。大開窗户納宇宙，高插闌干侵斗牛。我疑腳踏蒼龍背，下瞰八荒無内外。江渚鱗差十萬家，淮楚荆湖一都會。西風吹盡庾公塵，秋影涵空動碧雲。欲識古今興廢事，細看文簡李公文。本集

宋柳開字仲塗，大名人。初慕韓愈、柳宗元爲古文，名肩愈，字希元，後改焉。開寶六年進士第，歴官環、邠、曹、代、忻、滄六州，終如京使。自號東郊野夫，又曰補亡先生。著有《河東集》。

楚南樓

洗盡蠻烟几案空，登臨直見楚山雄。坐當鴻鵠高飛處，身在乾坤灝氣中。木落有情瞻北闕，霜輕無夢入西風。凭闌自是蓬瀛客，獨對瀟湘興未窮。《宋詩紀事》

國朝陳大章見卷八。

春霽偕諸子登南樓

庾樓春暖柳新灣，懷想風流不可攀。畫棟光浮千樹色，碧窗晴映一峯間。巫雲遠向三湘出，衡雁遥從七澤還。極目重簷望江北，片帆何處是燕山？《江夏志》

國朝徐乾學字原一，號健菴，崑山人。康熙庚午進士第二，官至刑部尚書。著有《憺園集》。

南　樓

南樓月上時，元規甚瀟洒。長嘯踞胡牀，縱横命觴斝。是時方清晏，江介無戎馬。物望殷深源①，清言褚季野②。賓佐堪留連，山川足吟寫。千古庾征西，流傳入風雅。一朝召寇至，宫省入亂蓬。膝屈陶太尉③，心愧鍾侍中。狼狽尚征鎮，茂弘④愁西風。負荷棟梁任，終無分寸功。猶餘清興發，差與名士同。本集

國朝舒峻極字嵩嶽，號漸鴻，廣濟人。康熙時諸生。著有《韋園詩集》。

南樓

炊烟斷處有危樓，曾説庾公舊此遊。但使姓名存異代，何堪城闕伴荒邱？牛羊晚下霜前草，鷹犬晴驕郭外洲。羌笛悲笳吹不徹，天涯明月是中秋。本集

國朝桑調元見卷七。

南　樓

睥睨飛淩履響迺，剛逢明月滿南樓。昔人曾發清宵興，今我還爲勝地游。杯到千巡孤影醉，笛當三弄萬家秋。鼠鬚飽漬留題處，可有人傳

---

① 殷深源：殷浩（303—356），字淵源（因《晋書》避唐高祖李淵之諱，故改爲深源），陳郡長平（今河南西華）人。東晋時期大臣、將領，因會稽王司馬昱提拔而一度與桓温於朝中抗衡。

② 褚季野：褚裒（303—350），字季野。河南陽翟（今河南禹縣）人。東晋時期名士、外戚。褚裒少有簡貴之風，與杜乂齊名。

③ 陶太尉：陶侃。

④ 茂弘：指王導（276—339），字茂弘，小字阿龍。琅玡臨沂（今山東省臨沂市）人。東晋時期著名政治家、書法家，歷仕晋元帝、明帝和成帝三朝，是東晋政權的奠基人之一。

老子不？《衡山集》

國朝王文治見卷九。

登南樓偶憶貫休[1]詩“觀心未到無心處”之句

又拂清風一庾樓，貫休當日可曾休？觀心便到無心處，依舊千般逐水流。《夢樓詩集》

國朝李鼎元見卷九。

登武昌城南樓

山川簇錦上城頭，記得當年客夜游。明月烏啼黄鶴嶺，春風鷗泛白沙洲。南湖樹色空中漾，西塞嵐光眼底收。今日武昌誰作鎮？肯從殷浩暫登樓。《師竹齋集》

國朝蕭致良字伯和，常甯諸生。

南樓遠眺

危樓高峙倚雲空，檻外帆檣萬里通。江水遠來巴子國，雄風高壓楚王宫。鳳皇欲下簫誰引？鸚鵡無言賦敢工。直擬憑虚馳八極，雲雷何日羽毛豐？《沅湘耆舊集》

國朝張家榘字静安，一字容常，别號蓉裳，湘潭人。嘉慶辛酉舉人，道光丙戌挑發知縣，改官新化縣教論。著有《蓉裳詩鈔》。

---

① 貫休：(823—912)，俗姓姜，字德隱，江西進賢縣人，一説浙江蘭溪人，五代著名畫僧。其《山居詩二十四首》其二：“修心未到無心地，萬種千般逐水流。”

武昌阻雪登南樓眺望

南樓獨上暫憑闌，客思無聊觸歲殘。萬里風塵悲短劍，武昌暮雪擁征鞍。燕雲北望金臺迥，鄉樹宵昏丙舍寒。向夕鐘聲人散盡，慈烏將子入林端。同上

國朝朱琦字伯韓，臨桂人。道光辛卯鄉試第一，乙未進士，由翰林歷官福建道御史。在籍辦團練，議叙道員。後遊浙，浙撫檄委總辦團練局，督守清波門。咸豐十一年城陷，琦死之。奏聞於朝，蔭卹如例。著有《怡志堂詩鈔》。

武昌南樓

洞庭一瀉八百里，孤鶩冥冥銜遠天。鄂渚荒涼半蘆荻，釣臺悵望空雲煙。我思美人不可見，每歌黄鵠徒爾憐。南樓取酒且獨飲，何當報我瑶華篇？本集

國朝譚溥見卷七。

登南樓寄懷羅仙舸

襄山何蒼茫，襄水亦悠悠。寸意觸瞻覽，縹緲登南樓。華屋恣初意，不及悲山邱。氣會成遷移，天地良懷憂。如何人間世，物理難相求。悵望西方人，日夕空夷由。本集

國朝顧景星見卷五。

湅雨登八極樓招西印

昌云："樓在江夏黄鵠山。"今廢。

白日照緑草，飛雨滃芳洲。涼風一披拂，可以登兹樓。孤高揺地勢，縹緲淩雲浮。乳雀直上下，行雲爲去留。朱甍出劫火，仙蹟還千秋。昔日章華臺，於今猶在不？錦袍弄明月，玉笛乘扁舟。曠觀冀來哲，逸事景前修。願與庾公暇，放神八極游。籌邊有餘力，高駕時當投。《白茅堂集》

國朝程之楨見卷七。

登楚觀樓

巨靈切石如棗梨，穹窿劃斷成長蹊。高觀其東黄鵠西，一樓插雲雲光低。上有螺旋蟻磨青天梯，下有摩肩擊轂往來不絶轟輪蹏。天遣石城扼腹背，山河蜿蜒蟠虹霓。萬家烟火在指掌，半空沙鳥懸榱題。大江東折束如帶，落日倒射紅玻瓈。樓之故址始有唐，高閣建自牛奇章。越明弘治歲己未，方伯請命從藩王。巋然特起勢壯麗，煌煌一記書東陽。鐘鼓鏜鞳聞四野，幅員廣袤安蠻疆。漢京備盗此遺製，豈徒選勝供徜徉？明代迄今歷年所，斯樓横亙天中央。康熙重建閲乾隆，誰嗣葺者秋帆公。公昔秉鉞制荆楚，召伯之棠將毋同。樓中風月長不死，古人往矣悲填胸。青楓葉落楚江冷，黄巾銅馬聲洶洶。鯨鯢若山走淮海，邊疆鼓啞無李崇。安得《漁陽三撾》[①] 起樓上，輥雷殷殷風隆隆，一豁人境萬古千秋聾？《維周詩鈔》

宋袁説友字起巖，建安人，寓湖州。乾興元年進士，嘉泰中官至同知樞密院參知政

---

① 《漁陽三撾》：鼓曲名。亦稱《漁陽摻撾》。南朝宋劉義慶《世説新語・言語》："禰衡被魏武謫為鼓吏，正月半試鼓，衡揚枹為《漁陽摻撾》，淵淵有金石聲，四坐爲之改容。"

事。著有《東塘集》。

同鄂州都統制司登壓雲亭

一帶城頭四望全，壓雲亭上更無邊。手攀北斗輕飛肉，目盼南樓僅及肩。城郭千年高復下，江湖萬里後還先。大江在前，東湖在後。平生頗負昂霄志，便欲乘風送上天。本集

宋王十朋見卷七。

登壓雲亭贈趙都統

早將忠義立殊勳，鄂渚登臨氣壓雲。他日雲臺觀畫象，須臾壓盡漢將軍。《梅溪集》

元郝經見卷七。

壓雲亭

重嶺繚郭峻，高亭下臨鄂。艨艟斷江流，甲騎蹙城腳。拒命始進攻，鐵匝長圍合。顧已無頭陀，徑欲椎黃鶴。謁王登巉巖，再拜瞻日角。王氣壓江山，曠朗天宇豁。十月汗沾裳，敷奏初不覺。詔賜金叵羅，禮酒焉敢嚼？絲綸重開喻，滿面春風著。撫膺還自頌，不負生平學。須臾動金鉞，猛士徹虎幄。龍起皆雲從，青山萬馬落。《郝文忠公集》

宋戴復古見卷七。

鄂州戎治静憩亭

幽亭何處尋？巖樹碧森森。獨坐生雲石，少安經世心。伴人雙鶴立，多事一蟬吟。提劍翻然起，中原秋草深。《石屏集》

宋王十朋見卷七。

一覽亭

危亭頂鄂渚，欲上初不敢。肩輿躡峥嶸，眼界驚坎窞。青山繚江湖，煙雨扶濃淡。千帆破滄浪，萬里照菡萏。大澤胸可吞，秀色手宜攬。形勢控上游，天險卦侔坎。登臨吹帽迫，秋聲在葭菼。銜杯情有欣，懷古意多感。兩雄孫與劉，壯志鯨鵬噉。赤壁去阿瞞，功業炳鉛槧。黄鶴去何之？靈竹色猶慘。樓餘庾公興，洲遺正平憾。北望舊中原，激裂壯士膽。何由登太山？一快天下覽。《梅溪集》

國朝熊化龍字笏山，湘陰人。太學生。著有《白雲詩草》。

一覽亭

乾坤歸一覽，倚檻武昌城。雲樹邊關冷，風濤晝夜聲。英雄空萬古，歌苦信餘生。獨酌斜陽裏，銷磨不世情。本集

國朝楊澤闓見卷十。

一覽亭

飛亭縹緲接層空，樹影嵐光一望同。但聽人聲潮水上，似隨鶴語入雲中。江從東去流初大，風自南來勢亦雄。鸚鵡洲前芳草地，落霞空襯夕陽紅。《石泐詩略》

元陳孚見卷七。

吕仙亭

昔日吕仙遊洞庭，玉簫吹裂蘆花汀。秋空一劍忽飛去，夜月千山煙冥冥。天地茫茫烏兎急，波濤洶洶蛟螭腥。起呼老樹欲與語，濕露亂灑

苔痕青。《交州稿》

元余闕見卷七。

吕公亭

鄂渚江漢會，兹亭宅其幽。我來窺石鏡，兼得眺芳洲。遠岫雲中没，春江雨外流。何如乘白鶴，吹笛過南樓。本集

明管訥見卷七。

吕仙亭

道人高坐朗吟亭，古蹟因知此地靈。劍氣飛來湘水白，笛聲吹入楚山青。階前丹棗何年熟，枕上黄粱幾日醒？快我登臨塵事隔，摩挲蒼蘚讀碑銘。《松風餘韻》

明郭正域見卷七。

仙棗行

仙棗千年不肯實，一朝結果大如瓜。何來小吏偷啖之？須臾白日飛紫霞。我聞火棗不可得，無乃秦王海中黄布之舊花？不然安期所遺之故核，朱繒紅玉圍青紗。又聞王母降漢室，玉門仙棗紛如麻。蕊珠滿樹皺絳雪，金丸綴葉團丹砂。神仙靈藥各有分，我欲剥棗手難拏。亭子高高催飛雨，鱗甍碧瓦摇風沙。至今巖畔多老棗，殘根剥落纏枯槎。蠐螬古籐支緑蟻，蜂飛暗葉藏青蛇。那知不有神仙至，再看老枝生萌芽。安得纍纍撲滿地，飽食江城百萬家。《江夏志》

明任家相字白甫，江夏人。爲諸生時有聲庠序間。學使金省吾憐其才，貢於廷，試第一。萬厤戊子舉北闈鄉試，甲辰乞署婺源學博，升翰林院待詔，充福王講官。乙卯卒

於官，崇祀鄉賢。著有《雲龍閣集》。

和郭太史《仙棗行》

仙人手自種仙棗，森如赤玉甘如瓜。磥磥孤榦排文石，纂纂繁枝絢綵霞。崲嵣萬歲膏方實，海上千秋葉始花。太真玉門餐絳雪，神女香厨護碧紗。半服通靈蜕凡骨，坐看滄海成桑麻。小吏豈是東方兒[①]，偷啖勝食光明砂。仙踪恍惚不可見，惟餘空亭老棗奇樹幹枝相紛拏。天風時吹仙籟響，月明石鏡映江沙。偶披蒙茸據棗下，疑泛銀河捫巨槎。莓苔錯落綴星斗，根荄盤互糾龍蛇。不逐羣菲争物色，潛回春色努靈芽。上林十四株非異，那得移根帝子家？同上

國朝張九鉞見卷七。

吕仙亭棗樹

草木稟元化，一氣爲枯榮。奈何仙亭棗，狡獪殊羣英。如瓜實已歸，杈枒卧前楹。酣嬉曠劫中，不滅亦不生。雷霆避朽骨，日月扶孤撑。皴皵蒼龍皮，笑怒黄鵠精。將毋玉門核，金液潛鍊形。乾坤寂無言，菁華戒其盈。我逐寒笛飛，來往嶠上城。不知身將老，摩挲思勾萌。種者非荒唐，胡爲隱姓名？我欲問白雲，雲空大江横。同上

仙棗亭同蔡芷衫作

我從海上來，不見安期棗。卻逐寒笛聲，同上武昌嶠。當時回道人，狡獪毋乃巧。太守不能仙，小吏安足道？如瓜一飛去，蔚藍天浩浩。空餘兩楂枒，茫然對人老。沈吟萬年中，何以閲昏曉？昔人此亭作，今人

① 東方兒：指東方朔。古神話，西王母種桃，三千年一結子，東方朔曾三次偷食，乃被謫降人間。事見《漢武故事》。

此亭保。短牆繚繞之，冠蓋笙歌擾。其上罡風吹，其下白雲埽。誰窮九地根？誰酌三漿飽？徒卧乾坤癡，不受江山槁。黄龍縮其皮，那肯露鱗爪？素月一迎之，鶴影瘦夭矯。我思金精液[①]，不敵一樽醥。心爲玉門核，骨作峍嵂竇。神女笑於人，摩挲亦草草。會當擲其餘，使子顔色好。棋響若有人，種者自三島。叱叱先生來，請問實多少。同上

國朝桑調元見卷七。

仙棗亭

悲歌徒簒簒，枯榦矗巖嶅。遥想豳人剥，甯隨禹貢包。亭基餘石甃，月影亂枝交。秋實偕梨栗，村翁瀉斗筲。投懷見心赤，入口免牙膠。絶少如瓜樣，摇來古樹梢。吏隨黄鶴駕，人望白雲坳。未得羅盤案，空思佐酒肴。仙踪多杳渺，楚語自紛淆。方士留徵信，荒唐一解嘲。《恆山集》

國朝王文治見卷七。

仙棗亭

仙棗枯來似古楂，廢闌荒砌卧煙霞。只今黄鶴樓頭月，曾照當年一樹花。《夢樓詩集》

國朝舒正載見卷九。

仙棗亭

迢迢亭子俯江波，江上風帆日日過。佳樹極能留客坐，名山初不厭詩多。仙家酒市招黄鶴，漁父煙村著緑蓑。共是人間行樂地，桑麻到處有絃歌。《竹根齋詩集》

---

① 金精液：道教傳説中的一種仙藥。

國朝徐儒楠見卷十。

仙棗亭

仙棗亭中一睡仙，長眠此地幾千年。人間煙火羞同食，海上安期别有天。《望雲閣詩集》

國朝李樹瀛見卷七。

仙棗亭晚眺

最高亭上暮天晴，紅燭清樽列席明。檻外江山摇秀影，樹頭風雨變秋聲。戟門官鼓初更定，水艦銀燈萬點生。直待層霄涼月起，一輪相照夜街行。《棲雲山房詩鈔》

國朝毛會建字子霞，别字客山，武進人。少廌越，補錢唐弟子員，以副貢除樂昌令。國初避跡嶺海，歷黔入楚，僑居江夏。工文善詩，尤工書法。年七十餘卒。

西爽亭

庚子初夏，余西崖、夏人淑於黄鵠之西巖得“西爽”二字石碣，書法遒古，非近時人筆。相期結亭其上，因賦此以贊決之也。

天高地下河山邈，齷齪滿前人易老。何當一氣相周旋，惟有長空浄如埽。此氣四空同不磨，長庚映之益光皦。有時逼人眉宇間，霜稜日角常矯矯。有時注人胸臆中，氷壺玉尺常皎皎。我遊黄鶴凡幾年，鵠城石鏡恣探討。曾聞巖畔有奇字，“西爽”勒石當空窅。蘚蝕蟲斑字剥落，土花瘞影不可考。余子夏子日搜奇，忽然見之白雲表。削壁周遭如割方，照人光潔同裂縞。兩字峥嶸不盈尺，漏痕釵腳[1]都完好。不書一作盡人地不書一作盡年，一片精魄成紹繚。信如此氣堅不磨，入石千齡静相保。二公好事復躭詩，大言小言皆絶倒。更許他時爲結亭，翼然端不讓仙棗。我昔岣嶁[2]訪禹碑，摹刻大别稱工巧。湧月高臺近咫尺，曹公落筆非草草。從此隔江還鼎峙，沐日浴月是三島。白雲黄鶴任去來，永爲河山作琛寳。詩成與爾傾百觴，目光四射天地小。《江夏志》

國朝金德嘉見卷七。

石鏡亭

有物胚胎萬象先，一輪皎潔自中天。照殘今古妍媸事，歷盡乾坤大小年。雲夢春星低共曙，洞庭秋水遠生煙。從兹直上崑崙頂，探取河源銀漢邊。《江夏志》

明游士任字肩吾，世爲嘉魚人，徙江夏。萬厤庚戌進士，仕長興知縣，遷廣西道御史。

湧月臺

登臺一長嘯，鶴驚雲欲徙。極目盡太虚，太虚正一作盡如洗。光浮石骨寒，沫噴金沙起。蕭然見短碣，錐畫逼籀史[3]。蒼蘚石斷紋，古香從荒圮一作靡。依稀聞鐵笛，梅花落其裏。北下豁古洞，可有青泥髓？《湖廣通志》

---

① 漏痕釵腳："釵"，書法中筆迹術語。漏痕即"屋漏痕"，是草書的一種筆法，謂行筆須藏鋒。釵腳即古釵脚，比喻書法遒勁有力。

② 岣嶁：岣嶁山，禹碑所在地。禹碑，原在湖南省衡山縣雲密峰，早佚。昆明、成都、紹興及西安碑林等處皆有摹刻。

③ 籀史：即史籀。周宣王時太史籀。《史籀篇》是我國古代最早的字書。

國朝顧景星見卷五。

湧月臺

石上三大字，在黄鶴樓左。舊傳曹孟德書，誤也。

不見卻月戍鮑明遠詩“夏口樊城岸，曹公卻月戍”，虚傳湧月臺。月來照石鏡，月去暗蒼苔。有客攜樽至，何人吹笛來？浮雲何處所？嘗傍大江隈。本集

國朝桑調元見卷七。

湧月亭

月輪起東海，亭勢壓南邦。浩渺明遥夕，團圞湧大江。置身渾絶地，豁眼不安窗。窣堵波[1]移影，《陽阿》曲换腔。蛟螭回遠壑，商旅下連艭。鶴駕飛仙過，鯨鐘羽士撞。漢陽凝翠靄，湖口激奔瀧。隔岸山如簇，沿磯樹似幢。行踪長落落，事業謝摐摐。但以持螯手，從教倒酒缸。詩憐少陵杜，人是鹿門龐[2]。凍鵲枝栖百，驚魚浪躍雙。嚴城擊宵柝，古院閃冬釭。獨立耽佳景，清暉憶石淙。《恆山集》

太白亭

太白曾遊覽，危亭俯水涯。詩篇崔顥在，身世禰衡乖。樓上閒雲影，洲中宿草荄。梅花飛五月，玉笛響層厓。夏口風情暢，長沙日色霾。登臨聊寄興，遷謫不縈懷。空翠遥山疊，枯枝古樹排。官軍簇鑣轡，游女墮簪釵。勝概留兹土，深情屬我儕。千秋去黄鶴，一輛過青鞋。嘯傲滄

① 窣堵波：佛塔。
② 鹿門龐：指後漢人龐德公。龐德公携妻子登鹿門山，采藥不返，傳説兩人成仙而去。

洲獨，歌呼《下里》皆。清瀾翻自漢，濁酒倒如淮。久忘頭盈雪，甯須腰繫緺。遠游浮楚艇，晏坐即蕭齋。憑弔孤懷迥，流觀雙眼揩。霜空澄萬象，景物最清佳。《恆山集》

唐岑參南陽人，文本之後。登天寶三年進士，由帥府參軍累官右補闕，改起居郎，尋出爲虢州長史，復入爲太子中允。代宗總戎陜服，委以書奏之任。由庫部郎出刺嘉州。杜鴻漸鎮西川，表爲從事。以職方郎兼侍御史，領幕職。使罷，流寓不還，遂終於蜀。

送費子歸武昌

漢陽歸客悲秋草，旅舍葉飛愁不埽。秋來倍憶武昌魚，夢魂只在巴陵道。曾隨上將過祁連，離家十年恒在邊。劍鋒可惜虛用盡，馬蹄無事今已穿。知君開館常愛客，摴蒱①百金每一擲。平生有錢將與人，江上故園空四壁。吾觀費子毛骨奇，廣眉大口仍赤髭。看君失路尚如此，人生貴賤那得知？高秋八月歸南楚，東門一壺聊出祖。路指鳳皇山北雲，衣沾鸚鵡洲邊雨。勿歎蹉跎白髮新，應須守道勿羞貧。男兒何必戀妻子？莫向江邨老卻人。

唐王昌齡字少伯，京兆人。登開元十五年進士第，補祕書郎。二十二年中宏詞科，調汜水尉，遷江甯丞。著有《江甯集》六卷，今編存四卷。

送人歸江夏

寒江一作天綠水楚雲深，莫道離憂遷遠心。曉夕雙帆歸鄂渚，愁將孤月夢中尋。《全唐詩》

唐劉長卿

---

① 摴蒱：古代博戲名。漢代即有之，晉時尤盛行。以擲骰決勝負，得彩有盧、雉、犢、白等稱，視擲出的骰色而定。其術久廢。後爲擲骰的泛稱。

鄂渚聽杜別駕彈胡琴

文姬留此曲，千載一知音。不解胡人語，空留一作愁楚客心。聲隨邊草動，意入隴雲深。何事長江上，蕭蕭出塞吟？

唐劉禹錫字夢得，彭城人。貞元九年擢進士第，登博學宏詞科。從事淮南幕府，入爲監察御史。著有《劉賓客文集》《外集》。

武昌老人説笛歌

武昌老人一作將七十餘，手把庾令相問書。自言少小一作年少學吹笛，早事曹王曾賞激。往年鎮戍到一作征鎮戍蘄州，楚山蕭蕭笛竹秋。當時買材恣搜索，典卻身上烏貂裘。古苔蒼蒼封老節，石上一作山孤松飽風雪。商聲五音一作商音五聲隨指發，水中龍應行雲絶。曾將黄鶴樓上吹，一聲占盡秋江月。如今老去語尤一作興猶遲，音韻高低耳不知。氣力已微心尚在，時時一曲夢中吹。《全唐詩》

鄂渚留別李二十一表臣大夫

高檣起行色，促柱動離聲。欲問江深淺，應如遠別情。同上

始發鄂渚寄表臣二首

祖帳管絃絶，客帆西風生。回車已不見，猶聽馬嘶聲。
曉發柳林戍，遥城聞五鼓。憶與故人眠，此時猶晤語。同上

唐武元衡字伯蒼，河南緱氏人。唐建中四年登進士第，累辟使府至監察御史，後改華原縣令。德宗知其才，召授比部員外郎。歲内三遷至右司郎中，尋擢御史中丞。順宗立，罷爲右庶子。憲宗即位，復前官，進户部侍郎。元和二年拜門下侍郎平章事，出爲

劍南節度使。八年徵還，秉政，早朝，爲盜所害。贈司徒，謚忠愍。

鄂渚送友

雲帆淼淼巴陵渡，煙樹蒼蒼故郢城。江上梅花無數落一作發，送君南浦不勝情。《全唐詩》

唐朱慶餘名可久，以字行，越州人。受知於張籍，登寶厤進士第。

鄂渚一作夏口送白舍人赴杭州

豈知鸚鵡洲邊路，得見鳳皇池[①]上人。從此不同諸客禮，故鄉西與郡城鄰。同上

唐吕巖見卷三“仙釋”。

鄂渚悟道歌

縱横天際爲閑客，時遇季秋重陽節。陰雲一布徧長空，膏澤連綿滋萬物。因雨泥滑門不出，忽聞鄰舍語丹術。試問鄰公可相傳，一言許肯更無難。數篇奇怪文入手，一夜挑燈讀不了。曉來日早纔看畢，不覺自醉如恍惚。恍惚之中見有物，狀如日輪明突屼。自言便是丹砂精，宜向鼎中烹凡質。凡質本來不化真，化真須得真中物。不用鉛，不用汞，還丹[②]須向爐中種。玄中之玄號真鉛，及至用鉛還不用。或名龍，或名虎，或號嬰兒并姹女[③]。丹砂一粒名千般，一中有一爲丹母。火莫燃，水莫凍，修之煉之須珍重。直待虎歉折顛峯，驪龍奪得玄珠弄。龍呑玄寶忽昇飛，飛龍被我捉來騎。一翥上朝歸碧落，碧落廣濶無東西。無曉無夜

---

① 鳳皇池：即鳳凰池。宫苑中池沼，後爲中書省的别稱。魏晋時設中書省于宫中，掌管機要，接近皇帝，權力在尚書之上，故稱中書省爲“鳳凰池”。

② 還丹：道家合九轉丹與朱砂再次提煉而成的仙丹。自稱服後可以即刻成仙。

③ 嬰兒、姹女：道家稱鉛爲嬰兒，稱水銀爲姹女。

無年月，無寒無暑無四時。自從修到無爲地，始覺奇之又怪之。《全唐詩》

又　記

數載樂幽幽，欲逃寒暑逼。不求名與利，猶恐身心役。苦志慕《黄庭》[①]，慇懃求道跡。陰功暗心修，善行長日積。世路果逢師，時人皆不識。我師機行密，懷量性孤僻。解把五行移，能將四象易。傳余造化門，始悟希夷[②]則。服取兩般真，從頭路端的。烹煎日月壺，不離乾坤側。至道眼前觀，得之元咫尺。真空空不空，真色色非色。推倒玉葫蘆，迸出黄金液。緊把赤龍頭，猛將驪珠吸。吞歸臟腑中，奪得神仙力。妙號一黍珠，延年千萬億。同途聽我吟，與道相親益。未曉真黄芽[③]，徒勞遊紫陌。把住赤烏魂，突出銀蟾魄。未省此中玄，常流容易測。三天應有路，九地終無厄。守道且藏愚，忘機要混迹。羣生莫相輕，已是蓬萊客。同上

宋劉過字改之，自號龍洲，泰和人，以"詩俠"稱湖海間。宋紹熙中上書，爲一時推重。與陳亮、陸游、辛棄疾相交好，晚年客崑山，尋卒。著有《龍洲道人集》。

憶鄂渚

我離鄂渚已十年，吴兒越女空華鮮。不如上游古形勢，四十餘萬兵籌邊。中原地與荆襄近，烈士烈兮猛士猛。澤連雲夢寒打圍，城接武昌曉排陣。書生豈無一策奇，叩閽[④]擊鼓天不知。卻思仙人白玉笛，胡牀醉倚南樓吹。貂蟬兜鍪兩岑寂，若耶溪[⑤]傍還作客。空餘黄鶴舊題詩，

---

① 《黄庭》：指《黄庭經》。道教的經典著作。
② 希夷：虚寂玄妙境界。
③ 黄芽：即黄牙。道教稱從鉛裏煉出的精華。
④ 叩閽：吏民因冤屈等直接向朝廷申訴。
⑤ 若耶溪：溪名。出浙江省紹興市若耶山，北流入運河。相傳爲西施浣紗之所。

醉筆顛狂驚李白。本集

宋戴復古見前。

鄂渚張唐卿、周嘉仲送別

武昌江頭人送別，楊柳秋來不堪折。漢陽門外望南樓，昨日不知今日愁。英雄握手新相識，人情政好成南北。酒闌人散最關情，一雁西飛楚天碧。《中興羣公吟藁》

鄂渚煙波亭

倚遍南樓到鶴樓，小亭瀟洒最宜秋。接天煙浪來三峽，隔岸樓臺又一州。豪傑不生機事息，古今無盡大江流。凭欄日暮懷鄉國，崔顥詩中舊日愁。同上

明方孝孺字希直，一字希古，世居臨海侯城里。建文朝召爲翰林博士，進侍講。靖難時以死殉。著有《遜志齋集》四十卷。

江山萬里圖

我昔奉勅辭金闕，西下巴川持使節。仙槎二月出龍河，萬里春風掉晴雪。吴江茫茫入冥杳，櫂歌初過蛾眉亭。錦袍不見李供奉，白雲遮斷三山青。烟蕪漲緑知何地，白鳥雙雙没淮樹。片帆風滿疾如飛，矯首驚看泝流去。大孤小孤横雪波，匡廬五老青嵯峨。九江秀色嘆奇絶，半空飛瀑懸銀河。推篷竟日閑吟倚，瞬息舟移洞庭水。君山如黛壓中流，十二烟鬟鏡光裏。好山遠自峩眉來，瀟湘練明天際開。疑峯九點落空翠，重華孤墳安在哉？武昌地轉多遺迹，隔岸鳥鳴瞻赤壁。烟焰旌旗魏武兵，綸巾羽扇周郎策。扶醉曾登黄鶴樓，漢陽城對鸚鵡洲。即從鄂渚櫂明月，泝流直上窺荆州。夷陵山勢多重叠，楚樹蠻雲遠相接。欲向夔城入錦城，

還於巴峽穿巫峽。神女峯前路欲迷，瞿塘灩澦聞猿啼。五溪越盡見雪嶺，但見青天鳥道低。萬里橋西看立馬，足跡經遊半天下。愧無草檄擬相如，笑擲橐金輕陸賈。今年詔許臨丹邱，夢中往往驚羈愁。江山誰寫入圖畫？眼中歷歷如經游。岸中一覽發長嘯，滿襟爽氣高堂秋。《列朝詩集》

明李夢陽字獻吉，慶陽人，徙扶溝。弘治癸丑進士，官至江西提學副使。著有《空同集》。

夏口夜泊别友人

黄鶴樓前日欲低，漢陽城樹亂烏啼。孤舟夜泊東遊客，恨殺長江不向西。《列朝詩集》

明蔡汝楠字子木，德清人。嘉靖壬辰進士，年十八，除行人，遷南京刑部郎，出守衡州，官至兵部侍郎，改南京工部。

自岳陽泛舟下武昌，呈姚、嚴二使君

炎天征路洞湖邊，聯駐油幢訪洞仙。徒從便隨漁客棹，烟波誰認使君船？鴨欄落水沙痕出，魚浦濃陰樹影連。行望江樓黄鶴近，白雲如待意悠然。《列朝詩集》

明王叔承初名光胤，以字行，更字承父，晚字子幻，吴江人。少孤，受博士業，悲歌縱酒，徧游吴、越、湘、楚。遺書數千言，爲王元美所推服。

鐵笛歌　有序

陳生棏家本武昌，始祖以開國功官海上，祖有鐵笛名“鐵龍”，失之且二百年矣。有客自海上持來，生解裘贖之。制古聲冽，因沽酒弄梅花調，余歌焉。

武昌老笛名鐵龍，洪武之間來浙東。江湖萬里忽相失，當時哭死陳家翁。流落人間二百秋，蒼龍化去青天愁。子孫異世覓宗器，漢家寶劍周天球。或言檇李①豪家得，夜夜龍光射南極。十年空費陳生心，購問慚無萬金值。一朝海客持相换，生脱貂裘婦釵釧。合浦重歸明月珠，精魄似識先人面。太古琅玕輕欲折，孔竅参差頭尾裂。丹砂錯落水銀花，苔痕蝕盡并州鐵②。薄如藤紙枯如木，燈前三弄秋聲蹙。萬點梅花灑席寒，半夜空山扣哀玉。羌兒虎踞鳴塞鴻，怪蛟人立吹烟竹。憶昔汝祖浮洞庭，瀟湘片月開黄陵。純陽真人坐黄鶴，漢江緑酒傾瑶瓶。飄然將笛下東海，鐵龍聲斷江風腥。汝今與笛竟何適？楚水吴山愁客星。汝祖從戰鄱陽瀆，佩刀曾佐高皇勳。歎汝飄零把孤笛，丹青竟作曹將軍③。半生我亦懷青蘋，袖來不用生龍鱗。不如黄鶴樓前换酒聽吹笛，與君醉殺湘江春。《列朝詩集》

黄鵠山志卷十一終　男宗彦校字

---

① 檇李：古地名。在今浙江省嘉興西南。

② 并州鐵："鐵"即"鐵"。古代并州産良鐵，所製刀剪鋒利。

③ 曹將軍：此指曹霸（約704—約770），唐沛國譙（今亳州市）人，魏武王曹操後代、曹魏高貴鄉公曹髦後人，官左武衛將軍。唐玄宗時期畫家，能文善畫，成名於玄宗開元年間。天寶（742—756）間曾畫"御馬"。亦工肖像，曾修補"凌煙閣功臣像"。

黄鵠山志卷十二目録

---

① 實一題二首。

明一人　國朝一人

管訥一首

嚴觀二首①

具美堂　江城別墅

國朝三人

車元春二首②

王柏心一首

彭崧毓一首③

頭陀寺

唐五人　宋三人　國朝三人

李涉一首

項斯一首

李頻一首

來鵠一首

錢珝一首

黄庭堅一首

陸游一首

賀鑄一首

胡作舟一首

舒峻極一首④

錢桂林一首

洪山　洪山寺　寶通寺

明六人　國朝二十二人

楚端王五首

---

① 實三首。

② “江城別墅”詩在第 322 頁。實一首。

③ 實一題二首。

④ 實三首。

武岡王五首

管訥三首

葉澤森一首

許大定一首

袁中道一首

馮廷櫆一首

施閏章一首

陳廷敬一首

阮玉堂一首

熊賜履一首

劉朝英一首

崔應階一首

顧景星一首

陳大章一首①

舒峻極二首

韓奕一首

王爲壤一首

吴元俊一首

劉涫一首

徐儒楠二首

譚溥二首

伍肇齡一首

何璟一首

彭瑞毓一首②

劉國香一首

---

① 實一題四首。

② 實一題四首。

黄鵠山志卷十二

永康胡鳳丹月樵編纂

藝文 古今體詩

國朝彭崧毓見卷十。

擱筆亭

擱筆伊誰搆此亭？癡人説夢幾時醒？竟忘斗酒詩無敵，直信花生管不靈。捉月何曾江上見？落梅争忍笛中聽？五月落梅，遷客寓言，非佳語也，今人乃以爲鶴樓故事。廓清賴有如椽筆，浄埽煙雲睹日星。本集

國朝李樹瀛見卷七。

擱筆亭

空前絶後一枝筆，除卻杜陵世無匹。萬丈光芒照古今，筆之所到風雨疾。搥碎黄鶴樓，踏翻鸚鵡洲。放筆長歌隘宇宙，崔顥何人敢與儔？有亭屹立樓下路，言是謫仙擱筆處。上頭有詩不再題，想見虚懷斂抑時。天地生才無時無，妄自尊大胡爲乎？介甫[①]誤國由自恃，睥睨當時無一是。不循故轍矜私智，任意更張敗厥事。況復雕蟲祇小技，驕吝罔顧識者鄙。古來堅僻自用人，白眼相士皆如此。偉哉青蓮曠代才，黄河之水天上來。上軼屈宋淩漢魏，百家俱在包羅内。譬之東海納百川，不嫌倣

① 介甫：指王安石。王安石（1021—1086），字介甫，號半山。

作鳳臺篇世謂《鳳凰臺》詩倣崔作。 本集

國朝張開霽見卷七。

雨後登黄鵠山吕仙閣眺望

高閣憑虛敞緑櫺，坐看烟霧遠冥冥。浪頭都被風催白，山色從教雨洗青。江上鷗盟真自負，檐端燕語好誰聽？癡心欲借仙人鶴，騎上横飛過洞庭。《寄巢集》

國朝程之楨見卷七。

月夜偕黄春石、李仲雅、汪笛樓小憩留雲閣

檻外碧雲落，高秋河漢横。天風吹玉笛，隨夢過江城。潮湧燈無色，帆飛月有聲。言招古時鶴，矯首問長庚。《維周詩鈔》

國朝戴毓瀛見卷十一。

六月十九日大風登黄鶴樓斗姥閣
時同游陸葆恬將有黄州之行

長風捲水勢奔雷，傑閣登臨亦快哉。兩岸人家見燈火，半江雲氣失樓臺。我來尚憶瓜皮艇，别後難忘李白杯。此際豪情增百倍，何勞江雨爲詩催？

鸚鵡才名天下重，鳳凰山色晚來青。黄州此去同招隱，采筆何年更乞靈？風過湘蘭迷曉露，月明漢柳帶秋星。滄江一棹煙波遠，愁盼征鴻下蓼汀。《湘花館燼餘詩草》

國朝李樹瀛見卷七。

登斗姥閣

崔嵬傑閣動高秋，縹緲仙雲曉未收。金口峯巒煙際合，漢陽城郭樹中浮。數聲疏磬諸天静，一線長江劃地流。自古登臨遷客意，狂歌濁酒半句留。本集

唐李宗孟江夏人。年十一以茂才舉，召試舍人院。見《江夏縣志・選舉》。

費禕洞

空遺費仙跡，不見庾公遊。草木有新色，江山餘故愁。《全唐詩》

宋蕭德藻字東夫，閩人。紹興二十一年進士，嘗令烏程。後遂家焉，所居屏山。自號千巖老人。有《千巖擇稿》。

吕公洞

復此經過三十年，唯應巖谷故依然。城南老樹朽爲土，簷外稚松青拂天。枕上功名秖擾擾，指端變化又元元。刀圭①乞與起衰病，稽首秋空一劍仙。《宋詩紀事》

明楊基見卷八。

吕仙祠

兩點方瞳漆有光，紫髯眉緑面如霜。千年一笑來黄鶴，三度長吟到岳陽。日月自隨天地老，江山不爲古今忙。又攜鐵笛瑶池去，亂插桃花笑一場。《眉菴集》

① 刀圭：中藥量器名。借指藥物。

國朝王柏心見卷十。

謁胡文忠公祠

碑並羊開府①，祠同葛武鄉②。風雲仍壁壘，江漢復金湯。疇昔叨咨訪，迂疏許激昂。英靈今始接，揖客晚升堂。《漆室吟》

國朝胡兆春字東谷，漢陽人。道光乙未舉人。著有《尊聞堂詩鈔》。

胡文忠公祠感懷

肅肅宗臣遺像留，雲旗縹緲楚江頭。十年籌策吞吴會，百世烝嘗戀鄂州。誰似信陵能下士？人憐李廣不封侯。畫船簫鼓争南去，幾輩停橈問鶴樓。本集

國朝車元春見卷十。

謁胡文忠公祠

凛凛鬚眉肅拜瞻，大儒循吏一身兼。艱難籌餉瘡痍振，痛哭論兵鼓角嚴。麾下偏裨多將帥，匣中遺墨盡《韜》《鈐》③。當年首創東征議，士卒於今惠澤霑。本集

國朝胡鳳丹

---

① 羊開府：晉羊祜都督荆州諸軍事，鎮襄陽十年，有德政。

② 葛武鄉：諸葛亮（181—234），在世時被封爲武鄉侯，死後追謚忠武侯，東晋政權因其軍事才能特追封他爲武興王。

③ 《韜》《鈐》：古代兵書《六韜》《玉鈐篇》的并稱。後因以泛指兵書。

讀益陽胡文忠公集

海水横飛坤維①裂，大江南北無完堞。誰歟隻手迴狂瀾？益陽胡公光日月。昔游京華聞公名，簪筆供奉蜚英聲。今來楚水讀公集，謀國誠心貫金石。武庫胸中無不有，算無遺策展抱負。焚香薦士酬主知，最難肝膽相傾剖。公之經綸始守黔，經文緯武才相兼。聖主用賢破常格，福星一路軺圍襜。公之勳名在撫楚，是時半壁皆豺虎。誓師江上仗忠義，立變羸軍成勁旅。公言保楚必征東，不分畛域不争功。輿疾討賊何慷慨，一腔熱血殷如虹。公曰我病不言病，精力雖枯氣猶勁。枕戈日夜治軍書，死生身外聽天命。黄鶴樓頭落大星，武昌柳色歎凋零。百萬軍民齊墮淚，嗚咽江聲不忍聽。《退補齋詩存》

明管訥見卷八。

北　樹

舊家行樂小亭臺，珠箔青山罨畫開。花月當時人已散，柳風今日燕還來。舞鈿猶委宫牆草，步障曾過輦路苔。一代繁華易銷歇，白榆霜冷雁聲哀。《松風餘韻》

國朝嚴觀字子進，江甯人。嘉慶初客武昌，依節署畢督部幕中。著有《湖北金石詩》七十八首，馬通守紹基各爲之案，以附於後。

鄂州重修北榭記

北榭碑初見，芳蹤何處尋？隨隄②思往蹟，一逕繞山陰。空見南樓

① 坤維：指南方。

② 隨隄："隄"同"堤"。隋煬帝時沿通濟渠、邗溝河岸修築御道，道旁植楊柳，後人謂之隋堤。

月，中懸照茂林。高飛見雙鷺，歸去有餘音。循良欽太守，觸景發慈心。減賦省刑罰，能祈甘霈霖。斯風應再得，盼室我情深。重過豐碑側，披襟一朗吟。《湖北金石詩》

鄂州雜詠　行書在黄鶴樓

夢得天孫錦，裁成隱士衫。翱翔倩黄鶴，何意出塵凡？費褘心思訪，逢仙認吕巖。臨風揮玉麈，談笑啓金函。雲布青山密，星離照錦帆。乞仙示名字，不肯署頭銜。一笑翻然悟，新詩見石鑱。拓來黏素壁，勤免日開緘。同上

勝像寶塔

一塔峙磯頭，氣與岑樓接。豈思鎮洪濤？願人總利涉。至今楚江前，來往舟如蝶。乘風破浪行，未見人心懾。念彼威順王，令子何妥帖！具此濟川功，失名未允協。按史名雖知，四人豈共楫？臆斷我如斯，興闌因涉獵。同上

國朝車元春見卷十。

具美堂觀弇山尚書小照并稚存[1]學士詩石刻

尚書畢卓[2]鬚眉在，弟子洪厓[3]涕泪横。海内龍門誰繼起？空將遺碣拜先生。本集

國朝王柏心見卷十。

偕漁叟過江城别墅留題

高樓鶴化杳難攀，游墅新開石磴間。亂定江山憑堞壯，天晴花柳送春還。空嗟射獵將軍老，但許圍棊太傅[4]閒謂蓮峯。谷口商巖[5]隨處是，何須高蹈出塵寰？《漆室吟》

國朝彭崧毓見卷十。

江城别墅爲袁蓮峯作

舉目河山未盡非，宦遊人竟及時歸。安排茶竈新棋墅，料理漁竿舊

---

① 弇山尚書：指畢沅，詳前注。稚存：洪亮吉（1746—1809），字稚存。自幼喪父，刻苦讀書，以詞章考據聞名，尤其擅長輿地。屢試不中，先後充安徽學政朱筠、陝西巡撫畢沅等幕府。乾隆五十五年（1790）終於以一甲第二名考中進士，授翰林院編修，充國史館編纂官。

② 畢卓：晋吏部郎畢卓，常飲酒廢職。鄰舍釀熟，卓夜至其瓮間盗飲，爲人所縛，明旦視之，乃畢吏部。旋解縛，遂與主人飲瓮側，致醉而去。事見《晋書·畢卓傳》。

③ 洪厓：亦作“洪崖”“洪涯”，傳説中的仙人名，黄帝臣子伶倫的仙號。

④ 圍棊太傅：太傅指謝安。東晋政治家。“棊”同“棋”。圍棋事見唐房玄齡《晋書·謝安傳》：“玄等既破堅，有驛書至，安方對客圍棋，看書既竟，便攝放床上，了無喜色，棋如故。客問之，徐答云：‘小兒輩遂已破賊。’既罷，還内，過户限，心喜甚，不覺屐齒之折。”

⑤ 商巖：傅説初版築於傅巖之野，後被商王武丁舉以爲相。見《書·説命上》。後以“商巖”比喻在野賢士。

釣磯。成竹在胸圖畫好，焦桐[1]未製賞音稀。隔江興廢知多少？閒倚闌干看落暉。

與君同長大江濱，獨羡神仙近結隣。良有因緣成善果，君有興善莊，度地搆居，規模式廓。人謀既臧，天亦助焉。斷無名勝委荒榛。眼前風月原公物，亂後琴尊幾舊人？笑我歸來仍逆旅，杖藜幸是四朝民。《求是齋詩存》

國朝車元春見卷十。

江城別墅留贈袁蓮峯觀察

鵠磯高處鎖煙鬟，解組歸來興未闌。窈窕軒窗水晶域，逍遥風月列仙班。詞填茶熟香温候，韻在銅琶鐵板間。如此才華如此福，使君真不負江山。本集

唐李涉濟陽人。初與弟渤同隱廬山，後應陳許辟。憲宗時爲太子通事舍人，尋謫峽州司倉參軍。太和中爲太學博士，復流康州。自號清谿子。著有詩集二卷。

早春發頭陀寺寄院中

紅樓金刹倚晴岡，雨雪初收望漢陽。草檄可中能有暇，迎春一醉也無妨。《全唐詩》

唐項斯字子遷，江東人。會昌四年擢第，終丹徒尉。著有詩一卷。

按：《江夏志》誤載許彬作，《全唐詩》係項斯作。

頭陀寺上方

高步陟崔巍，吟閑路惜迴。寺知一作從何代一作方有？僧見一作是梵宮來。暮靄連沙積，餘霞徧檻開。更期招静者，長嘯上南一作方臺。

---

① 焦桐：琴名。東漢蔡邕曾用燒焦的桐木造琴，後因稱琴爲焦桐。

《全唐詩》

唐李頻字德新，睦州壽昌人。大中八年擢進士第，調祕書郎，累遷建州刺史。著有《梨岳集》。

鄂州頭陀寺上方

高寺上方無不見，天涯行客思迢迢。西江帆挂東風急，夏口城銜楚塞遥。沙渚魚歸多溼網，桑林蠶後盡空條。感時歎物尋僧話，惟有禪心得寂寥。本集

唐來鵠豫章人。咸通中舉進士不第。

鄂渚清明日與鄉友登頭陀山

冷酒一杯相勸頻，異鄉相見一作遇轉相親。落花風裏數聲笛，芳草煙中無限人。都大此時深悵望，豈堪高處一作境更逡巡？思量費子真仙子，不作頭陀山下塵。《全唐詩》

唐錢珝字瑞文，吏部尚書徽之子。善文詞，宰相王溥薦知制誥，進中書舍人，後貶撫州司馬。著有《舟中集》。

舟　行

乘舟維夏口，煙野獨行時。不見頭陀寺，空懷少婦碑①。本集

宋黄庭堅見卷七。

---

① 少婦碑：《世説新語·捷悟》載：上虞有曹娥碑，文學家蔡邕觀摩後題“黄娟幼婦外孫齏臼”八字，爲“絶妙好辭”隱語。

頭陀寺

頭陀全盛時，宫殿梯雲級。城中空金碧，雲外僧䘗䘗。人亡經藏盡，屋破龍象[1]泣。惟有簡栖碑，文字巋然立。《山谷集》

宋陸游見卷五。

頭陀寺觀王簡栖碑有感

舟車如織喜身閒，獨訪遺碑草棘間。世遠空驚閲陵谷，文浮未可敵江山。老僧西逝新成塔，舊宇東歸正掩關。笑我馳驅竟安往？夕陽飛鳥亦知還。《劍南集》

宋賀鑄字方回，衛州人。元祐七年薦承事郎，判泗州，又判太平州，遷奉議郎，復遷朝奉郎。著有《鳯湖前後集》。

登頭陀寺峯頂庵

磴道淩虚挂白虹，頭陀上方黄鵠東。滄溟五夜沐新日，老木三伏來凄風。北夢南雲展張闊，縱江横漢并吞雄。楚鄉絶境此其一，付與微吟多病翁。本集

國朝胡作舟江夏人。康熙庚子舉人。

頭陀寺中過夏

清風禪院滌塵襟，盡日匡牀偃息深。蠹豈知書偏愛字，蟬非有韻卻高吟。與僧久住形常懶，待客忽來快不禁。爲語鍾期先洗耳，好將山水

① 龍象：龍與象。水行中龍力大，陸行中象力大，故佛氏用以喻諸阿羅漢中修行勇猛有最大能力者。又指高僧。

入鳴琴。《江夏志》

國朝舒峻極見卷七。

頭陀上寺

山根古寺矗晴暉，大比從前更數圍。此外更無僧一個，久行惆悵舊禪扉。《韋園詩集》

頭陀下寺

伐盡松篁賸古藤，支撐瘦骨碧雲層。日斜影落空階内，亂走龍蛇見佛燈。同上

頭陀寺雲公房步李子侯韻

躭奇特與伴相求，啼鳥深林一徑幽。霹靂當空飛布下，晴江遠帶暮雲流。分題草閣荷裳冷，入夜松門雨氣秋。顧我廿年慚一宿，天風吹袂欲還留。同上

國朝錢桂林見卷十。

偕蓀莽諸友由黄鶴樓出漢陽門訪古頭陀寺遺址，寺僧小石留飲不果

天風吹我下高樓，古寺尋詩輒小留。蓮社[1]偶從諸子結，書堂舊是謫仙遊。撲簾山翠當軒立，繞郭江聲傍枕流。頑石三生偏不記，飯鐘依

① 蓮社：佛教净土宗最初的結社。晋代廬山東林寺高僧慧遠，與僧俗十八賢結社念佛，因寺池有白蓮，故稱。

舊似揚州。本集

明楚端王諱榮淢，正德五年嗣，以仁孝著稱，武宗表曰“彰孝之坊”。嘉靖十三年薨。

弘治庚申，父王展祀寢園，率昆季恭迓駐蹕

恭迎寶輅郡城東，宿衛森嚴霧雨中。雲薄層巒連寶刹，秋浮叢樹動金風。法堂有象三生悟，精舍無塵萬象空。瞻企靈泉[1]起天末，松楸遥望鬱葱葱。《湖北舊聞録》

弘治壬戌奉迎睿駕再駐洪山

仙仗山行日未還，趨迎破曉出重關。遥瞻雁塔撑斜漢，又爲祇園到此山。石洞飛花蒸霧潤，春城過雨長苔斑。笑看昔日留題處，不用紗籠[2]護壁間。同上

正德癸酉恭祀寢園，還經洪山，用前韻

寢園展祀駕言還，卻訪高僧正閉關。雨後新犁耕野隴，春晴好鳥叫空山。塵埃不到地偏浄，竹院初看筍脱斑。延伫渾忘歸去晚，斜陽半閱翠微間。同上

嘉靖甲申歲，偕媚家吴世賢都閫游山，分韻得風字

命駕偶游山郭外，探禪因訪梵王宫。禾稼及時逢好雨，閭閻解愠有

① 靈泉：此指武昌靈泉山（後改名龍泉山），明代楚藩王陵寢所在地。
② 紗籠：謂以紗蒙覆貴人、名士壁上題詠的手迹，表示崇敬。

薰風。遠郊但見雲連水，幻境因知色即空。花草含煙饒暮景，霓旌遥影月明中。同上

再過洪山

久不過方丈，山花傍輦迎。聞鐘來法界，帶月出宫城。江郭鳥初渡，溪橋水漸生。參詳師惠遠，一笑已忘情。同上

明武岡王諱顯槐，端王第三子，愍王弟。嘉靖四十三年上書條藩政，後以攝藩事爲撫臣所奏，削禄。

嘉靖丙午歲一首

恭承寵命謁親園，便道來臨不二門。滿路好花開野隴，一犁新雨足孤村。雲房清梵音初落，草砌荒碑迹尚存。何處煖風吹不斷？諸天遊罷近黄昏。同上

聖天子仁篤親親，無問存殁。吾先妣蒙追封次妃，以戊申歲四月十有九日焚黄禮成，藩臬諸司咸與其事。祭畢還謝於洪山，漫賦二詩，用紀一時之盛

輪輿出郭動和鈴，隴麥黄秋稻正青。謚典光華同曉日，羣公揖讓集文星。徑深花竹禪房静，地勝雲山仙跡靈。盛事躬逢知不偶，願歌天保答虞廷。

步入招提思爽然，一時冠蓋集英賢。南開殿閣初長日，西看江山欲暮天。尊酒醻仙臨鶴舞，缽雲聽法待龍還。芳村田鼓聲高下，膏雨應知是稔年。同上

己酉歲一首

地遠人行少，山空菊吐花。龍涎焚石鼎，蟹眼歠團茶。僧定午無梵，鴉□□[1]帶霞。重過舊遊處，慷慨憶年華。同上

庚戌歲一首

禪門一徑寂，勝日漫追游。不雨山長潤，無風雲自流。目空三楚濶，林密四時幽。到此忘塵慮，勞勞愧未休。時予再上病疏，不允，故云。　同上

明管訥見卷八。

贈洪山龍門海禪師侍者真净

祝髮名真净，從今净已真。誦經常作佛，持律定過人。江月空中夜，山花物外春。龍門多寶藏，種種是奇珍。《松風餘韻》

夢遊洪山寺

不到東巖閣，重來又一年。無緣能離俗，有夢衹棲禪。客坐茶香裏，僧行竹影邊。夕陽天未晚，幽思滿歸船。同上

和鶴年丁先生《宿東巖》韻，兼呈洪山海禪師

借榻東巖第幾層？山中玉舍佛圖澄。浮雲過眼甯非夢？清苦前身本是僧。齋罷雲扃時聽講，詩成雪屋夜懸燈。虎溪有約仍三笑，自愧爲官老未能。同上

---

① 底本为二空围。

明葉澤森字蕭九，崑山人。

洪山寺影牆雙龍歌

楚江江上山嵯峨，蜿蜒詰曲周盤陀。東有一峯更蒼潤，金輪宫殿淩滄波。滄波千頃亙匹練，迴眺長江漸如線。紺宇①丹樓一徑通，雕牆峭壁雙龍現。借問此龍胡爲來，云是前朝朱邸開。養就神池吞日月，呼吸帝座走風雷。鎬璧蒼黄祖龍②死，塵灰沈没土花紫。瓦礫榛蕪棄道旁，山僧舉手勞相徙。憶昔真龍③起沛豐，手提三尺定羣雄。鯨鯢斬盡封京觀，雲夢來游歌大風。宫中時報生龍子，錫圭胙土當於此。方城爲城漢水池，千秋萬歲神明址。朱甍繡瓦倚斜曛，楚舞燕歌鎮日聞。才人梁苑朝朝雪，神女高堂暮暮雲。爲雲賦雪無窮已，離宫别館連天起。玉砌金鋪輝日明，銅烏鐵鳳飛煙裏。一朝蟻賊滿江關，龍去江流竟不還。賸有丹青鐫舊壁，敗鱗殘甲落人間。洪山古寺千年築，佛火青燐互相續。中丞詫現宰官身，塗金釁碧輝林麓。卻傳此物委沙泥，拂拭牽攜共寶華。從今諦聽空王④法，此後應忘帝子家。嗚呼龍種當時絶，石馬銅駝總荆棘。東平樹色秋風靡，蜀國鵑啼春雨血。獨有雙龍護法筵，晶熒鮮采炫青蓮。任他赤豹玄熊鬭，只伴青獅白象眠。《江夏舊志》

明許大定爵里未詳。

---

① 紺宇：佛寺之别稱。

② 祖龍：指秦始皇。《史記·秦始皇本紀》："〔三十六年〕秋，使者從關東夜過華陰平舒道，有人持璧遮使者曰：'爲吾遺滈池君。'因言曰：'今年祖龍死。'"裴駰集解引蘇林曰："祖，始也。龍，人君象。謂始皇也。"

③ 真龍：句中指漢高祖劉邦。

④ 空王：佛的尊稱。佛説世界一切皆空，故稱"空王"。

洪山寺

武昌之山甲荆楚，左有鳳凰右鸚鵡。山勢蜿蜒出東郭，堆雲翠屏更媚嫵。樹間殿閣隱嵯峨，遥望洪山秀如許。憶昔臨濟未開林，荆榛雜穢地荒蕪。山精木怪紛叫嗥，麏馳䶉竄鼪鼯舞。一自卓錫卸瓢笠，紺碧翬飛結靈宇。莊嚴法象坐蓮臺，幻想諸天列廊廡。有唐如今千歲遥，世運滄桑歷可數。斯寺旋廢復旋興，刹竿巍然峙今古。支公①演偈集緇流，夜諷晨参響鐃鼓。余偶來遊興勃發，登臨石磴勇可賈。清幽法界倚巖壑，瀟灑沖襟絶塵土。肅瞻古佛憩龍堂，欲尋奇境捫碉户。山椒亭子啓窗牖，縱目遐觀獨延佇。南湖水接湯孫湖，泛泛漁舟泊洲渚。九宫峰迴阻層霄，獅嶺窪罇堪爾汝。展眺移時意不窮，躡履高岡趁亭午。松篁壓疊翠交加，崒嵂浮圖鐸鈴語。瞿曇邀坐語支那，細酌甘泉勝鍾乳。爐香一炷篆煙微，禪榻蕭閒任容與。到此思欲脱朝衫，跼蹐人間亦何苦？留連曛黑始言旋，回顧天花落如雨。《江夏舊志》

明袁中道見卷八。

游洪山

醒卻穠華夢，來爲冷石游。紆迴緣緑嶂，枕藉見紅樓。雪净江天静，林煙沙渚浮。倚闌神頓爽，信矣癖山邱。本集

國朝馮廷櫆，見卷七。

游洪山

岸幘臨楚崖，攜筇入雲岫。土潤泉水肥，木脱山容瘦。江郭多葦蘆，人家闕圭竇。花放黄州菊，果熟雲夢柚。到山鑾童迎，入寺僧雛候。粥

① 支公：東晋高僧支遁，字道林，世稱支公，也稱林公。

鼓響諸天，法雨飛晴晝。古碑龜趺缺，老樹龍鱗皺。宛轉達山脊，突兀淩雲搆。峯高千盤曲，徑危兩崖鬬。石裂蒼蘚合，草枯古藤壽。陡覺踪跡絶，自闢古今宙。下瞰南湖山，歷歷入吾彀。萬馬争齧決，羣龍相奔湊。鴻濛列畫屏，造物工雕鏤。頓悟法界寬，一洗井底陋。孤興邈無極，勝事恐難久。獨坐上方燈，俛首聞梵咒。《湖北舊聞録》

國朝施閏章字尚白，號愚山，宜城人。順治己丑進士，官江西布政司參議。康熙己未，召試博學鴻詞，官翰林院侍讀。著有《愚山詩集》。

登江夏洪山寺塔

峯頭開古寺，塔下俯浮雲。山勢龜蛇鬬，江流沔漢分。柳荒陶侃廟，風競伏波軍。南望湖光白，鴻歸渡夕曛。本集

國朝陳廷敬見卷八。

雪中獵洪山

使君千騎獵圍長，雪夜風流在武昌。爲報襄陽耆舊語，呼鷹臺①上笑劉郎。本集

國朝阮玉堂見卷八。

庚戌仲冬偕吴陛瞻洪山

人影小亭外，蒼茫對夕暉。山明寒月上，樹静晚風微。斷草迷樵逕，荒煙暗野扉。離愁終莫釋，把酒且休歸。本集

---

① 呼鷹臺：臺名。即景升臺。在今湖北襄陽。傳爲漢末荆州刺史劉表所建。以登臺鼓琴作樂，有鷹來集，故名。

國朝熊賜履見卷八。

洪　山

鄂渚東迤山勢窿，長江瀑練帶溪瀜。四圍翠嶂迴南紀，一抹巒烟下塞鴻。亂後同悲湘水咽，老來歸夢楚雲通。萬松阿閣風翻否，布襪何年上九㚇？《經義齋集》

國朝劉朝英字千夫，三韓人。知江夏縣事，廉明清慎，捐貲課士，刊有《楚雄編》。康熙二十二年重修邑乘，以疾卒於官。

登洪山寺

手板朝朝興未窮，秋來躡屐到龍宫。金銀氣色寒郊外，樓閣参差暮靄中。墖勢欲飛初罷磬，禪心方定一聞鐘。誰言世出蓮花國，卻是城頭姑射峯①。《江夏志》

國朝崔應階字若升，號拙園，江夏人。以父相國，官處州總兵。二品蔭生，官至山東、福建巡撫，閩浙總督，進太子太保，卒年八十有三。著有《拙園詩草》。

上元同友遊洪山寺限韻

天際青浮一抹山，琳宫遥在翠微間。尋芳人共春攜屐，習静僧常晝掩關。檻外雪消湘水緑，簾前鶴睡楚雲閒。於今鐵鎖開魚鑰，雁塔何妨趁月攀？同上

國朝顧景星見卷五。

① 姑射峯：傳説爲神仙所居之山。

上元日同媚兄燕邱、兒子昌訪洪山巖公。山在城東南五里，寺名寶通，大司馬三韓張公、方伯石城徐公脩於康熙丁巳、戊午歲，金碧洪麗，武昌諸刹第一

五里浮圖嶺，精藍[①]訪惠師。路乾春雪後，到及午鐘時。問法天親共山陰寒溪輪公適在，呼朋野興宜。散燈明瑞相，咒鉢具威儀。軍旅仍工庇，經綸嘆爾爲。護生緣佛力，浩劫自僧祇[②]。似益湖山麗，如逢湧地奇。花拈迦葉座，草放苾蒭[③]池。嗜酒陶元亮[④]，能詩江總持[⑤]。何當塵累盡，空濶任吾之。本集

國朝陳大章見卷八。

洪山四詠

寺門古松何贔屭？云是鄂王手親植。虬枝累劫未成灰，鐵幹參天原自植。六陵花鳥久成空，剩水殘山夕照中。莫更南枝分背向，蕭蕭大樹總悲風。

逢逢鼓聲聞十里，江濤怒捲蛟龍徙。自從遼海到天南，萬里腥風匝初地。寶宫法物故依然，金戈鐵馬記當年。試向雲林開浄梵，一時花雨滿諸天。

創始傳自貞觀朝，騎虚鑿空結搆牢。仰穿漸出幽撑杪，俯瞰忽與浮雲高。渺渺廢興知幾代？目擊横流滄海外。徑須搔首叩青天，愁聽風鈴語茫昧。

出郭聊爲一日閒，禪宫高倚翠微間。濤聲遥撼三江口，嵐氣平開八

① 精藍：佛寺；僧舍。精，精舍。藍，阿蘭若。
② 僧祇：梵語阿僧祇的省稱。意爲無數，無量。
③ 苾蒭：即比丘。本西域草名，梵語以喻出家的佛弟子。爲受具足戒者之通稱。
④ 陶元亮：晋詩人陶潜字元亮。
⑤ 江總持：江總，字總持。歷仕南朝梁、陳及隋三朝。陳時官至尚書令。

分山。古殿龍蛇昏白晝，中田雀鼠走頽闤。晚來更躡浮圖頂，咫尺青霄路可攀。《玉照亭詩鈔》

國朝舒峻極見卷七。

洪山寺

雨餘芳草踐成泥，鷲嶺春深信仗藜。松憶岳飛前代樹，寺有岳武穆手植樹，今不可考。苔荒洪武御碑題。風塵車馬人無盡，寂寞樓臺日易低。極目洞庭波浪闊，楚雲多處更淒淒。《韋園詩集》

登洪山寺塔

何代浮屠倚碧岑？亭亭十仞此登臨。雲間帆影來湘漢，樹外僧鐘自古今。晴望遠峯斜雨脚，江含白日動波心。應知呼吸通帝座，吹盡風煙萬里雲。同上

國朝韓奕字竹里，漢軍人。累官江西督理糧驛道。

洪山寺遠眺書懷

春初花見嶺頭梅，檻外雲飛去復回。渚口風聲穿樹出，荆門山色隔江來。瀕湖野燒連烽起，落日孤帆帶霧開。天塹自經多戰後，不堪更聽楚猿哀。《熙朝雅頌集》

國朝王爲壤字青原，龍陽人。康熙癸酉副貢。著有《臨沅集》。

登洪山寺塔和黄碧村太史

振衣直上七層巔，碧檻憑危四望懸。鳥負青雲來繞足，人同白晝去登仙。霸圖南服餘三户，勝概西樓只一拳。極目長空何所繫？判將身手

欲支天。《沅湘耆舊集》

國朝吴元俊字千人，號鹿泉，江夏人。乾隆丁酉副貢，授辰溪教諭，年八十卒於官。著有《香浮堂集》《相規堂集》《鹿泉集》等書。

洪山寶通塔後石壁所勒趙清老遺文[1] 有引

癸酉歲春，王子元士偕友登眺洪山，步過石壁，見其上鉤畫濛漫，摩視久之，因浣剔積蘚，細加揣想，由半字而推全字，隨上義以貫下義，遂得完篇，仍還舊跡，計一百八十畸六字，梓之以傳。予覽而嘉之，爰賦此詩，以俟後之採山者。

古人鍾奇情，山谷結永好。歲改十餘世，苔蝕字未耗。予昔攻制科，僧房借炊竈。殿塔頻經行，此壁罕一造。固緣荆榛荒，尚囿識器躁。每便東巖趨，閒行鶴樓眺。雲根諸佳名，無復曉者告。今賴一人知，庶足千年報。樓亭俱後起，慶元西漢號。慰彼趙右軍，精英久彌邵。何日續勝游，勇往酬老耄。片石鐫塔前，奚啻若口道。邑乘雖缺然，後賢補其要。《江夏舊志》

國朝劉湄見卷十。

登寶通寺

罡風吹到九霄來，塔頂摇摇勢欲摧。疊嶂有靈横地出，長江如線畫天開。吾生幸得觀三楚，此筆曾經賦五臺。久客悲秋殊潦倒，盛年空負菊花杯。本集

國朝徐儒楠見卷十。

---

① 趙清老遺文：指本書120頁趙淳《洪山東巖閣記摩崖》。趙淳，字清老，河陽人，宋慶元時官荆鄂都統制。

偕陳芝亭抗希、陳彤階星煒兩茂才遊洪山寶通寺弔彭烈婦 有序

彭黄氏，江夏人，其夫鬻翠鈿。夫死之後，矢志柏舟，父母欲奪而嫁之。一日洪山勝會，烈婦挈女伴往遊，行至中道，忽大步如飛，上寶塔第七層，墜地而死，其舍生取義，至今人猶能言之。

寒食花飛共賞春，羣知塔上有傳人。洪山一片淒涼月，照見當年血化燐。

楚江一帶水長流，烈婦芳名永不休。爲問貪生忘義者，至今誰道姓名不？本集

國朝譚溥見卷七。

次韻胡嶰樵《登洪山有感》，兼贈蔣香泉二首

時艱振策此攀留，草樹荒涼起客愁。雲裏尚餘殘塔影，吟邊空對古城秋羅羅山方伯殉難。關山有夢收羣醜香泉前夜事，文酒何心紀勝游？計日危崖摩字去，聲威應併在峯頭。刊“蔣香泉屯兵處”六字於北山石壁。

戎軒多少舊班行，楚國掄才接古狂。隴首擒狼舒酒待，山根盤馬逐雲忙。三邊武帳千屯肅，十載雄心一劍霜。西路使兵乘夜出，茶山葛店想飛揚是夜剿賊至葛店乃止。 本集

國朝伍肇齡見卷十。

五月廿三日，月樵都轉邀同鹿仙、白英兩觀察遊長春觀、寶通寺、卓刀泉諸勝，再疊前韻

朋簪閒日尋佳勝，蕃廡郊原閲百昌。翠巘浮圖標石級，琳宫小院汎霞觴。江雲鬱起迎初伏，湖水漣漪匝四旁。更試卓刀泉一勺，風生兩腋興增狂。本集

國朝何璟字小宋，香山人。道光丁未進士，由翰林轉御史，官至山西、江蘇巡撫，署兩江總督。

崧生復遊長春觀、寶通寺、卓刀泉諸勝作詩見示，再疊前韻

城東景物堪遊覽，浩蕩郊原百卉昌。繞郭山横青步障，登樓人醉紫霞觴。風飄梵唄諸天上，雲護靈泉大道旁。連日雨餘炎暑退，多應仙佛助清狂。本集

國朝彭瑞毓見卷十。

楊柳橋、范符堂兩先生置酒於洪山寶通寺，邀費雲階、袁筱菴、范衡甫及余作踏青之遊，歸途遇雨，得詩四首

麥田閙蛙鼓，緑柳藏朝暾。幽人載美酒，約我出東門。入寺鐘猶寂，登塔雲可捫。山僧知客到，方丈具雞豚。

開軒挹爽氣，把酒話滄桑。作賦推唐傑謂柳橋先生，長歌笑楚狂于醉後放歌。有舟思共隱謂范氏昆仲，無雪卧猶涼謂袁筱菴。恰似登高日，邀來費長房謂雲階先生。

隔岸聞鳩唤，輕雷傍九霄。雲來花影寂，雨過水聲遥。樹密炊煙杳，涼生酒力消。肩輿過隴畔，簑笠隱烟苗。

冒雨行不得，僕夫道上譁。相將越隴畝，避入野人家。輕袷侵肌溼，方巾折角斜。老農迎客笑，甘雨賴隨車。本集

國朝劉國香見卷六。

九日游黄鵠初阜

按：大洪山即黄鵠初阜。宋荆湖制置使孟珙，隨人，奉大洪山靈濟慈忍師佛足於此，遂僑名焉。而黄鵠山僅屬高觀山一節，六百年來山靈叫屈矣。懵懂地師乃謂阜系大洪出脈，則尤不值一噱，詩以正之。

洱海來龍三萬里，北抵桃尖還迤邐。陂陀蜿蜒直西馳，八分靈泉隨鞭箠。叫跳雙峯入雲裹，勁氣磅礴鵠磯觜。江漢交并脈劃止，省垣三面中流砥。全楚形勝了可指，古今王霸據者幾？何物紅羊洪秀全①、楊秀清粤中起？嬰城營營紛蚤蟣。鼠牛虎兎龍躔尾，前攻曾塔後羅李。眾踣其足文忠掎，禽獮草薙腥臊洗。是山寸寸皆壁壘，呀谷谽岈填萬鬼。佛力不救劫灰死，鼉鼓遁逃壁龍徙。紺宇珠宫委礟矢，宋碣元碑無完理。九日同人訪故址，碎礫斷鏃叢榛杞。疏寮補葺惋可以，刹竿秃立風旛纚。衲眾鐃鼓佛前禮，梵唄駭空猶潮水。浮圖去天尺有咫，陗壁捫行石齒齒。著磴外垂二分趾，草樹冒頦蠓入耳。一上再上人重累，如木升猱磨附蟻。置身其巔心狂喜，俛視鶴樓翻在底。四山木葉飛紅紫，南湖水淺清且泚。鳧雁墨點沈菰米，迴頭破碎見粱子。奈何塞竇禁行履，自厓而返曷能已？吁嗟乎，竇通寺名錫楚邸，崇甯萬壽古如此。大洪喧奪黄鵠恥，文人廓摧武無比。初阜擘窠書大紙，還山真面從此始。本集

國朝錢桂林見卷十。

---

① 洪秀全：底本誤爲“洪秀泉”。

辛未九日偕同局諸子出小東門，自東嶽天齊行宮尋岳廟遺址，遂登洪山絶頂，追弔羅忠節公[①]而返，小憩長春觀，日晡入城，痛飲會仙酒樓，極數年重陽未有之樂，即事率賦示同人

丈夫四十不擁旄，陳編竊盜徒餔糟。佳節荏苒逢題糕，少昊行秋日月慆。有山負郭遲吾曹，屐齒不到非人豪。精神抖擻驅輪尻，扶攜老穉步東臯。哀鴻送響寒蛩號，纖埃不動碧天高。初尋嶽廟覽週遭，鬼物刻鏤紛蝟毛。樹攢長劍山横刀，到此難爲莽與操。岳侯遺像翳蓬蒿，牧豎躑躅狐狸嗥。一盞疇薦澗溪芼，摩挲殘碣心忉忉。眼前突兀撑岰嶆，東巖雙挺大小勞。靈濟古塔冠巨鰲，滅頂曾經兵火鏖。琳宫草樹鬱槠槮，耳根髣髴鏗雲璈。賈勇誕登氣不撓，趫於俊鶻捷飛猱。藤枝刺眼石鉤袍，蒼鼠驚竄山魈逃。高處立腳難堅牢，俛瞰下界窮秋毫。天風浪浪聲刁飉，依稀古松翻銀濤。側身四望增鬱陶，愁緒絲棼不可繅。鼉鼓龍璧英光韜，青冥欲問首頻搔。憶昔逆氛張楚檮，元戎駐軍屬韃櫜。士飽而歌馬騰槽，江城立見滌腥臊。禍機潛發傷伏弢，遺黎先笑終號咷。隴西踵起如連鑣謂李壯武，遂拔其栅堙其壕。蟊賊屏除蕭稂蕕，至今始息役車鼛。比户按堵狗生氂，緊公之德吾儕叨。詔即其地祠以褒，村翁伏臘獻炰羔。年深棄置等弁髦，梵宇乃反塗金膏。世俗貴佛賤夔咎[②]，頹波振古流滔滔。回首斜照滿青勞，下山俯仰如桔槔。歸途迤邐翔且翺，儇觀重訪玄都桃。人生稊米寄連敖，圍腰底用錦垂絛。酒樓菊釀熟香醪，右手把盃左持螯。徑須爛醉從酕醄，明年此會復誰料？本集

---

① 羅忠節公：羅澤南（1807—1856），字仲岳，號羅山，湖南省雙峰縣人。晚清湘軍將領、理學家、文學家。咸豐六年（1856）在進攻武昌之戰中，中彈傷重而死。咸豐帝下詔以巡撫例優恤，謚忠節。

② 夔咎：臯陶和夔的并稱。傳説臯陶是虞舜時刑官，夔是虞舜時樂官，兩人居官皆有政績。後常借指賢臣。"咎"通"臯"，指虞舜的賢臣咎繇，即臯陶。

國朝胡鳳丹

游洪山八叠前韻

古寺荒涼經浩劫，雄城高築勝韓昌。山畔土城如帶，藍朗亭軍門所築也。林泉變作干戈地，金粉摧成瓦礫場。空際層嵐新雨後，燼餘焦土夕陽旁。無情芳草連天碧，惹得蜂狂又蝶狂。《退補齋詩存》

國朝王柏心見卷十。

過長春觀，鹿萍鍊師乞詩

山川俯仰刼灰餘，傑觀重開閬苑居。紫府瓊臺仍縹緲，元都金闕故清虛。真人天際蒼龍佩，羽客雲中白鹿車。欲乞仙靈功度世，大千兵氣與銷除。

神仙自有揚州鶴師維揚人，詞客原非柱下龍。擬叩延年丹竈訣，相邀留句白雲峰。氛塵不變蓬萊境，霄漢誰窮汗漫蹤？名姓煩師按真籙，可能金骨换凡庸？《漆室吟》

詞　附

宋王質字景文，興國人。紹興三十年進士，官至樞密院編修，出通判荆南府，改吉州。著有《詩總聞》二十卷、《雪山集》十六卷。

水調歌頭

中秋飲南樓，呈范宣撫。

按《吴船録》，此詞乃范成大作。

細數十年夢，十處過中秋。今年清夢，還在黄鶴舊樓頭。老子箇中不淺，此會天教重見，古今一南樓。星漢淡無色，玉鏡倚空浮。

帶秦煙，縈楚霧，熨江流。關河離合南北，依舊照清愁。想見姮娥從，笑我歸來霜鬢，空敝黑貂裘。把酒問清影，肯去伴滄洲？《雪山集》

宋無名氏

漢宫春

武昌瀕江有黄鶴樓，一日有題《漢宫春》於其上，不知何人所作，或言洞賓語也。後二年己未，大元渡江。

横吹聲沈，倚危樓紅日，江轉天斜。黄塵邊火澒洞，何處吾家？胎禽怨，半夜乘風，玄露丹霞。先生笑①，飛空一劍，東風猶自天涯。

情知道山中好，早翠嚻含隱，瑶草新芽。青溪故人信斷，夢逐颷車②。乾坤星火，歸來兮，煮石煎砂。回首處，幅巾蒲帳，雲邊獨笑桃花③。《盛庶齋老學叢談》

黄鵠山志卷十二終　男宗彦校字

---

① 先生笑：底本脱“笑”字。據元盛如梓《盛庶齋老學叢談》補正。下同。

② 夢逐颷車：底本脱“逐”字。

③ 雲邊獨笑桃花：底本“笑”誤爲“吠”。